U0927701

新媒体人工作手册
商业文案写作

薛 连 刘主编 著

人民邮电出版社
北京

图书在版编目（CIP）数据

新媒体人工作手册 ：商业文案写作 / 薛连，刘主编著. -- 北京 ：人民邮电出版社，2023.2
ISBN 978-7-115-60316-6

Ⅰ. ①新… Ⅱ. ①薛… ②刘… Ⅲ. ①商业计划—文书—写作 Ⅳ. ①F712.1

中国版本图书馆CIP数据核字(2022)第218294号

内 容 提 要

商业文案是能把产品卖出去的创意文字。会写文案，意味着你不仅具备与销售相关的商业思维能力，还具备用文字辅助思考的能力，有这两项能力的加持，你将有机会取得事业的成功。本书将帮助你走上商业文案高手之路。

不同于其他商业文案写作教程，本书以用户为导向，针对商业文案写作新手的需求与痛点，致力于用“核心写作技巧+案例拆解+实践练习”的方式，拆解创作一篇爆款商业文案的思维、方法和路径。

本书共 12 章，主要介绍了产品卖点的提炼方法，文案素材的收集方法，文案撰写策略的制定方法，文案的标题、开头、结尾、故事、金句的撰写方法，提高转化率的排版方法，并基于销售的底层逻辑，总结了引导写作方法、文案自检方法和数据分析方法。

本书适合想要提高商业文案写作水平的人学习，也适合想要学习网络营销方法的人阅读。

◆ 著　　　薛　连　刘主编
　责任编辑　牟桂玲
　责任印制　王　郁　胡　南

◆ 人民邮电出版社出版发行　　北京市丰台区成寿寺路 11 号
　邮编　100164　　电子邮件　315@ptpress.com.cn
　网址　https://www.ptpress.com.cn
　北京天宇星印刷厂印刷

◆ 开本：720×960　1/16
　印张：20.5　　　　2023 年 2 月第 1 版
　字数：295 千字　　　　2023 年 2 月北京第 1 次印刷

定价：79.90 元

读者服务热线：(010)81055410　印装质量热线：(010)81055316
反盗版热线：(010)81055315
广告经营许可证：京东市监广登字 20170147 号

序一

Writing

无文案不商业

自 1978 年改革开放后，中国进入了一个商业的时代。商业是一个很复杂的体系，但溯本归源，你会发现它的本质就是产品和销售。

今天的微信公众号广告、网络软文和几十年前的杂志广告、报纸广告是一样的道理，现在年轻人在抖音直播间、淘宝直播间等下单买东西同过去爸妈的电视购物的性质没什么区别。

产品或许会变得更精美，销售渠道或许会变得更宽广，支付方式或许会变得更灵活、方便，但商业的底层逻辑却一直没变——商家制造产品，然后卖给消费者。

当然，不同阶段的商业发展，侧重点是不一样的。早期，你只要能制造出物美价廉的好产品，就能有不错的销售额。那是一个产品为王的时代，好产品就代表好销量。而且好产品不缺好渠道，代理商会自己找上门来。甚至代理商要代理一款好产品，得交一笔不菲的代理费。

而现在，只要你愿意帮商家卖产品，商家一般都不收取代理费。现在市面上不缺优质的产品，消费者有太多选择了。例如，你拿出手机在淘宝平台上搜索“烤箱”二字，立刻就能跳出上千款形态、功能各异的烤箱。你想买电脑、手机、鞋子、零食……这些东西，市场里都有，而且百花齐放，让你眼花缭乱。

你看花了眼，不知道该买哪一款。其实这也正是商家的痛点，商家得思考怎么能吸引你的注意，怎么能让你对产品感兴趣，并最终把产品买回家。所以我们会看到，一些商家愿意为直播间的成百上千万元的坑位费“买单”，愿意给销售人员 20%、30%，甚至更高的销售额提成。

讲了这么多，你可能会很迷惑，这跟写商业文案有什么关系？

关系太大了！

销售产品需要媒介，销售人员是一种媒介，你看到的微信公众号广告、淘宝详情页、抖音带货短视频等也是一种媒介，而所有销售媒介呈现的内容，背后都是商业文案。

如果你接触过销售人员，你一定知道他们的推销并不是信口开河，他们都有成体系的销售话术。同样的，你在逛淘宝、刷抖音的时候，可能会因为里面的某一句话直接下单，这些让你“买单”，让商家卖出产品的，也是销售话术。而销售话术背后的文字，就是商业文案。

想必我们都看到、听到，或者亲身经历过，同样的产品、同样的销售人员、同样的销售平台，仅仅是因为换了一篇商业文案、换了一个销售话术，销售额就能提高 10%、20%，甚至翻好几番。

前几年，不少商家靠投放微信公众号广告卖产品，花 1 元广告费就能赚回 5 元、10 元，甚至更多（大规模的广告投放帮商家带来上百万元、上千万元，甚至上亿元的营收）。这几年，商家又转到小红书、抖音、B 站等平台做投放、做推广。虽然平台变了，但商业的底层逻辑一直没变，各大平台的“种草文”，推广视频让很多商家创收盈利。而所有投放，表面上是投钱，其实投的都是商业文案，用商业文案去影响用户，最终卖出产品并获得利润。

当然，我们也不必夸大商业文案的作用，并不是所有的商业文案都有化腐朽为神奇的力量，都能把坏产品卖出好价格。商业文案在推广营销中，起到临门一脚的作用——优秀的商业文案能帮你拉近与用户的距离，能让用户对你的产品有好感，能多创造一点收入，这一次一次地叠加，终将成为企业和产品坚实的护城河。

反之，一篇粗制滥造、不知所云的商业文案，会让你投入的大笔广告费、宣传费、促销费等打水漂。试想一下，你和团队花了大量的时间、精力，辛辛苦苦研发出来的新产品，在最后推广的时候却被那几百字的商业文案判了“死刑”，这是多么可怕的一件事。

产品卖出去，才能实现商业价值，否则就是仓库里的一堆废品。企业重视商业文案，就是守住了自己的生命线。

谈完了商业文案，我想来聊聊文案对我个人的意义。我是一个农村出来的姑娘，大学学的是化学专业，按说我跟文案是八竿子打不着的。后来误打误撞进入这个行业，可能是无知者无畏吧，我反而敢放开手脚。我写的商业文案，3 个月帮公司盈利 1500 万元。有人说，我这几篇商业文案的盈利，顶得上一家公司一年的营业收入。

这些成功也给了我一些信心，我先后在千聊、十点读书、有书等平台工作，从一个文案小白，逐渐成长为负责上亿销售额的文案负责人。而我自己，借由这些小小的成绩，我的收入、圈子、事业也都发生了不少的变化。

见过美好，所以想邀你同赏。

本书的内容便是带你了解商业文案背后的原理，用大量的优秀文案案例，帮助你一步一步地掌握商业文案的写法。

写这本书的时候，我总会想起当初那个对文案一窍不通的自己。那些过去我在写文案时遇到的困惑、迷茫，那些无从下笔的痛苦，以及我是如何一点一点克服的，都会在本书中呈现。

另外，你可能会发现，这本书和市面上的商业文案书不太一样。我不是上来就告诉你应该写成什么样，我是从最简单的词语、造句入手，把完整的商业文案的写作策略和每一环应该怎么设置都摊开在你面前，包括文案背后的销售逻辑、心理学知识，如何迁移文案能力，如何把文案变成自己的副业……所有我从文案新人的角度想到的、想过的，我都写进了书里。

过去，我听别人说，看书是最划算的一种投资，我们花几十块钱就能获得作者几年甚至几十年的经验。虽说我一直认同这一观点，但直到自己写完这本书，才真正觉察此中真意。

谨以此书，献给每一个同爱文案的我们。

薛连

2022 年 8 月

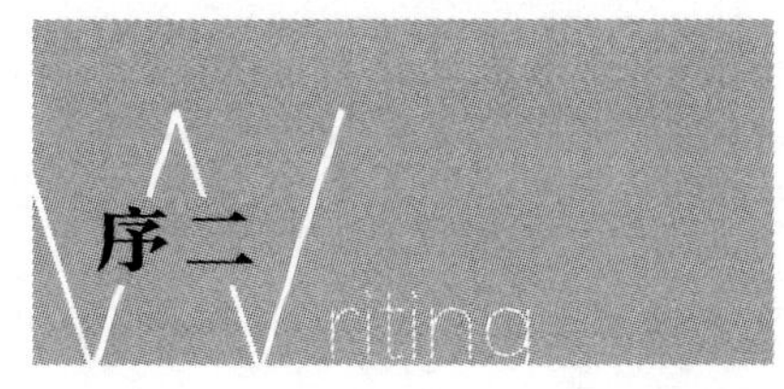

文案制胜

很多优秀的文案人都不是科班出身，我跟他们不一样，首先我是科班出身，其次我并不是优秀的文案人。

2006 年，我念完硕士课程，从厦门大学新闻传播系广告学专业毕业。厦门大学是国内首个开设广告学专业的高校，我的师兄师姐、师弟师妹都活跃在广告行业。我说自己是科班出身，一点儿都不为过。

在校期间，我不是没有过做文案工作的想法。2005 年夏天，我曾满怀热情地去某广告公司实习。经过 3 个月的实习，我被浇了一大盆冷水——写文案是一项实战性很强的工作，我在学校学的东西几乎都用不上。

这件事对我触动很大，原来真正的文案跟我理解的文案根本不是一回事。从 2005 年到 2014 年，我的工作跟文案没有一点儿关系，我也没有写出过一句厉害的广告语。

直到 2015 年，我开始自己创业时才发现，文案太重要了，没有好的文案，你可能连一毛钱都赚不到。没办法，我又逼着自己趴在桌子上，为自己的项目写文案。

近 10 年，媒体环境发生了巨大的变化。我们上学的时候，学的还是标语式文案和长文案；这些年，随着直播、电商、自媒体的发展，文案的形式越来越多元。在上学的时候，我们学过一句话："广告费总有一半被浪费了，但问题是你不知道是哪一半。"而现在，借助各种监测数据，你可以知道哪些钱被浪费掉，甚至可以想办法避免浪费……

读到这里，你可能会觉得这是一个落伍的科班出身的广告人跟不上时代的故事，但恰恰相反，我从这时候开始，对文案产生了兴趣，而且我发现自己过去学的东西都非常有用。

写文案要有文案策略，要给产品定位，这一点我们在学校就学过，不管时代怎么变化，它一直没有变。具体来说，写文案要换位思考，要找出用户的痛点和产品的卖点，要用金句（标语）打动用户，要用到一些心理学、营销学的理论知识……这些完全就是我们过去在学校学过的东西。

那变的是什么呢？变的是内容表现形式。现在的爆款文案、"神转折"文案、直播带货文案、详情页文案、标语式文案等互联网风格的文案，其实就是在网络环境下形成的新一代文案。这不难理解，广告和文案想要引导消费，就要一直立于时代潮头，10 年前是这样，现在是这样，10 年后还是这样。

还好"科班出身"4 个字没有成为我的耻辱。2017 年，我借助一篇文案实现了 300 万元的销售额。2019 年，我在有书担任副总裁，分管广告和文案板块，我也和团队一起，借助文案实现了单品超过 3000 万元销售额的成绩。

薛连是我在有书工作时的同事，我们配合默契，联手斩获了不少好成绩。她是非科班出身的优秀文案人，在业内很有名气。而我是科班出身的非优秀文案人，我们联合，倒是优势互补。在本书的编写过程中，她负责方法论和案例的撰写，我负责统稿和理论部分的整理。

在跟薛连交流的过程中，我渐渐明白一个道理，科班出身的人有理论优势，“实战派”有实战优势。或许你有丰富的人生阅历，有从商的经验，有洞察人心的能力，有与人沟通的能力……这些经历和能力很可能在你写文案时助你一臂之力。

所以，不要担心自己一无所知。你的一切过往，皆为你学写文案的序章，也将助你取得成就。

刘主编

2022 年 8 月

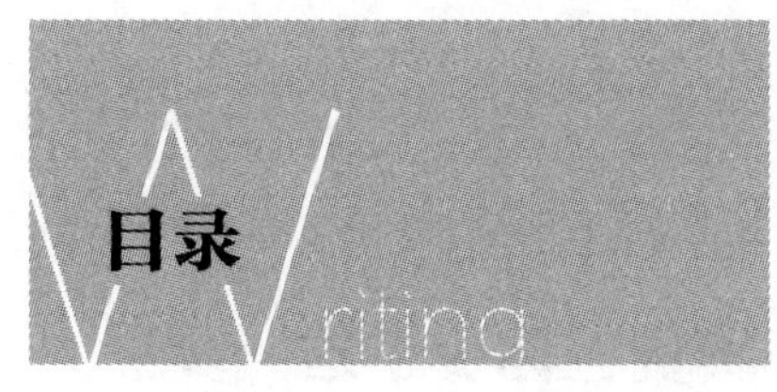

目录

绪论

出发之前：关于商业文案入门，你需要知道的重要信息

第 1 章

文案高手的撰稿流程，写文案不再只靠灵感

第 2 章 文案不错，但就是不卖货？你少了这一步

第 3 章 用户为什么会认为 99 元的产品价值 599 元

第 4 章 三大基本功，文案入门必备

第 5 章 三大原则定好标题，吸引全部潜在用户

第 6 章 怎么写出使转化率翻倍的开头

第 7 章 如何在 3 分钟内，写出销售力强的故事

第 8 章 七大金句写作路数，让文案从 70 分跳到 90 分

第 9 章 情绪决定销售成败，这样写可激发用户的购买欲

第 10 章 这样排版，转化率直接提升

第 11 章 文案自检清单，30 分钟做一次全面升级

第 12 章 专业洞察力：文案人从新手到达人的修炼

第 13 章 数据分析，增强文案的销售力

第 14 章 销售文案实战应用，带你玩转各个平台

第 15 章 刻意练习，文案人的快速成长之路

第 16 章 如何靠写文案提高收入

出发之前：

关于商业文案入门，你需要知道的重要信息

一个即将踏上旅途的冒险者一定会在出发之前做好准备。其中，首要的事便是买一张标注详细的地图。学习写商业文案（以下简称文案）和冒险很相似，如果你想在这个领域走得顺畅、长久，你也必须先拥有一张完整的行业导航地图。这张地图会告诉你前方的路要如何走，你在途中会遇到什么样的坎坷和风景，以及你最终的目的地在哪儿。

文案界有一句流传很广的名言：文案人就是坐在键盘后面的销售人员。换句话说，文案人要学会用文字把产品卖出去，这也是本书主要讲解的内容。

这听起来有些难，因为对于大多数人来说，向别人推销产品是一件非常难为情的事。他们一方面害怕被拒绝，另一方面又从心底里觉得赚别人的钱，似乎不那么地道。

实际上，销售本身在商业社会中是一个非常正常且必要的环节，没有销售，不敢销售，又何来收入呢？你用文字把好的产品推荐给需要的人，这对你、对用户都是有益的。所以在学习写文案之前，请先消除内心的顾虑，大大方方地去思考怎样把产品推荐给用户。

把别人的钱装进自己的口袋确实不容易。平常面对面销售都不一定能成功，更何况只通过那么几行文字呢？这意味着文案人要能写出具有销售力的文案。

写文案是一项复合型技能，你需要具备多项能力才能写出具有销售力的文案。当你掌握了这项技能，再去从事其他行业的工作时，你就会有足够坚实的基础。

另外，为了更好地把产品推广出去，我们常常要放大产品的价值，这时候，你就要比做产品的人更懂产品卖点，比消费者更了解消费心理。掌握了营销包装的底层逻辑和技巧，即使有一天你不再从事文案这项工作，转去线下卖其他产品，你也能做得比别人好。

事实上，一名优秀的销售型文案人，既要像作家那样用文字“排兵布阵”，也要像销售人员那样懂得包装产品、营销推广，还得像心理学家一样洞察人心，走进消费者心里，引发其共鸣。例如，美白产品的文案既要能解释什么是“烟酰胺美白原理”，还要能告诉消费者“流水线产品”和“手工产品”的不同之处……

文案看上去谁都能做，却不是谁都能做好的。要想成为优秀的文案人，你就需要对世界保持好奇心，如饥似渴地去求知、去学习。就如乔布斯说的那句话：Stay hungry. Stay foolish（求知若饥，虚怀若愚）。

一个没有写过文案的新手，要怎么做才能入门，直至成为文案高手呢？

在回答这个问题之前，我不得不心疼一些朋友——他们花了很多钱，买了各种文案课程，学完之后还是没摸着门路。他们不知道怎么提高文案写作水平，也不知道去哪儿找文案兼职，更不知道怎么才能顺利转行。

为什么会这样呢？

根本原因在于，很多老师和书只告诉你文案要怎么写，却没有告诉你怎么系统地提高你的文案写作水平。你一直都在模仿别人的文案，并没有了解文案的写作原理，怎么会成为真正的文案高手呢?

系统地提高文案写作水平有多重要呢? 我个人的经历就是很好的范例。熟悉我的朋友都知道，我是理科生，大学学的专业是化学，跟文案根本不沾边儿，但是我做到了在我看来非常牛的两件事。

一是我在千聊在线知识社区，零基础从普通运营转行做课程策划，第一个月就策划出了销量破万的爆款课程，半年后成为团队课程策划的把关人。

二是我后来从千聊转去十点读书做课程文案工作，当时我还是一个文案新手，但是我写的第一篇翻新文案（在原有基础上优化的文案）使产品的销量提高了一倍。两个月后，公司里的人都开始叫我“爆款文案妖精”。在第十个月，我开始担任课程文案 PM[①]，负责团队文案的整体把关工作。

要知道，不管是千聊还是十点读书，都是业内数一数二的大公司，里面的“牛人”数不胜数，在这么短的时间内做出这样的成绩，真的不容易。

不少朋友都会跟我说，“银子[②]，你也太聪明了吧，干啥啥行”。但只有我自己知道，不是因为我聪明，而是因为我有一套“快速掌握陌生领域工作规律的办法”。这套办法能让我在跨进陌生领域的时候，从一开始就不走弯路，在学习过程中也能做到心中有数。

这套方法一共包含 7 个步骤，分别是构建框架、大量输入、拆解案例、模仿、完整实践、复盘、反复。接下来我以自己为例，谈谈我是如何通过这 7 个步骤，在短时间内成为文案高手的。

---

① PM：项目主管。

② 银子是朋友对本书作者薛连的昵称。

1. 构建框架

首先，你必须了解这个行业，要利用身边所有的资源去收集关于这个行业的信息。如果要做文案工作，第一步就是了解文案这个行业的情况。

我为了转行文案做了下面这些事：咨询我的上司、同事、朋友，加入业内人的圈子，发红包请“牛人”解答疑问，上行业网站查各种资料，等等。通过这些准备工作，我在脑海中构建出了整个文案行业的框架。

通过收集信息，我得到下面这些结论。

- 当时有课程文案岗位的公司有千聊、唯库、十点课堂、有书、干货帮、小灯塔等。
- 当时业内文案转化率达到 0.8% 属于及格水平，达到 1% 属于中上水平，达到 2% 属于优秀水平。我的第一个目标是及格，然后向优秀努力。
- 当时，各家公司的文案营业收入占总营业收入的大头，课程文案这个岗位如果做得好，收入会非常可观。
- 兼职写课程文案，每月的稿费收入为 1000 ～ 3000 元。如果文案写作水平高，还能拿到更多稿费。

除此之外，我还给自己提出了几个问题。

- 要想系统地提高文案写作水平，需要看哪些书？需要学习哪些课程？
- 课程文案写得好的“牛人”有哪些？当我遇到困难的时候，我要怎样向他们学习、咨询？

你看，当你构建出整个框架之后，就会非常清楚地知道，你将要跨入的领域的现状如何，你努力的方向是什么，你可以获得什么，以及你有哪些能力需要提升，哪些短板需要补齐。

心中有数，脚下才能有路。构建框架这个步骤，适用于所有想跨行业学习、工作的情况。不论你想要转行做产品经理、保险销售人员，还是程序员，你都可以按照这个思路提前构建框架。

说明

以上是我在 2018 年准备转行做文案工作时所收集的信息，现在的文案行业有所变化，你需要重新收集并整合信息，形成自己的框架。

2. 大量输入

注意，输入一定是大量的！

业内知名的营销“牛人”小马宋曾经说过他的一段经历，让人印象深刻。

小马宋在从事第一份广告公司的工作时，几乎什么都不懂，于是他和他的一位同事把德国的一本世界级广告创意杂志，包括其 10 年来收录的 20000 多个顶尖创意作品，全部从网上下载下来。他把这 20000 多个作品分门别类地整理成了 10 个 PPT 文件，反复看了 3 遍以上。

看完这些作品后，小马宋发现其实市面上大部分广告创意都来自这些经典的作品，无非变变形式而已。同时，他还收集了世界上非常经典的广告文案，并将其全部抄写了一遍。大部分经典的广告文案，他都能背诵或者复述。

量的积累会导致质的飞跃，小马宋之所以能成为行业“牛人”，和他的大量输入是分不开的。我一直相信，当我输入的量达到一定的程度后，我的能力也会有质的提升。

我在初学文案写作的时候，也是这样疯狂输入的。虽然不像小马宋那样能把经典文案背下来或者复述出来，但每家公司的文案是什么样的，每本文案书讲了什么，我也如数家珍。

为了便于大家理解，我把获得输入的渠道概括为以下几类。

（1）看书，看经典的书。

在这里我推荐对我帮助比较大的几本文案书。

- 《文案训练手册》，作者为约瑟夫・休格曼。
- 《文案创作完全手册》，作者为罗伯特・布莱。
- 《小说课 1 折磨读者的秘密》和《小说课 2 偷故事的人》，作者为许荣哲。
- 《吸金广告》，作者为德鲁・埃里克・惠特曼。
- 《爆款文案》，作者为关键明。

（2）听课，听“有料”的课。

你可能会问：“看书自学就够了，为什么还要听课呢？”我的理由有两个：一是很多经典的书有时代的局限性，许多文案写作技巧要根据现在市场的需求来调整，而老师会告诉你具体该怎么做；二是给你讲课的老师可能会是你的贵人，遇到这样的老师，可能你的一只脚就迈入了这个行业。

以我自己为例，之前我参加了一个价格为 599 元的文案训练营，因为我学得特别认真，作业完成得很好，后来老师付费请我做第二期训练营的文案顾问。

这位老师也给了我很多兼职写文案的机会，不仅让我赚回了 599 元的学费，还手把手教我写了好几篇完整的文案。后来，我开始从事文案工作，没想到我去的那家公司正好是这位老师之前任职的公司，她还拜托公司里的同事关照我。

你看，听课不只是听课程内容，还有可能帮你跟“牛人”建立连接，这是看书很难达到的效果。

不过，市面上的文案课程良莠不齐，你需要仔细甄别，找到值得信任的老师，把钱花得有价值。

（3）学案例，学经典、优秀的案例。

这个方法与此前提到的小马宋使用的方法一样，我们要找到经典、优秀的案例去抄写、拆解、学习，甚至把它们背下来。

今天的网络搜索功能很强大，当你输入“经典销售文案”“优秀广告文案”“爆款文案案例”等关键词后，网页上就会列出被人们总结出来的无数个好案例。

另外，你还可以搜索得更细致一点儿，例如找到这些案例的作者，将其历史作品都翻出来看看。

对于文案人来说，这些经典、优秀的案例是最好的学习素材，你要像海绵吸水一样吸收这些案例中的“营养”，把其中的思想和方法都变成自己的。

（4）跟别人学，跟厉害的“牛人”学。

找老师进行一对一的指导，无疑比之前所有的方法都更高效。你可以付费请“牛人”指导，或者进入一家厉害的公司，潜心向那些优秀的人学习。

怎么找到“牛人”和厉害的公司呢？这就回到第一步——收集信息、构建框架了。你可以通过查资料、找人打听等方式，了解业内的“牛人”和厉害的公司，尽可能接近那些优秀的人，这样你就有机会向他们学习了。

3. 拆解案例

顾名思义，拆解就是拆分和解析。

这就像你作为一个门外汉想要学着造一个书架，在没有人教你的情况下，你只能先把别人做的书架拆开，了解书架是由哪几个部分组成的；然后你要进行解析，了解这几个部分具体是怎么做出来的，以及为什么要这么做。

写文案也一样，只要你知道一篇文案是由哪几个部分组成的，每个部分要怎么写，你就能独立完成一篇优秀的文案。

本书第 15 章会专门讲解案例拆解方法，不仅会告诉你一篇文案是如何诞生的，还会告诉你如何写出一篇优秀的文案。

拆解不仅适用于学写文案，还适用于几乎所有跨领域学习的情况。我希望本书不但能让你学会怎么写文案，而且能让你在以后进入陌生领域时，成功制作自己的成长地图。

4. 模仿

拆解完案例后，大家先不要着急写文案，而应该先模仿。

有这样一句话：模仿一流的文案，你有一天也可能写出一流的文案；而如果你一直自己摸索，你可能永远只能写出二流的文案。

在前期学习的过程中，模仿是非常关键的一环。你可以模仿优秀文案的句子结构、说服逻辑、写作方法等。在一次次模仿中，你会发现自己的文案写作水平正逐渐提高。需要说明的是，学习的过程中，可以模仿，但工作中一定不要抄袭。

5. 完整实践

模仿之后，就要正式上手写了。我希望大家要有目的地去写，而不是随心所欲地练。

换言之，你要写“命题作文”。例如，你可以找到一款已经在推广的产品，为它写一篇完整的销售文案。你可能一开始写得并不好，但不要紧，至少你完整地体验了一次正式的文案撰写流程。如果这对你来说并不是很难，那么在保证文案质量的前提下，你可以尽可能多写几篇。

为什么我们会觉得文案人的写作水平更高？这并不是因为他们比我们更聪明，而是因为他们每天都在写“命题作文”。这是他们的工作，但从另外一个角度来看，这也是高强度的练习。

我之前也是文案新手，后来入职了十点读书。我在十点读书一年写的文案比在其他公司 3 年写的文案还要多。

这样的量变，怎么会不产生质变呢？

相信我，大量的命题作文式练习会让你进步飞快！

6. 复盘

经常有朋友问我：“我明明已经写了很多篇文案了，为什么还在原地踏步呢？”

这时我通常会问他们一句：“你复盘了吗？”

如果你只是一味地往前冲，从来不思考怎么跑才能更快、才能更轻松，以及有哪些方面需要改进，那么你确实会进步得比较慢。

每次写完文案后，你要分析自己哪里写得好，哪里写得不好；好的地方有什么好经验可以复用，不好的地方要怎样改进。

在本书中，我也会告诉你，文案具体要怎么复盘优化。

复盘是快速提高文案写作水平的一大利器。千万别因为觉得麻烦就省略了这一步，那样的话就太可惜了。

7. 反复

顾名思义，反复就是指反复地看书、听课，反复地模仿，反复地练习，反复地复盘。

你只有通过反复地练习才能把知识和技能变成自己的。就像你学习了弹钢琴的方法，你知道拇指要按哪个键，但如果不反复练习，你便很难弹出一首优美的曲子。

99% 的人都不是天才，只有通过不断练习才能真正掌握一项技能。

总结一下，学写文案有 7 个步骤，它们分别是构建框架、大量输入、拆解案例、模仿、完整实践、复盘、反复。请你记住这 7 个步骤，本书也是按照这个逻辑来编写的。

做好上述准备工作后，临出发前，我们还有最后一个问题需要解决：“文案”这个词你肯定不陌生，但文案究竟是什么意思呢？

案的意思是桌子，文案的原意是放书的桌子，后来指在桌子上写字的人，也指公司中从事文字工作的人。在现代社会，文案和广告联系在一起，所以文案一般就是指广告文案。

人们口中的广告文案有两层含义：一是指写广告文案的人，也叫文案撰稿人；二是指写出来的广告语、广告文章等。在本书中，文案既可以指写广告文案的人，也可以指写出来的广告文案作品。

另外，文案有很多种类型。按篇幅长短，文案可分为长文案和短文案；按传播媒介，文案可分为广播文案、报纸文案、电视文案、互联网文案等；按内容属性，文案可分为品牌文案、销售文案、推广文案等。

为了让内容更系统，本书围绕目前常见的微信公众号销售文案来讲解文案的原理和写法，因为这种类型的文案会涉及产品分析、文案构思、写作和自检、数据监测等文案写作全流程，其他类型的文案，如直播带货文案、详情页文案等，都可以被视为这种文案的变体。学会了微信公众号销售文案的写法，就可以轻松写出其他类型的文案。本书第 14 章会讲解其他类型文案的写法。

好了，一切准备就绪，希望本书可以成为你的“导航地图”和“百宝箱”，带你踏上奇妙的文案写作之旅。

第 1 章

文案高手的撰稿流程，写文案不再只靠灵感

- 研究产品
- 制定文案策略
- 搜集文案素材
- 撰写初稿
- 自检修改
- 测试优化
- 总结

"银子，我觉得写文案就是靠运气。"

这是一个刚入行的"95后"小姑娘曾经跟我说过的话。她的经历和很多文案人很像，明明每次写文案都很认真，但她的状态特别不稳定——有时候文思如泉涌，有时候一点儿思路都没有，最后写出来的文案对应到销售数据上，就像坐过山车，某一次很"爆"，下一次"扑街"[①]，而且下下次又不知道会是什么样的结果。

于是，每次文案发出后，她都会默默祈祷。

一系列如坐过山车般的数据弄得她都自我怀疑了，一度觉得自己不是这块料。

我当时问她："那你觉得为什么有的人写的文案就能一直'爆'？难道是因为上天眷顾吗？"

万物皆有规律，就看你能不能找到了！

你觉得普通文案人和文案高手的差别在哪儿?

二者的差别并不在于谁写得更好，而在于谁能持续、稳定地写出高转化率的文案。

注意，一定是"持续、稳定地"。

很多文案人经常会因为没有灵感而苦恼。灵感来的时候，他们一天写两三篇文案都不是问题；没有灵感的时候，他们一个星期都不一定能"憋"出一篇文案。有时候因为没有灵感，他们甚至会"开天窗"[②]。这对文案人来说，实在是一件痛苦又

① 扑街：粤语，原指横尸街头。在文案行业，扑街指文案转化效果特别差，大大低于预期。

② 开天窗：指原定的文案没有按时交付，导致当天没东西可发，原定的版面直接是空白的。

无奈的事。

所以，在讲解文案写作技巧之前，我会先告诉你一篇文案完整的撰写流程。因为对于文案新手来说，讲再多的写作技巧都不如让他从头到尾地观察文案高手是怎么一步一步从无到有地写出一篇优秀文案来得有效。

如果写文案像搭积木一样，变成流程化的工作，那么你接到一项任务时就会心中有数。尤其是当你一个星期要写两三篇，甚至更多的文案时，你更能体会到，写文案靠的不是虚无缥缈的灵感，而是实打实的标准化流水线作业方法。

在这里，我从过往的经验出发，总结出一套基本的文案撰写流程，它一共包含 6 个具体的步骤：研究产品、制定文案写作策略、搜集文案写作素材、撰写初稿、自检修改、测试优化。

以后再接到写文案的新任务时，你跟着这个流程走就好了。

1.1 研究产品

任何一个文字工作者，在动笔之前都要做非常多的准备工作。对于以销售为首要目标的文案来说，第一项准备工作是研究产品。因为我们写的每一个字都是服务于产品销售的，都是为了把产品销售给用户。

例如，当我们去买护肤品时，我们会向售货员提各种问题。

- 这款产品适合什么肤质啊?
- 这款产品的主要成分是什么?
- 它有什么功效?
- 我长痘了还能用它吗?

……

如果售货员一问三不知，我猜你大概率不会花钱购买这款产品。所以，写文案的第一步不是马上动笔，而是去研究产品。你应当先把自己变成最懂产品的专家，这样你通过文案向用户推荐产品，用户才会信任你。

这就像很多女生买美白精华会关心烟酰胺含量的高低，买补水精华会关心有没有玻尿酸，买防晒霜会看 SPF 值……她们是怎么知道买产品时要看这些信息的呢？为什么这些信息会影响她们的购买决策呢？

当然是文案告诉她们的。这都是文案的功劳。

所以真正优秀的文案人不仅是厉害的文字工作者，也是专业的销售人员和专业的产品经理，他们需要非常清楚产品的细节和卖点。如果不了解产品，单凭想象和卖弄文字是绝对写不出好文案的。

研究产品大概分为以下 3 步。

第一步：搜集所有和产品相关的信息

例如，你要为某款面霜写文案，那么你就要先成为了解该款面霜的专家。你需要知道非常多的消费者不知道的，隐藏在产品背后的事实和知识，具体如下。

- 面霜的原料有哪些？
- 面霜的制作工艺是什么？有几道工序？
- 面霜的功效是什么？
- 面霜的工厂是哪家？是否和大牌产品同工厂？
- 面霜的使用感受是什么？
- 面霜的研发初衷是什么？

……

当你非常了解产品后，就完全不用担心不会写文案了。此时你可能只会有一种感觉：那就是这么多信息，到底要用哪个。

第二步：提炼产品亮点

信息搜集完成后，需要根据“亮眼程度”对信息进行整理和排序。下面以某款面霜为例进行介绍。

- 面霜的烟酰胺含量非常高，美白效果极佳，其亮眼程度应该排第一。
- 面霜和某大牌产品是同一家工厂生产的，相当于权威背书，其亮眼程度可以排第二。
- 面霜需要经过几十道工序，这虽然能体现出面霜的品质，但考虑到几乎所有面霜都是这样做的，其亮眼程度可以稍微往后排。

经过排序，我们就能明确哪些信息是需要重点突出的，哪些信息是次要的，哪些信息又是需要略过的。千万不要把所有信息都堆在一起写，要知道，**如果一篇文章全都是重点，就等于没有重点。**

第三步：将产品亮点转换为用户语言

提炼出产品亮点后，你需要把这些亮点转换为用户能听懂的语言，这是产品研究最关键的一步。如果你不能把它转换为用户听得懂、感兴趣的语言，那么你之前的功夫全都白费了。

例如，如果一个电脑销售员跟你说："这台电脑的处理器是 AMD R7 4800，显卡是核芯显卡，屏幕刷新率是 60Hz……"我猜你大概率是懵的。

但如果他说："这台电脑的处理器是 R7，这是目前最好的一款处理器，有了这款处理器，你平时不管用电脑做什么都会非常快，一点儿都不卡！显卡是核芯显卡，上网看电影不仅画质好，而且很省电。如果你要使用 PS 这种专业软件，这款显卡会让图像显示效果达到较高水平，而且很智能……"

他这样说，你可能还是不知道 R7 是什么，也不知道核芯显卡是什么，但你知道，这款电脑用起来很流畅、省电、图像显示效果好。这就是把产品亮点转化为用户语言的好处，用户一听就能明白是怎么回事。

那么如何搜集产品信息？如何判断哪些信息是真正的亮点？又如何把产品亮点转换为用户语言呢？我会在第 12 章详细讲解如何研究产品，以及如何提炼产品亮点。

1.2 制定文案策略

提炼出产品亮点后，别着急动笔，你需要先制定文案策略。文案策略是什么呢？它其实就是帮助你说服用户的策略。

提到文案和销售，很多人都会认为，好文案在于文笔好，好销售在于口才好，这真是天大的误会。

假设你遇到一个关心产品品质的用户，你拼命地说价格多便宜，他非但不会买你的产品，还会因为价格低而产生怀疑——这是不是“三无”劣质产品？

同理，如果你连用户为什么买你的产品都没搞清楚，就对产品一顿夸，洋洋洒洒写了几千字的文案，我猜你对文案的转化效果是没有把握的。你只能像本章开篇那个小姑娘那样，默默祈祷了。

之前就有同事问我，为什么我的文案转化数据很稳定；为什么经我手的文案很多都会“爆”，很少出现数据不好的情况。

我的回答很简单，就 4 个字：文案策略。

每次写文案之前，我其实就已经做了各种推演，确定了文案要怎样说服用户，解决了用户为什么愿意花钱购买产品的问题。那么剩下的，就是用文字去落实文案策略了。

谋定而后动，是一个优秀文案人的秘诀！

其实，制定文案策略并没有多神秘，你只要想清楚下面 5 个问题。现在，你就可以拿出纸和笔，把这 5 个问题抄下来，下次制定文案策略的时候，你回答好这 5 个问题即可。

第一个问题：谁会买我的产品

思考一下，你的目标用户是什么样的。你可以设定一个目标用户的身份，越具体越好，这种方法叫作构建用户画像。

- 她 28 岁。
- 她的职业是会计，她正在准备会计考试。
- 她有点儿胖，最近想要减肥。
- 她的家庭很普通。她老公爱她，但有些木讷。

……

当你清晰地知道你的用户是什么样的，有什么特征后，你就知道该怎么对症下药，怎么用适合她的语言推荐你的产品了。

用户画像的好处是直观。虽然“这个用户”不能代表所有的用户，但她符合用户群体的特征，你考虑这一个人的特征，就等于考虑到了一群人的特征。

第二个问题：用户为什么要买我的产品

想一想，你的产品满足的是她哪方面的需求。假如你的产品是一款薯片，你要思考的内容如下。

- 她什么时候会想吃薯片？是聚会、追剧、无聊、旅行时还是饥饿时？
- 这款薯片最吸引她的地方是低热量、好吃、健康、包装漂亮、便宜，还是名人代言？
- 她买薯片时是高兴、冲动——渴望加入某个群体（最近流行吃这款薯片），还是因为担心长胖而惴惴不安？
- 这款薯片的卖点能打动她吗？例如非油炸、酥脆、爱情的味道、零添加等。

……

通过回答这一系列问题，你大概就会知道她为什么购买你的产品，也就知道了该怎么说服她。

第三个问题：用户为什么要在我这里购买产品

用户出于某个原因购买产品，但为什么要在你这里购买产品呢？

市面上有那么多产品，你的产品到底有什么特别之处，能让用户不去别家买，只来你这里买呢？

是因为你的产品更稀缺、更便宜、更有效，用起来更方便，还是因为用户对你的产品好感度更高？你的产品比别人的产品好在哪里？

讲到这里，我不得不纠正一个错误的想法。很多文案人在接到一个产品推广项目时，总会“吐槽”：这么差劲的产品要我怎么写啊？

的确，不是所有产品都能达到顶尖的水平。如果产品本身各项指标都很优秀，物美价又廉，那么文案就可有可无了。需要用文案推销的产品，大多“偏科”，要么知名度比较低，要么价格比较高，要么质量一般。

文案人应关注产品的长处而不是短处，找出产品的闪光点，并将其展示出来，让自己的产品从同类产品中脱颖而出，让用户无法忽视该产品。

第四个问题：用户为什么不在我这里购买产品

大部分文案人都会找出产品的闪光点，因为闪光点可以促进销售，而只有厉害的文案人才会找出产品的“暗淡点”，因为“暗淡点”会影响用户的购买决策。

例如，健身房有一种营销方式叫作“打卡返现”，即用户只要按照约定在健身房健身达到一定的次数，就能够拿回一部分费用。

健身房商家为什么要这么做呢？这是因为他们意识到，用户在付费之前总会担心：“万一我没有毅力坚持健身，这钱不就打水漂了？”虽然这个“暗淡点”并不在于产品本身，而在于用户，但商家想要促成交易，就必须把一切影响交易的“暗淡点”都消灭。

试想一下，如果我现在告诉你，你只要一年到店里健身 100 次，1 万元的会员费，我就退你 4000 元。一年后，你不但能收获更好的身材，还能拿到 4000 元，你会不会心动？

所以在制定文案策略时，你一定要思考用户不购买你的产品的原因是什么。

- 担心质量不行。
- 觉得价格太贵了。
- 不相信效果那么好。

……

用户的任何顾虑，都可能让他转身离你而去。

第五个问题：用户为什么要现在购买我的产品

为什么要思考这个问题呢？因为如果用户现在不买，他就很有可能去干其他事了，再往后压根儿想不起你的产品。很多电视广告、直播、销售文案都在用各种方式引导你马上下单，比如“再不下单产品就卖完了”“再不买优惠就没有了”……

请务必想清楚并告诉用户，他为什么要现在、马上、立刻掏钱买你的产品。

以上这 5 个问题——谁会买我的产品？用户为什么要买我的产品？用户为什么要在我这里购买产品？用户为什么不在我这里购买产品？用户为什么要现在购买我的产品？如果你能把这 5 个问题想清楚，那你的文案写作基本就有思路了。

案例　文案策略实战

我曾经为一门沟通课程写文案，当时我是这么思考的。

第一个问题：谁会买我的产品

通过采访讲课老师、和同事讨论、询问好友等，我了解到职场女性和全职已婚女性更愿意购买沟通课程。

为什么职场女性更愿意购买沟通课程呢？因为职场上沟通场景很多，说话技巧和人际关系、薪资间接挂钩。那为什么已婚女性也愿意购买沟通课程呢？因为她们每天都要进行两性沟通和亲子沟通，如表 1-1 所示。

表 1-1　针对谁会买产品的问题的文案策略

思考	回答	文案策略
谁会买我的产品	（1）职场女性，因为她们希望自己与他人的关系更好，想要升职加薪 （2）已婚女性，因为她们需要和老公、孩子沟通	第一部分用老师的经历说明沟通在职场中的重要性 第二部分用学员的经历说明沟通在婚姻中的重要性 文案的大致结构为“开头 + 老师介绍 + 老师的职场经历 + 学员的婚姻经历 + 结尾”

用户画像决定你的说服理由。根据用户画像，我基本确定了文案结构。我先用该沟通课程讲课老师的职场经历去说服职场女性用户，再用学员的婚姻案例进一步说服全职已婚女性用户，最后加上开头和结尾，一篇文案的结构就基本定下来了，如表 1–2 所示。

表 1–2 文案结构

思考	回答	文案策略
用户为什么要买我的产品	**购买沟通课程的好处：**在职场中，人际关系更融洽，更容易被上司注意到，更容易升职加薪；另外，感情会更稳定，家庭会更温馨 **不购买沟通课程的坏处：**在职场上，易被人忽视，被抢“功劳”；在家庭中，容易引起误解，产生矛盾 **应用场景：**职场沟通、两性沟通、亲子沟通 **触动情绪：**不会沟通真的太吃亏了，就因为不会沟通，明明能拿 5000 元的工资却只拿到 2000 元；明明彼此很相爱，却天天因为小事吵架，值得吗？ 每天都要说话，干吗不说好一点儿呢	确定文案的情绪点，将产品的应用场景、使用产品的好处、不用产品的坏处在文案中体现出来

第二个问题：用户为什么要买我的产品

除了考虑产品亮点，我还会从用户需求出发，从 4 个角度来思考用户为什么要买我的产品。

角度 1：用户用了我的产品后，她的生活会变得有多好？

角度 2：用户不用我的产品，她的生活会有多糟糕？

角度 3：用户使用我的产品的场景有哪些？

角度 4：促使用户付费的情绪是什么？

会沟通的好处是显而易见的，简单来说就是情商高，受人欢迎。而不会沟通的坏处包括容易吃亏，被孤立，很难升职加薪，两性关系、亲子关系受影响等。这些都是用户在日常生活中关心、在意的问题。

所以，我在文案里用很长的篇幅讲了会沟通的好处和不会沟通的坏处。

第三个问题：用户为什么要在我这里购买产品

市面上沟通类课程那么多，用户为什么要在我这里购买呢？

这时，之前对产品的研究就起作用了。我把此前了解到的产品（也就是这门沟通课程）的特点和优势都列了出来。

（1）老师够专业，机会难得。

这门课程的老师曾辅导过很多名人，这足以证明她真的很厉害。让名人的老师教我们，和名人享有同样的教学资源，这样的机会非常难得。

（2）老师的故事引发共鸣。

老师也是从不会沟通的人慢慢成长为沟通高手的。对于用户的痛点，她几乎都能感同身受。用户遇到的难题她也基本都遇到过，所以用户会对老师产生好感。

（3）课程有干货。

老师总结了沟通公式，用户可以直接拿来套用，而且这个公式被证实是有效的。

（4）课程性价比高。

平时，老师在线下为企业家、名人们授课，收费动辄上万元。但是这门课程的价格不到 100 元，却能学到和企业家、名人们一样的课程，特别划算。

以上这些信息还没变成文案就已经很打动人了，而我要做的就是把这些信息按照一定的逻辑合理地放入文案中。

第四个问题：用户为什么不在我这里购买产品

这个问题我问了很多人，最后总结了几个用户不在我这里购买产品的可能的原因。

- 他们担心学不会。针对这个原因，我降低了用户预期。我在文案里写道：提高情商很难，但你可以学会好好说话。

- 他们担心课程内容不好。针对这个原因，我详细描述了老师总结的沟通公式的来源，把推导过程还原给用户看。

- 他们担心课程学了没效果。针对这个原因，我写了好几位学员的经历。通过这些经历，我想告诉用户：你看，他们都说有用。

……

就这样一条一条地打消用户的疑虑，让他们接受这个产品，安心购买。

第五个问题：用户为什么要现在购买我的产品

其实这个问题说难不难，说简单也不简单。你要让用户意识到，如果他现在不买这个产品，第二天他又要面对同样的问题。反正每天都要沟通，越早学越好。

于是，我在引导用户购买的时候，用了痛点再现的方法，让用户在当下产生需求，让他们不得不重视起来。

对我来说，制定好整个文案策略，我的文案也就写完了。在这里，我想分享的经验是，或许在制定文案策略之前，你对如何写文案还是一头雾水，但只要想清楚上面这 5 个问题，你就知道一篇文案该怎么写了。

1.3 搜集文案素材

如果你之前听过其他文案课程或者看过文案方面的书，那么搜集文案素材这件事你肯定不陌生。很多老师都会告诉你要去微信公众号、知乎、微博上搜集资料和素材，但他们没告诉你具体要搜集哪些素材，以及这些素材要怎么用。

在这里，我列举了我总结的 6 种常用的素材类型。

1. 竞品文案素材

关注竞品文案有 3 个作用，它们分别是模仿、理清思路和查缺补漏。

当你毫无思路的时候，模仿不失为一种好的启动方式。看竞品文案会帮助你找到思路。通常情况下，你看着看着，就会有自己的思路了。此外，你看别人写的文案的时候，一般都带着挑剔的眼光。在这个过程中，你会发现别人写的文案存在的一些问题，因而你会主动规避这些问题，不犯同样的错误。这样你写的文案就会比别人写的文案好一点儿。

例如，有一次，我要翻新一篇关于女性健康产品的文案。其实，我并不擅长写这类产品的文案，所以当时毫无思路。于是，我找到竞争品牌关于这类产品的文案，以那篇文案为基础来优化自己的文案——改开头，改结构，删除不需要的信息，增加素材等。最终我写的这篇文案实现了较高的销售转化率。

我们不能抄袭别人写的文案，但可以学习借鉴别人写得好的地方。对于别人写得不好的地方，我们也要引以为戒并进行优化。

2. 爆款文章素材

我经常会和写文案的朋友说："我们做文案工作的其实很幸运。因为所有爆款文章都可以用文案的形式重新写一次。"

例如，我之前写的关于某平台收纳课程的文案《一个人过得好不好，看房间就知道了》《你的房间，暴露了你的财富、健康和人际关系》，就是以微信公众号中的两篇爆款文章为基础写出来的。

首先，这两篇文案都使用了爆款标题，能保证比较高的阅读量。我们都知道，文案的阅读量非常重要，若文案阅读量不佳，一定会影响其销售转化率。

其次，文案中提到收纳和人生的关系，这个观点和老师在课程中提到的观点一致。文案内容和产品卖点之间自然过渡，这使得文案撰写难度降低了。

最后，爆款文章中有大量被证实能够吸引用户注意力的金句[①]、故事，在写文案时可以将其作为参考。

你要学会举一反三。例如，如果你写减肥产品的文案，你可以参考主题为"身材管理"的爆款文章；写教育产品的文案，你可以参考主题为"亲子育儿"的爆款文章；写水果、日用品的文案，你可以参考主题为"妈妈对家庭的付出"的爆款文章……

只要你能找到产品和爆款文章的契合点，那些爆款文章就能助你一臂之力，为你的文案增添光彩。

---

① 金句：文案里短小精悍、富有哲理、让人印象深刻的句子。

3. 金句素材

金句的作用不用多说。一篇文案中能被人记住的，往往不是你的文笔，而是金句。一篇文案中能成功说服用户的，往往也是金句。

我之前写的沟通课程的文案，用了至少 10 个金句，如“职场不仅考验你的能力和智商，更考验你的情商”等。看到这样的金句，你是不是觉得说得还挺有道理的？让用户觉得有道理，并因此而改变，就是金句的作用。

讲到这里，可能有人会问：“这些金句是怎么写出来的？我为什么写不出金句呢？”

金句的来源通常有两个。

一是通过书籍、微信公众号、电视节目、与人聊天、网站等渠道积累金句。

平时我们看到、听到好句子，可以将其记录下来，时间久了，就会积累很多金句。

二是利用金句公式独立撰写金句。

关于金句公式，我会在本书第 8 章进行详细讲解。

4. 故事素材

故事的重要性不必多说。人们都爱听故事，以前，人们最喜爱的娱乐活动之一就是围着火堆听故事；现在，人们喜欢读小说、看电视剧，这些娱乐活动的本质也是听故事。

故事能够提高文案的可读性，也更容易让读者产生共鸣。合适的故事会为你的文案加分，也更容易让读者接受你的观点。

故事的来源和金句的来源大同小异，也有两个，一是通过各种渠道搜集故事，二是套用故事模板写故事。具体怎么写出一个精彩的故事，我会在本书第 7 章进行详细说明。

5. 新闻、影视、综艺素材

这类素材的作用和故事差不多，也是使文案更吸引人，更容易让人接受，而且它们的说服力往往比故事更强。

例如，我曾经给一门文案课程写过文案。用文案介绍文案课程并影响学写文案的人，其实是有难度的，因为大家都不太容易受到别人写的文案的影响。

通过调研，我发现，很多人对“写文案能赚钱”这一观点持怀疑态度，想要说服他们并不容易。所以在文案的开头，我用了新闻素材。这是一则真实的素材，有时间、地点、人物、数据……用新闻告诉大家写文案能赚钱，比我解释半天更有说服力。

如果以后你也遇到了很难说服用户的情况，那就用一个新闻来压阵吧。

另外，新闻、影视、综艺素材自带流量，能够吸引用户点击查看，这对提高文案的转化率也有一定的帮助。

6. 权威数据或者专业知识

权威数据可以增强文案的说服力。例如，我在写女性健康产品的文案时就用了一些权威数据：根据世界卫生组织发布的数据，41% 的育龄女性患有不同程度的妇科病；75% 的女性一生会得一到两次阴道炎。权威数据摆出来，用户不重视都不行了。

再如，现在市面上的除螨仪的文案一般会强调你的被子上有多少螨虫。其实人们通过肉眼是看不见这些螨虫的，但是因为有权威数据，或者有专业知识，人们就会开始重视螨虫的危害，从而接受这款产品。

我为一门婚姻训练营产品写文案时，用了专业的心理学知识解释夫妻为什么会吵架。用户看到这样的解释，会觉得这篇文案很专业，同时也会觉得这个婚姻训练营很靠谱。

权威数据和专业知识并不难找，你可以向策划方、产品方索要，也可以通过相关的专业微信公众号和数据网站查找。

1.4 撰写初稿

做好了充分的准备，你终于可以动笔写文案了。不过，我的建议是先写初稿，不要想着一步到位。你可以先把初稿写出来，再做调整，做到精益求精。

首先，你要拟定几个标题，因为标题决定了一篇文案的走向。很多人喜欢写完文案再写标题，我觉得这是不可取的，因为在没有标题指引的情况下写出来的文案可能就像一盘散沙。

我之前写过一篇文案，文案本身质量不错，但因为标题没有取好，产品的销量只有原来的一半。后来，我改了标题，没有改文案内容，但产品的销量直接翻了一倍。所以我建议大家一定要特别重视标题。

拟定标题后，你就可以开始按正常流程撰稿了。如果你是熟手，你可以直接开始写。如果你是新手，我建议你先准备文案大纲。所谓文案大纲，就是你根据文案策略做出的内容规划。

讲到这里，我补充一个知识点：如果你不确定自己制定的文案策略是否有效，可以参照“爱达公式”。

推销专家海因兹・M. 戈德曼（Heinz M. Goldmann）在《推销技巧——怎样赢得顾客》一书中首次提出“爱达公式”。

“爱达”是 4 个英文字母 AIDA 的译音，它被认为是最成功的推销公式。AIDA 这 4 个英文字母分别代表了“爱达公式”提出的 4 个推销步骤。

第一步：引起用户的注意（Attention），即将用户的注意力吸引到产品上来。

第二步：唤起用户的兴趣（Interest），即促使用户对产品或购买产品抱有积极肯定的态度。

第三步：激起用户的购买欲望（Desire），即促使用户对拥有产品产生强烈的欲望。

第四步：促使用户采取行动（Action），即推销人员运用一定的技巧促使用户购买产品。

那么，在文案编写过程中该如何运用“爱达公式”呢？

首先，你需要想尽一切办法，利用吸睛的标题、观点、故事、新闻等让用户读下去。换句话说，你的标题和开头不一定要多有文采，但是要能吸引目标用户，并且把他们留住。

其次，你需要结合产品特性，唤起用户的兴趣。

- 护肤产品——唤起用户想要变美的兴趣。
- 减肥产品——唤起用户想要变瘦的兴趣。
- 洗漱产品——唤起用户想要变干净的兴趣。
- 运动产品——唤起用户想要变得更有活力的兴趣。
- 保险产品——唤起用户想要规避风险的兴趣。

……

而你要思考的是，用户在什么情况下想要变美、变瘦、变干净、变得更有活力、规避风险……你要把这些场景真实地写进文案中，让用户产生代入感。

再次，你需要激起用户的购买欲望，让用户相信，如果想要满足需求，你的产品是最佳选项。毕竟“我想减肥”和“我买你的减肥产品”是两回事。

最后，你需要促使用户采取行动。你要想尽一切办法让用户马上下单。其原因我在之前讲文案策略时讲过，“我想买”和“我现在就买”同样也是两回事。

1.5 自检修改

文案初稿写完后，你千万不要觉得工作已经结束了。此时的文案或许只有60分，你还需要自检（自我检查）。有人说，自检才是真正考验一个文案人能力的环节，这说明自检非常重要，也非常不容易。

说到检查，你可能有这种感受：看别人写的文案时特别容易找出问题，但看自己写的文案时，就算感觉没那么好，也很难发现问题。通过自检找出问题并且优化文案并不是一件易事，文案人需要刻意训练才能拥有这项能力。

我会在本书第 11 章告诉你怎么自检文案，并且提供一份文案自检清单，帮你快速获得自检修改的能力。

1.6 测试优化

如何评判一篇文案质量的好坏呢？答案很简单，将文案放到市场上检验。文案虽然也是一种内容创作形式，但它跟其他文体都不一样，其他文体的评判指标是文学性，而文案的评判指标是销售力。

在文案行业，衡量文案销售力的指标叫 ROI[①]，即投入产出比，也叫投资回报比。一篇好的销售文案，经过大规模的投放，要保证 ROI 大于 1，这意味着不亏本，也就是投入 1 元至少能赚回来 1 元。好的销售文案的 ROI 甚至能超过 10，这意味着投入 1 元至少能赚回来 10 元。哪个老板会不希望 ROI 大于 10？如果你能写出 ROI 大于 10 的销售文案，老板当然会重用你，升职加薪也就成了很自然的事。

在大多数情况下，文案并不是一写出来就成了爆款。要想使文案达到最佳的宣传效果，你需要不断对其进行优化。有的文案可能在第一次推送后数据不佳，但经过几次修改优化，也能取得不错的成绩。

在测试优化环节，一方面，你需要具备数据思维，能够透过数据找出问题；另一

① ROI：Return of Investment 的缩写，意思是投入产出比。文案的 ROI= 营业收入 / 投入成本。

方面，你需要有强大的心理素质，即便数据不佳也能冷静下来，不受情绪影响，客观地分析问题、优化文案。

在过往的工作中，我就曾遇到过这样的朋友，他在文案数据好的时候很开心，可一旦数据“扑街”就非常沮丧，没有心情去优化文案，也无法专心写下一篇文案。这种状态甚至会持续几个月之久。

在这里，我要提醒各位，文案人不仅要跟文字打交道，还得与数据共舞。你准备好接受市场和数据的考验了吗？

1.7 总结

本章讲了文案撰写的步骤，它们分别是研究产品、制定文案策略、搜集文案素材、撰写初稿、自检修改、测试优化。你记住这 6 个步骤了吗？

在**制定文案策略的时候，我们需要回答 5 个问题。**这 5 个问题分别是“谁会买我的产品”“用户为什么要买我的产品”“用户为什么要在我这里购买产品”“用户为什么不在我这里购买产品”“用户为什么要现在购买我的产品”，你记住这 5 个问题了吗？

讲到**搜集文案素材的时候，我提到了 6 种常用素材类型**，它们分别是竞品文案素材，爆款文章素材，金句素材，故事素材，新闻、影视、综艺素材，权威数据或者专业知识。你记住这 6 种常用的素材类型了吗？

撰写初稿时，我们可以借助“爱达公式”快速写出能促进购买的文案。

最后两步是**自检修改和测试优化**。我们目前只做简单了解，更具体的操作步骤，将在后续章节进行介绍。

Writing

第 2 章

文案不错，但就是不卖货？你少了这一步

- 需求前置
- 消除顾虑
- 制造稀缺性
- 正确花钱
- 降低决策成本
- 让用户占便宜
- 总结

有一段时间，我经常和人事部门争论。

他们不太理解，为什么我招聘写文案的人，却没有限制专业，他们觉得我设定的应聘门槛太低了。

换作是你，你会不会也觉得，文案人就应该是学汉语言文学、中文、文秘这类专业的，专业对口会写得更好？

我仔细了解了我身边的文案高手，大部分人的专业都跟文案没有半点儿关系，他们有的是学设计的，有的是会计出身，有的学的是英语专业。

所以我得出一个结论：撰写一篇优秀的文案，不一定需要特别深厚的文学功底；而一篇文字优美的文案，也不一定能把产品“卖爆”。

我有个朋友之前是某微信公众号的编辑，后来转行做了文案工作。我原以为他具有扎实的文字功底，写文案对他来说就是小菜一碟，可任凭他怎么努力，他写的文案几乎卖不出货。

有一次他找到我，问我他的问题出在哪儿。看完他写的文案后，我大概知道了症结所在——他的文笔没问题，他缺乏的是销售思维。

缺乏销售思维，不好意思把产品推销给用户，也不知道怎么推销，用户当然不会付费。你都没想把产品卖给用户，用户为什么要付费呢？

从文案人的角度来看，把稿子写完工作就结束了。但从用户的角度来看，从看到文案到最后付费期间，他脑海里可能有千百种声音在劝他不要付费。

- 这款面膜真的那么有用吗？不会是虚假广告吧？
- 这件衣服我穿上真的好看吗？会不会不适合我？
- 这门课程我真的能学好吗？
- 家里的洗面奶还没用完，现在买是不是没有必要？
- 再过几天就发工资了，还是发了工资再买吧。

……

大家不要忽视这种反对的声音，劝人买一个东西很难，但是反对别人买一个东西，可能只需要一个理由。所以在写文案的过程中，你要时刻记得自己的目标就是销售产品。你要想尽办法，把产品巧妙地推销给用户。

说服用户付费其实是有技巧的。在传统销售领域，人们总结出了 6 个常用的技巧，在写文案的时候，我们也可以借用这些技巧。

（1）需求前置。

（2）消除顾虑。

（3）制造稀缺性。

（4）正确花钱。

（5）降低决策成本。

（6）让用户占便宜。

接下来，我将依次介绍这些技巧，并举例告诉你在写文案时如何应用这些技巧。

2.1 需求前置

什么是需求前置？简单来说，就是把用户明天的需求、明年的需求放到现在来解决。

为什么要需求前置？道理很简单，只有让用户觉得自己现在就需要这个产品，他才有可能现在就花钱购买。如果用户觉得下个月再买这个产品也没关系，那你的推广可能就黄了。现在信息泛滥，下个月用户保准会把你忘了。

我总结了 3 种让用户需求前置的方法，它们分别是水晶鞋法、使用法、扎针法。

1. 水晶鞋法

“水晶鞋法”这个名字来源于童话故事中灰姑娘穿上水晶鞋的情节。在写文案时，我们要通过文案让用户享受“穿”上“水晶鞋”的高光时刻。

其实，在我们的生活中，早已有人把水晶鞋法运用得炉火纯青。例如我们去店里买衣服时，不论有没有付费的意向，售货员都会让我们先穿上试试。因为他们知道，只要我们看到自己穿上新衣服后好看的样子，我们就会想立刻拥有这些新衣服！我们很难拒绝这样的高光时刻，哪怕价格高一点儿都能够接受。这么美好的时刻只要付费就有机会获得，那么我们为什么不付费呢？

又如，你有没有发现，护肤品广告发展了这么多年，好像形式一直没变过，都是找一些知名演员，拍很多脸部特写。有人会“吐槽”商家太傻了，广告拍来拍去都一样，一点儿新意都没有。其实，商家一点儿也不傻，他们非常清楚这套方法多么有效。

当用户看到演员的脸那么白、那么嫩、那么透亮时，他就会将自己代入这份美妙的体验，会想象自己的皮肤也能变得那么好，但前提是，要买演员的同款护肤品。

还有我们熟悉的那句广告语：腰不酸了，腿不疼了，走路也有劲儿了，一口气上 5 楼，不费劲儿。普通人听到这些话可能没感觉，但对于保健品的目标用户——中老年人来说，腰不酸、腿不疼、上楼不费劲，就是他们向往的穿上“水晶鞋”的体验。

只要场景足够美好，承诺足够合理，卖点足够戳中人心，用户是抵挡不住“水晶鞋”的诱惑的。一旦用户想拥有“水晶鞋”，他就愿意付费。

那么，什么样的“水晶鞋”会吸引用户呢？

首先，我们要明白，人们对美好事物的期待基本上是类似的。我们都享受别人羡慕的眼光，都渴望财务自由，都希望花钱的时候不窘迫，都希望自己变得更加自信，都想要变得更漂亮、更健康。

了解了用户的期待，接下来，你只需要做两件事。

（1）把产品效果与用户渴望的“水晶鞋”体验联系起来。

（2）将用户穿上“水晶鞋”的体验详细地描写出来。

例如，我之前曾为一门跳舞课程写过文案。跳舞课程是一个很小众的课程门类，想要说服别人学跳舞并不容易。于是我运用了水晶鞋法，让用户看到了自己穿上“水晶鞋”后的样子，如表 2-1 所示。

表 2-1　产品、体验与细节描写

产品	用户渴望什么样的“水晶鞋”体验	对穿上“水晶鞋”的体验的细节描写
跳舞课程	被关注、身材苗条、舞姿优美等	（1）双臂纤细，小腹平坦，双腿修长 （2）你的皮肤变得通透、明亮，简单的淡妆就能光彩照人 （3）公司年会，你不再是台下鼓掌的观众，而是在台上享受掌声的耀眼主角

案例 1　舞蹈课程文案（节选）

试想一下，当你学会跳舞后——

每天的拉伸、旋转、跳跃……让你的双臂变得纤细，小腹变得平坦，双腿变得修长。

大量的运动，让你的皮肤变得通透，化上简单的淡妆，你就能光彩照人。

跳舞会使身体分泌号称“年轻激素”的内啡肽，让你比同龄人更加年轻，你的快乐指数也会更高！

古典舞的练习，让自信和优雅深深地印在你的骨子里。

在公司年会上，你也不再是台下鼓掌的观众，而是在台上享受掌声的耀眼主角。

……

你瞧，从普通到耀眼，其实没那么难。

是一直普通下去，在台下当观众，还是给自己一个机会让自己成为那个被别人羡慕的人，都只在你的一念之间。

看完这篇文案，哪怕你还没有开始学跳舞，但你已经可以想到自己学会跳舞后的美妙时刻了。

讲到这里，我还想用电视剧《安家》中一段非常经典的房屋销售情节来举例，告诉你“水晶鞋”的神奇之处。

对于在大城市中还没有房子的人来说，他每天的生活状态是长时间的通勤、糟糕的租房环境、喘不过气的压力、对异乡的不安……虽然生活在五光十色的都市，但由于太忙、太累，就连随处可见的星空，他可能都没有时间和力气去看。

电视剧里，房产中介对购房者说：“昨天夜里，我来这里打扫收拾，你猜我看到什么？星空！你真的很难相信，在这样的大都市里，在五光十色的市中心高楼上，居然还能看到星星。”

看到星星，这对都市人来说是多么奢侈的一件事呀。房产中介的潜台词是，拥有了这套房就可以获得生活里的星辰。这里是房产中介第一次使用水晶鞋法。

接着房产中介又讲述自己在都市里的经历和购房者共情——在上海租的第一间房是楼梯间，只能摆上一张床，每天得爬进去睡觉。然后说：“我最大的梦想，就是在这个城市拥有一间房。一间大窗户的房子，我就满足了。”这句更是戳中购房者的心，谁不想在这个城市有一间自己的房子呢？

铺垫了这么多后，第二次水晶鞋法营销来了。

房产中介说：“当你累了、烦了、被生活磨得百孔千疮的时候，这里就是你独处的空间。你不用走出家门，就能看见诗和远方。”

如果是你，你有能力购买这套房子，房子情况也不错，听了这么多戳中你心窝子的话，你会不会想要立刻拥有这套房呢？

我提炼出了水晶鞋法的 3 个关键要素，它们分别是产品、体验和细节描写，如表 2-2 所示。

表 2-2　水晶鞋法的 3 个关键要素

产品	用户渴望什么样的“水晶鞋”体验	对穿上“水晶鞋”的体验的细节描写
房子	有自己的房子，住得舒服、安心，有归属感	

提示　为了便于读者理解和掌握水晶鞋法，诸如表 2-2 等中，我特意留有空白，请读者参照表 2-1 自行练习补写体验的细节描写。

再如，文案圈有一篇有名的文案——《我害怕阅读的人》，也使用了水晶鞋法。

我们都知道，学历崇拜、学识崇拜是非常普遍的心理。大多数人都喜欢那些学识渊博的人。这种崇拜的心理具体是什么样呢？《我害怕阅读的人》这篇文案就把这种崇拜心理非常清晰地具象化——阅读的人是懂美学的牛顿，懂人类学的凡·高，懂孙子兵法的甘地，他们的血液里充满答案，越来越少的问题能让他们恐惧。

不仅如此，文案中还用一个非常贴近的比喻，让这种崇拜心理进一步加深——*他们以贵族王者的形象在我面前闪耀，举手投足都是自在风采。*

想想看，你是不是觉得有文化的人天生自带贵族王者的气息？他们身上是不是有一个看不见的光环，在你心里闪耀？你会不希望自己也成为那样的人吗？

《我害怕阅读的人》告诉你，成为他们，你只需要拿起一本书来看就足够了。看到这里，你还会无动于衷吗？

下面请你登录百度，检索《我害怕阅读的人》，在表 2-3 中填写这篇文案中对应水晶鞋法的 3 个关键要素。

表 2-3　填写水晶鞋法的 3 个关键要素

产品	用户渴望什么样的“水晶鞋”体验	对穿上“水晶鞋”的体验的细节描写
阅读	博学、优越感、自豪	

写文案的时候，水晶鞋法是我最推荐使用的一种方法，因为它带给人的是美好的希望，是对未来的信心。

我们要让用户看到，当他使用你的产品后，会获得什么样的美妙体验。只要穿上“水晶鞋”的体验足够打动人，用户就很可能为你的产品付费。

了解了原理，你就可以在网络上搜集运用了水晶鞋法的文案，然后倒推，找出其对应的3个关键要素，并填写表格。通过多次练习，慢慢地，你就能够提高洞察用户心理的能力。你也可以拿身边的物品做练习，如高跟鞋、香水、剃须刀……找出用户基于这个产品希望得到什么样的“水晶鞋”体验，并且写出对应的文案。

刚开始，你写的文案或许没有想象中的那么好，别担心，这是正常的。后面我会告诉你如何组织语言，以及如何让文笔不再成为你在写作路上的障碍。

现在，该你了！

练习 请你为“美丽牌洗面奶”写一段描述用户“穿”上“水晶鞋”的体验的文字。

2. 使用法

使用法和水晶鞋法类似，二者的区别在于水晶鞋法侧重于描述产品效果，而使用法侧重于描述产品体验。

使用法常见于电商产品文案。隔着屏幕，用户很难感受到这款产品有多好，所以电商产品文案就需要把使用产品的感受用文字的形式展示给用户。

当用户借助文字体验了产品，感受到这款产品的好处后，用户在潜意识里会觉得“这个东西是我的”“我现在就想要”，从而果断下单购买。

例如，有一款水洗面膜的文案是这样写的：

我第一次见这款面膜的时候就被它迷住了。它柔柔的、滑滑的，如果不是上面写着“面膜”，我真把它当果冻了。淡淡的红酒味中带点儿甜味，敷在脸上，光闻着味就想吃一口。

敷完特别好洗，水一冲就干净了。我那张糙到不行的脸，没想到有一天居然还能变得又嫩又滑，绝了！

我从此爱上敷面膜了。

也许你没有用过这款面膜，甚至不知道它长什么样，但借助文字，你知道它是柔柔的、滑滑的，果冻质地，有红酒味和甜味，而且好洗……通过这段文字，你已经知道了这款面膜的使用感受。如果这种感受是美好的，能够打动人心，那用户很可能会因为这段文字直接下单。

人类天生厌恶损失，一旦拥有了美好的东西，就不想再失去。如果你希望用户为你的产品着迷，那你就努力用文字带他感受产品的美好吧。

要用好使用法，关键在于以下两点。

（1）你要带领用户，让用户跟着你完整地体验产品的功能，就像看 5D 电影一样。

为了提高观众的参与度，增强现场感和刺激感，5D 电影一般设计为第一人称视角，并且会调动观众的听觉、视觉、嗅觉、触觉……让观众置身于“闪电”“烟雾”“雪花”中，甚至有在火焰前的灼热感、海浪扑身时的湿润感，等等。

在写文案的过程中，你可以把用户想象成正在看 5D 电影的观众，然后试着用文字把 5D 电影营造出的各种感觉一一描写出来。

接下来，我们通过具体案例来练习一下。

以一款洗面奶为例，用 5D 电影的方式把使用它的过程记录下来。

① 你第一次拿到洗面奶时，会先注意到它的包装。

② 你把它打开，会先闻一下气味。

③ 你把洗面奶挤到手心里，会注意到它的颜色、质地。

④ 你会用水蘸湿洗面奶，打成泡沫。对护肤品有所研究的你会观察它的泡沫是否丰盈，是否绵密。

⑤ 你会把泡沫抹在脸上，并留心泡沫在脸上的感觉。

⑥ 你将泡沫洗去，并闭上眼体会泡沫一点一点被洗去的感觉，以及双手触碰干净脸颊的感觉。

⑦ 你会观察镜子里自己的脸洗净后是什么样子，并体会擦护肤品的感觉。

体验之后，你可以把过程中的每一个环节用文字记录下来，并填入表 2-4。

表 2-4　洗面奶文案

项目	文案
包装	简约的白色瓶身，银白色的花纹，翻盖式的开口设计
气味	气味非常特别，有一股淡淡的鲜奶味
颜色、质地	白白的、软软的，奶油质地
泡沫	泡沫非常丰富，几乎不需要用到起泡网；将洗面奶挤在手上轻轻揉搓，就有大量细腻丰盈的泡沫
泡沫抹在脸上的感觉	脸被泡沫包裹着，奶香味环绕，闭上眼，感觉好像进入了奶油工厂
洗掉泡沫的感觉	洗的时候感觉皮肤凉凉的，皮肤没有明显的紧绷感
脸洗净的样子	虽然还没擦爽肤水，但整张脸水水润润的
擦护肤品的感觉	能感觉到护肤品都被吸收了，比平时多吸收了不知多少倍

当按使用感受填完表格后，你基本就还原了使用洗面奶的全过程。接下来，你只需要再优化一下句子，组织一下语言，就可以把这些信息变成一篇文案了。

运用使用法的时候，你不要把自己当成销售人员，而要像第一次购买产品的用户一样，怀着好奇心去使用产品、体验产品。更重要的是，你要时刻提醒自己："我写下的这些内容，能否代表用户亲身体验的感觉？"

不少文案人对自家产品实在太熟悉了，反而找不到第一次使用的感觉。所以我建议你：**和你的产品保持适当的距离，保持新鲜感**。每一次写文案，你都要像第一次认识这款产品一样去接触它、感受它、了解它，这样你才可能写出打动人心的好文案。

现在，该你了！

练习 请你运用使用法为"幸福牌泡面"写一段文案。

（2）把产品置于特定的使用场景中，就像你亲身体验用户的生活一样。

一款产品，哪怕功能很强大，价格也很合适，可是用户只要一想到自己用不上，就可能不会购买。例如看到一款净水壶，便宜、好用、大牌，你很心动，可是一旦想到家里有同类产品，这款净水壶买了之后可能会被丢在角落里吃灰，就会放弃购买。

那些有经验的销售人员恰恰熟悉用户的这一心理，所以他们不但会告诉用户这款产品好在哪儿，还会告诉用户什么时候要用到它。同样是推销净水壶，有经验的销售人员会说："夏天天热，饮水机的水不新鲜，用这款净水壶，想喝的时候随时净水，干净卫生。而且制水成本低，一个夏天能省几百元钱。"

同样是净水壶，若想不到使用场景，它就是个废物；若能想到使用场景，它就是个宝物。至少在购买的那一刻，销售人员让用户相信，他一定会用这款产品。

以上就是营造使用场景的例子。在这一点上，我们应该向优秀的销售人员学习，提前帮用户想好他究竟什么时候会用到这款产品。

很多人觉得，用户自己买东西，怎么会不知道什么时候用它。事实上，除了生活必需品，用户会买很多非必需品，用户使用这些产品的频率的确比较低。以家用电器为例，如电视机、冰箱、洗衣机等，用户肯定知道什么时候用，而像榨汁机、烤箱、面膜机、电饼铛、面包机、酸奶机、面条机这些产品，有些用户可能真的只用一次就再也找不到使用场景了。

基于这一点，你的文案不仅要写出使用场景，而且要写得特别具体。你要让用户觉得，在某个时刻，他一定会用到这款产品，没它不行，没有它，生活质量就会下降。所以这款产品必须得买，钱必须得花。

我们平常逛淘宝浏览产品详情页时，会发现几乎每款产品都会有专门的板块来呈现应用场景。拌饭酱的详情页会罗列各种食用场景——拌饭、拌面、炒菜、拌凉菜、肉夹馍等，生怕你觉得拌饭酱没用；小白鞋的详情页会罗列各种搭配场景——搭牛仔裤、搭西裤、搭短裙、搭长裙等。商家这么贴心地为我们着想，就是想告诉我们：买吧，一定用得上。

同样地，市面上所有的优秀文案都在想方设法地将产品植入用户的生活中。所以，如果你希望提高文案的销售转化率，请务必多为你的产品设想几个使用场景。

另外，设置好使用场景不仅能让用户意识到购买产品的必要性，还有可能借此找出产品的独特卖点。

文案圈有一个关于设置使用场景的经典例子，那就是甲壳虫汽车的广告文案——《Think small》（想想小的好处）。当时大家都喜欢买大车，大车看起来更气派、更安全，谁会愿意买一辆小车呢?

是的，小车有很多缺点，但是如果考虑到使用场景，你又无法拒绝小车的好处。

《Tink small》中就把那些小车能解决，但大车很麻烦的具体场景一一列出来——当你挤进一个狭小的停车场时，当你更换你那笔少量的保险金时，当你支付那一小笔修理账单时，或者当你用你的旧大众换得一辆新大众时。

这是驾驶过程中，经常遇见但又不得不面对的场景。挤进狭小的停车场，怎么也停不进去车的时候，你会不会想如果这车再小一点儿就好了？交保险金的时候，去4S店保养或维修车时，面对大车更贵的维修费用，你会不会想如果这车再小一点儿就好了？用旧大众只要加一笔很少的钱，就能换到这辆小巧精致的甲壳虫，你会不会感到庆幸呢?

除此之外，《Tink small》还告诉你小车耗油低、不需防冻剂、一套轮胎就能跑完40000英里的路。

这么多的好处，这么多具体的使用场景摆在你面前，你真的不考虑一下，这辆不仅小巧精致、便宜，而且在各种场景都有诸多好处的甲壳虫吗?

这篇著名的文案让甲壳虫汽车一炮而红，不但给商家带来了可观的销量，还扭转了大家对汽车的观念。时至今日，一提到甲壳虫汽车，大家还是能想起当年的那句广告语：Think small。

现在，该你了！

练习 请你为“甜蜜牌蛋糕”罗列使用场景。

---

3. 扎针法

扎针法，从名字就可以知道，你需要在确定文案之前再“扎”一下用户，让他感觉到“痛”。因为“痛觉”很容易刺激用户改变行为。

扎针法具体要怎么做呢？

首先，你要选好产品。不是所有产品都可以用扎针法。

假设你要推荐一件好看的衣服，为了让用户产生“痛”的感觉，你写了一堆跟衣服有关的问题，想“扎”一下用户，比如衣柜里的衣服不好搭配，材质不够好，关键时刻总是找不到合适的衣服……这时候，用户会感觉到“痛”吗？大部分用户不会感觉到“痛”，虽然平时会遇到这些问题，但是这不会影响其生活，所以用户不需要买这件衣服。

但是，如果你现在卖的是一套高考复习题，之前买过这套复习题的孩子都考了高分，而你的用户，也就是还没买这套复习题的孩子家长，他自然就会感到紧张。针对这样的产品，扎针法肯定就是有效的。

其次，你要找准痛点，而不是制造焦虑。

扎针法最重要的是“扎”用户本来就“痛”的地方。如果用户本身就没有这个痛点，你强行去“扎”，效果并不理想。

例如共享充电宝又是“扎”对了用户的什么痛点呢？担心手机没电。如果你做过调查，你就会发现，网络上到处都是大家对手机没电的焦虑和恐惧。

世界上“最恐怖”的事情发生了——我的手机没电了！！！

手机电量还剩多少时你会焦虑？

手机的电永远不够用？教你几个小诀窍……

如果你现在要给共享充电宝写文案，那么毫无疑问，你肯定要大肆渲染手机没电带来的各种问题。用户对这个痛点是有切身感受的，也就容易被你影响。

最后，“扎”痛点一定要有场景感和心理描写。

很多时候，我们找对了痛点，也“扎”了下去，但用户为什么还是无动于衷呢？

原因很简单，一般就是文案缺少场景感和心理描写。

例如，我现在跟你说“减肥难”，你会感觉你的痛点被“扎”到了吗？我猜不会。

接下来，我换一种说法。

为了减肥，我连续两个星期都只吃素，一点儿肉、一点儿油、一杯奶茶都没沾。可最后上秤时，我居然一两肉都没减下来！那种努力了却没有得到一点儿回报的感觉，真令人难受。

看完上面这段文字，你有什么感受呢？是不是感觉很“扎心”？如果你也尝试过减肥，我猜你应该会跟着我一起感叹：减肥真的太难了！

为什么你会觉得“扎心”呢？因为我把减肥的场景描写得比较细致——两个星期、只吃素、没吃肉、没沾油、没喝奶茶，称体重时，结果……你能通过文字看到我为减肥做的所有努力。

另外，我把内心的感受也写了出来。那种努力了却没有得到回报的感受，我把它直白地展露了出来。

这样做有什么好处呢？简单来说，就是能把话说到你的心里。我找出了曾经令你失望、伤心的事情，并把它写清楚了。你看完之后，当然会有共鸣。如果接下来我再来推销某种减肥产品，你就比较容易接受。

使用扎针法时，场景感和心理描写缺一不可。**缺了场景感，用户无法把自己代入痛点中；缺了心理描写，用户很难感受到那种痛苦的情绪。**

例如，我曾经为一款护肤产品写文案，当时我就用了扎针法。大家可以一起来感受一下。

案例 2　护肤产品文案（节选）

日本文学家大宅壮一说："一个人的脸就是一张履历表。"

但这世上天生丽质的女人真的很少，大多数女人脸上，都或多或少有一些皮肤瑕疵。

长痘：再美的脸，一长痘全毁了，留下的痘印更是让人自卑好几年。**（场景＋心理）**

暗沉：色斑、黑头、黑眼圈……整个人看上去比实际年龄老好几岁。我心里苦啊。**（场景＋心理）**

衰老：鱼尾纹、法令纹、泪沟，每次看到我都恨不得把它们填平。**（场景＋心理）**

……

如果你也有一些皮肤瑕疵，请一定要重视护肤。只要你认真护肤了，你的皮肤就不会让你失望。

不护肤导致的问题是不是很吓人？痘印、色斑、黑头、黑眼圈、鱼尾纹、法令纹、泪沟……更吓人的是，看到镜子里的自己时的感受："这是我吗？""我怎么老成这样了？”“太难过了。”

短短几行文字，就“扎”到了用户的痛点。这时候，你再顺势把产品推出来，整个推广过程就很自然，用户更容易接受，也更容易下单。

扎针法是比较常见的文案写作方法，大家平时在看别人写的文案时可以多留心，如果发现了将扎针法运用得比较好的段落，可以将其摘抄下来。

在这里，我也多举几个例子，让大家看看扎针法的运用实例。

案例 3 图书产品文案（节选）

岁月会使你变老，而阅读可使你变“富”。

实际上呢？

上次买的书，估计还在角落长霉、吃灰。

上次逛书店，可能已经是好几年前的事了。

阅读这件事，好像被我们抛得太远了。

可与此同时，眼界、学识的漏洞越来越大……

开始倒退、倒退……

你有没有发现，其实从前自己懂得不少，知道鲁迅、老舍，能解三角函数，了解“青梅竹马”出自李白的“郎骑竹马来，绕床弄青梅”。

但慢慢地，好像都忘了？

越来越难接受新事物，越来越不喜欢复杂的事，看个产品说明书，也觉得费劲。

平时不觉得有问题，一旦遇到读书多、眼界宽的人，就完全插不上话。

只能用沉默来掩饰知识的匮乏。

真的还要继续倒退吗？

【分析】想想看，你有多久没有读完一本书了？不读书就会落后，还不赶紧去读书。

案例 4　睡眠产品文案

40 岁后，睡个好觉似乎成了一种奢侈。

失眠就像个磨人的小妖精，第二天越是有重要的事，它就越是上赶着来。第二天再怎么困，还是得硬挺着起来。于是常常挂着一对黑眼圈，去应对满心期待的考试、面试、约会。最后结果怎样，你肯定也能猜到。

其实皮肤差，状态不好也就算了，最不能忍的是大晚上躺在床上翻来覆去，眼皮明明重得像被一座山压住了，可就是死活睡不着。那种痛，真的只有经历过的人才会明白。

没睡好觉，从前的好脾气好像也跟着消失了。有时候会莫名烦躁，对孩子发脾气，接着后悔，难受。

谁能想到，骄傲如我，最后却败给睡觉。

【分析】告诉用户，晚上睡不着的坏处：一是影响状态，二是身体难受，三是影响脾气和心情。如果不想面对这些痛苦，还是赶紧解决睡眠问题吧。

案例 5　收纳产品文案

干净、整洁的房间会给我们带来幸福感，不过将杂乱无章的房间整理好却不会给我们带来多少幸福感。

前几天，小区里的几个邻居还在“吐槽”这件事。

3 楼的张姐：“上周末好不容易抽出时间整理，这几天房间又被老公和孩子弄乱了。这周还得继续整理。”

对面家的小月：“我家也是，这不快过年了，买了不少年货，家里到处都是。之前的‘断舍离’工作白做了。”

还有隔壁家的静茹："你们都还算好的，家里地方大，东西多也不显乱。我家本来就小，东西一多更显乱。"

整理了又乱，乱了又整理；东西多、地方小、整理耗时久；孩子捣乱……

难道这辈子就注定跳不出整理房间的牢笼了吗？

【分析】用邻居唠家常的方式，向用户展示了各种收纳痛点，包括家里空间小、杂物多，刚整理好的房间又乱了，房间整理工作没完没了……用户这时候就会希望有办法能解决这些生活难题。

在上文中，我们分别用水晶鞋法、使用法、扎针法引导用户的需求，让他意识到自己现在就需要这款产品，这就是我们说的"需求前置"。这实际上解决了销售环节中的一个很典型的问题，那就是，为什么现在就要买。

现在，该你了！

练习 请你使用扎针法为"立爽牌咽炎片"写一段文案。

2.2 消除顾虑

没有哪个用户会带着顾虑花钱买东西的。你会买一款质量没有保障的面膜吗？你会买一部随时可能爆炸的手机吗？我敢肯定，你不会的。

我在 1.2 节“制定文案策略”中就提到过，我们要思考用户为什么购买这款产品，更要思考用户为什么不购买这款产品。我们想要用户买单，就一定要把他的一切顾虑都消除，让他没有机会说“不”。

用户拒绝一款产品的理由不尽相同，打消用户顾虑的文案没有统一的标准模板，因此你只能尽可能地去了解用户，找出可能的问题，然后把对策写出来。

例如，早些年买房子的人最大的顾虑是，房子会亏，会贬值。是谁帮他们打消顾虑的呢？是那些售楼经理和房产中介。他们告诉用户：“未来房子会升值，房子能跑赢通货膨胀。”听完这些，很多用户才打消了顾虑，愿意把大半辈子的积蓄拿来买房。

后来，房子升值很快，一大批人涌入房地产市场。这时候，用户开始担心买房子被骗，钱花了，但房没买着。针对这一顾虑，有一家房地产公司的文案，就写得非常妙。

买房怕套路，到 ×× 平台，拿到房产证再付钱。

【分析】短短一行字，首先把用户痛点（“怕套路”）指出来，然后告诉用户解决方法（“到 ×× 平台”），最后打消用户的顾虑（“拿到房产证再付钱”）。

提到装修房子，很多人最担心的其实就是被宰，花冤枉钱。有一家装修公司的文案写得也非常妙。

免费帮你算一算，做到心里有底再开工。

【分析】假设你打算装修房子，正在挑选装修公司，看到这句话，你是不是心里多少放心了一点儿？

再如，很多人买车时会担心车的质量问题。甲壳虫汽车有一篇非常经典的广告文案——《Lemon》（柠檬），就很好地打消了用户的顾虑。

《Lemon》告诉用户，在沃尔夫斯堡的工厂中有 3389 名工作人员，他们唯一的任务就是在生产过程中的每一阶段检验甲壳虫。

为了突出检验的认真和细致程度，以及不容置疑的质量保证，《Lemon》还给出了 3 个证据。

证据 1：仪器板上杂物箱的镀铬装饰板有轻微损伤，或许用户根本不会注意到这些细微损伤，但是检查员科特克朗诺一定会注意到并更换的。

证据 2：工厂每天生产 3000 辆甲壳虫，但检查员比生产的车辆还要多。

证据 3：检查员们把每辆车像流水一样送上检查台，接受 189 处检查和自动刹车点检验。在这一过程中，被淘汰率是 2%，也就是说 50 辆车中总有一辆被淘汰！

摆出证据后，《Lemon》又告诉用户一个结果——大众汽车比其他车子耐用，却不需要太多保养。潜台词是：因为我们认真检查，确保每一辆车的质量，所以我们大众汽车才会更耐用。同时因为不需要太多保养，能帮用户省下一大笔车辆保养费。省到就是赚到，买我们大众汽车不亏。

最后，文案用一个比喻句作为结尾，加深用户的印象——我们剔除了酸涩的柠檬（比喻不合格的车），给您留下了甘甜的李子（比喻十全十美的车）。

这篇文案着重强调了车辆出厂前严苛的检查。检查员人数多，检查步骤繁杂，检查标准高……这其实是工厂自己的事情，为什么文案要说这些呢？是为了打消用户的顾虑。虽然你不太可能去他们的工厂实地考察，但看完文案中这么细致的描述，相信你会对他们的汽车质量放心。

我曾经给一门文案课程写推广文案，当时很多用户最大的顾虑是“我真的能学会吗”。为了打消用户的顾虑，我在文案里讲了一个故事。

案例 6 文案课程文案（节选）

顾爷刚开始创办公司时，几乎招不到专业写文案的人。那时候，知道写文案能赚钱的人少之又少，会写文案的人就更少了。

方圆，生完孩子刚回职场的 29 岁宝妈，专科毕业，从未接触过文案。但没办法，顾爷只能赶鸭子上架，让她来写文案。

讲真，她刚开始写出来的文案，真的看不了，几乎得全文修改。顾爷拿了把椅子，坐到她旁边说：“别着急，我教你。”

顾爷手把手教了 2 天，带着她改了 4 版，最后文案发布出来，不到 10 分钟，其阅读量就超过了 10 万次。

看到这个数字时，方圆几乎快哭了。

“我从没想过自己第一次写就能写出爆款文案。原来，我只要努力了，就能写出好文案啊。”

现在，她已是一个有 80 万粉丝的微信公众号的文案主编了。她手底下还有 10 多个兼职写手，这些人都是她的朋友。每个月能帮自己的朋友多赚几千元，方圆心里不知道有多自豪。

刚开始，用户有顾虑，怕自己学不会，但是看到一个毫无基础的人都能学会，他们心里就会想：“我应该也没问题。”这就打消了用户的顾虑。

同样地，我在为沟通课程写文案时，了解到用户的顾虑是“会说话真的会让生活变好吗”，于是我直接把他们的顾虑写在文案里，自问自答。

案例 7 沟通课程文案（节选）

换一种说话方式，真的这么灵吗？

当然。

你越会说话，别人就越快乐；别人越快乐，就会越喜欢你；别人越喜欢你，就会越爱帮助你；你得到的帮助越多，你的生活就会越好。

能力决定了你能走多快，而会不会说话，决定了你在未来走得有多顺。

其实，道理都是相通的，只要你能够抓准用户的顾虑，你就能够对症下药。现在，我们可以来练习一下，针对下面这几款产品，找出用户不购买该产品的理由。

- 用户不买洗面奶，是因为＿＿＿＿＿＿＿＿＿＿＿＿。
- 用户不买电脑，是因为＿＿＿＿＿＿＿＿＿＿＿＿＿。
- 用户不买手机，是因为＿＿＿＿＿＿＿＿＿＿＿＿＿＿。
- 用户不买高跟鞋，是因为＿＿＿＿＿＿＿＿＿＿＿＿＿。

其实，不只是写文案，几乎所有商家都在用消除顾虑的方式吸引用户，例如下面这些话，你可以想一想，它们打消的是用户哪方面的顾虑。

- 7 天免费试用，先使用后付钱。
- 买贵退差价。
- 假一赔十。
- 产品坏了，只换不修。

总的来说，我们要消除用户的顾虑，让他们在掏钱的时候毫不犹豫。这既是对产品负责，也是对用户负责。

现在，该你了！

练习 请你为消除“担心电动牙刷会伤害牙龈”这一顾虑写一段文案。

2.3 制造稀缺性

大家还记得电视购物节目中的促销手法吗？例如“原价 1998 元，现价 298 元，仅限 2 小时”“前 100 名打入电话可享受 5 折优惠”……不少人明明知道这是人为制造的抢购场景，但还是忍不住去买。

在同等价位下，你的产品越稀缺，用户付费的概率就越大，这是不变的真理。

可从 3 个方面入手制造稀缺性，分别是数量、时间、品质。

1. 数量的稀缺性

数量的稀缺性简单来说就是限量。

限量有两个好处。第一个好处是让用户产生紧迫感，大脑没有时间思考。

例如在一些电商直播间中，主播会说：“专柜价 179 元，到手 139 元，今天仅限 300 份！倒计时 5、4、3、2、1……上链接！！！”“还有 7000 个，还有 6000 个……好了，没货了，卖完了。”

很多人愿意在直播间购买产品，就是因为能享受抢购的快感，他们有时候想都不想就直接下单了。

除了线上，其实很多线下门店也会使用这一技巧。

房产中介通常会一次性带多人看房，营造房子紧俏的氛围，让用户觉得“我再不买，房子就要被别人抢走了”。

限量的第二个好处是提高产品格调。

例如我们熟知的 DR 钻戒，就是制造数量稀缺性的高手。它的广告语是“男士一生仅能定制一枚”，这就人为地增强了该品牌钻戒的数量的稀缺性。

稀缺代表着不容易获得，虽然产品的实际价值并没有改变，但为了这份高格调，确实会让一部分用户愿意为此付费。

限量的原理很简单，就是让用户觉得你的产品数量是有限的。常见的限量文案有“限量 100 套，售罄即止”“仅前 20 名用户可享受 7.5 折优惠”“仅限前 10 名用户享受买一送一的优惠”等。但如何把简单的道理用不同的方式传递给用户，就考验每一个文案人的写作功底了。

2. 时间的稀缺性

时间的稀缺性其实就是限时。

天猫“双十一”期间为什么销量高？因为我们非常清楚，全年只有那个时间段产品才最优惠，于是很多人在“双十一”期间购买了大量的产品。

制造时间稀缺性的底层逻辑就是，让用户觉得过这个村就没这个店了，抓住的是用户恐惧、后悔的心理。

常见的制造时间稀缺性的方法就是，在某个时间段才能享受优惠。

此外，对于一些本身就具有时间稀缺性的产品，你可以直接将其时间稀缺性写进文案中，让用户自己来做选择——是现在就购买，还是错过后面对漫长的等待。

例如，龙井茶的时间稀缺性在于“明前是珍品，雨前是上品”。我们可以告诉用户，过了清明，过了雨季，你再想品尝到那么优质的茶叶，就得等一年。

大闸蟹的时间稀缺性在于一年中只有秋冬能够享用鲜美的大闸蟹，而且最佳品尝时间是农历九月和十月。民间有“九雌十雄”“10 月吃膏，9 月品黄”等说法。

冬笋的时间稀缺性在于新鲜的冬笋只有冬天有。虽然现在有各种保鲜措施让用户在其他季节也能吃到冬笋，可是二次加工的冬笋经过预煮、整形、调酸等多个工艺步骤，风味折损较大，远不如新鲜的冬笋。

演唱会、讲座、展览等也天然具备时间稀缺性。为这些产品写文案时，你完全可以突出其时间稀缺性。

要想利用时间稀缺性写出好的文案，一方面，你要有基本的运营思维，和运营人员一同确定吸引用户的时段优惠方案；另一方面，你要对产品有足够深入的了解，否则像龙井茶、大闸蟹、冬笋等本身具备时间稀缺性的产品，你可能因为对其没有足够的了解，而无法凸显其稀缺性。

3. 品质的稀缺性

制造品质的稀缺性其实就是告诉用户，我们的产品来之不易，非常珍贵。

好的葡萄酒为什么那么贵？因为制作好的葡萄酒需要好的葡萄，而好的葡萄对纬度和土质要求很高，这就造成了优质葡萄的产量是有限的。相应的，好的葡萄酒也是有限的。用户当然愿意为稀缺的优质葡萄酒支付高价。

“文案之神”尼尔·法兰奇（Neil French[①]）曾经为马爹利写过一则名为“原料篇”的广告文案，该文案堪称制造品质稀缺性的经典文案。

《原料篇》用两个角度，着重制造品质稀缺性。

角度 1：原料挑选。

《原料篇》中写道，法国每年采收的上百亿颗葡萄中，只有极小一部分能用来制造干邑，而其中 60 颗葡萄中又只有 1 颗才能酿造马爹利。

不论是过去还是现在，用原料的挑选来突出产品的高品质都是非常真诚、高明且

① Neil French：奥美集团前执行创意总监，被称为“文案之神”。

有效的方法。正因如此，近些年非常多的产品广告都用到这个技巧。例如三胖蛋瓜子的主打广告词“十斤瓜子选二两”，小罐茶的广告词“小罐茶就是用我们富溪生产的黄山毛峰，都是主杆的芽头，量很少，一天只能采个二三两”，麦考林玫瑰水的广告词“999 朵玫瑰，才能提取出这 100ml 玫瑰鲜活水”，这些都是为了告诉用户：为了给你更高品质的产品，我们的原料挑选非常严格。我们的好产品，在市面上非常稀缺。这份稀缺，值得你去购买。

角度 2：时间成本。

《原料篇》中写道，在第一次世界大战将结束时，在欧洲，在大部分该文案的读者还没出生，电视还没有发明以前，他们采摘葡萄酿制成酒，再将酒蒸馏成干邑，这干邑在木桶中静静地躺卧，并由三代酿酒世家的酒窖主人小心守护，这原初的葡萄才成为唯有非常幸运者才能享受的金牌马爹利。

试想一下，当你知道这瓶包装精美的酒，居然经历了那么漫长的时间才走到你面前，你心里会不会有一份感动？这份感动或许直接促使你马上下单购买。

时间永远会被人们敬畏。**任何一个产品，只要经过时间的雕琢，它在我们眼中就会变得珍贵无比。**

我们来做两个简单的选择题，你会更加理解时间对产品溢价的分量。

（1）你过生日，女朋友送给你一条围巾。请问以下 A、B 两种情况，你觉得哪一条更珍贵呢？

A. 女朋友在你生日宴前半小时，匆匆忙忙去商场花几分钟买了一条围巾送给你

B. 女朋友在你生日前 3 个月，学习如何织围巾。每天一下班就在家织围巾，最后将织好的围巾送给你作为生日礼物

（2）在你面前有 A、B 两款白酒，同样主打“口感香醇”卖点，你更相信哪一款口感香醇呢？

A. 某白酒，酿造了 30 天，口感香醇

B. 某白酒，酿造了 1 年，口感香醇

两道题下来，我相信大家的选择应该都是一样的。如果你想要让用户信任你，认可产品的高质量，可以尝试用时间成本来制造品质稀缺性。

如果说数量和时间的稀缺性能够迫使用户马上做出决定，那么品质的稀缺性能够提高用户对产品溢价的接受度和对品牌的好感度，让他们觉得不管多少钱，该产品都值得购买。

制造品质的稀缺性其实很简单。你只需要将产品的制作环节、质量把控、高昂成本、匠心精神等一一用文字描述出来。

讲到这里，一定有人会认为自己的产品不具有品质稀缺性，所以无法用这种策略。其实，任何一款产品从无到有，背后一定有很多不为外人所知的艰辛和努力。况且一款合格的产品流通到市面上，必须要经过层层审核，想要达标并没有那么容易。所以，你一定要相信自己的产品，相信它值得被别人珍视。

这里我再用 3 个例子来说明，再普通的产品，都可以写出它的品质稀缺之处。

例如鱼罐头，你觉得要怎么突出它的品质呢?

泰国 S&W 罐头的广告直接说："我们公司的鲑鱼没有必要添加油料以增其汁味，因为它们都是特别肥大的鲑鱼。这些健康的鲑鱼，每年溯游到菩提山之北的长长河川。"——用鲑鱼原材料来彰显鱼罐头的品质。

为了进一步让用户相信，S&W 罐头把用户心里的疑虑也写进文案中，并且给出答案——如果我们在蓝碧河选不出理想的鲑鱼怎么办? 我们会耐心地等到明年。为什么? 因为如果不是完美的，不会被 S&W 装入罐头。你看只是一罐很普通的鱼罐头，在文案的加持下，是不是让你高看一眼?

再如矿泉水，你能想到用什么方法来制造品质稀缺呢? 或许你想到农夫山泉的那句"我们不生产水，我们只是水的搬运工"。除此之外，还能怎么写呢? 来看看法国依云矿泉水的广告文案。依云的文案中，先是告诉用户水的原产地来自备受大自然眷顾的阿尔卑斯山，然后用"冰雪融水在雪山腹地经历逾 15 年的冰川砂层天然过滤，直接灌装，远离任何化学处理剂"来说明水质干净，最后用"保证 300 次质量检测"

来进一步向用户保证水的品质。于是，我们就看到依云水要比别的水贵一点儿。这里的贵，有一部分便是广告文案带来的产品溢价。

最后，如果让你为方便面写一段文案，来凸显其产品品质，你会怎么写呢？我们可以写面的原料、面的制作工艺，或者可以像统一老坛酸菜牛肉面那样，从配料入手。统一老坛酸菜牛肉面从早期到现在的广告，主打的一直是酸菜的品质，那句“真正老坛，九九八十一天发酵”不知道吸引了多少消费者。我们也可以像汤达人那样，从汤料入手——元气高汤、文火慢炖、汤头纯正。汤达人的这句广告词真的有效，至少对于我个人来说，我确实在某个时刻，因为想要吃一碗香醇浓厚的汤面，就买了汤达人。

上述案例并没有使用特别华丽的句子，它们只是朴素地把产品的制作工艺或原材料呈现出来。但我们能够感受到这些产品满满的诚意。同样地，只要你用心挖掘产品背后的故事，你也能够写出用户认可的文案。

现在，该你了！

练习 请你通过制造稀缺性的方式为“徐闻菠萝”[①] 写一段文案。

---

① 徐闻菠萝：广东省徐闻县的特产，果大、汁多、肉脆、味甜、香烈。

2.4 正确花钱

不知道你有没有意识到，虽然有的人花钱大手大脚，有的人抠抠搜搜，但人们花的每一分钱，在他们自己看来都是应该花的。

- “双十一”优惠力度大，我应该多买一点儿。
- 女朋友喜欢苹果手机，贵一点儿我也要买。
- 手办虽然贵，可我喜欢，而且还有增值空间，可以买。
- 为了丰富孩子的生活，夏令营、兴趣班……有条件还是要报。

但是，如果你觉得“双十一”是商家套路；买苹果手机是虚荣；买手办是玩物丧志；给孩子报班其实干扰了孩子的童年……只要你觉得买某款产品是错误的决定，你就绝对不会掏钱。

所以，在写文案的过程中，我们要做的一件很重要的事就是让用户觉得花钱是正确的。

下面来看一看，在生活中，我们觉得一定正确的消费决策有哪些。

- 买卫生纸，因为一定用得到。
- 看病买药，因为健康最重要。
- 缴水电费，因为不缴就停水、停电了。

……

以上这些消费决策都很好理解，因为它们涉及的都是刚需产品，缺少了不行。而购买非刚需产品，主要有 3 个理由，它们分别是为个人发展、为他人、为补偿自己。

1. 为个人发展花钱

我们天然有想要变好的欲望，追求个人发展可以说是每个人的性格底色。哪怕再普通的人，也曾想过有一天能变成厉害的人。这也是各种“鸡汤文”盛行几百年的根本原因。

追求个人发展会带来向上的情绪，会给人一种很积极的感觉。用户为个人发展花钱，会感觉这是投资而不是消费。这意味着，你只要能把产品带来的关于个人发展的回报说清楚，用户就会毫不犹豫地付钱。

20 世纪 90 年代，小霸王学习机曾风靡一时。当时几乎只要稍微有点条件的家庭，都会给孩子买一台。不少孩子还能把其广告中的“小霸王拍手歌”歌词背下来。

其实，我们都知道，虽然这款产品叫小霸王学习机，但它也能用来玩电子游戏。假如当时家长知道有这个风险，他们是绝对不会购买这款产品的。这个广告巧妙地利用了家长希望孩子有所成长的心理，它告诉家长：你买小霸王学习机，是投资孩子的未来。

“小霸王拍手歌”广告大获成功，之后，小霸王继续在中央电视台投放广告。后来其广告语变了，但内核依然是“为个人发展花钱”。

“同是天下父母心，望子成龙小霸王。”

结合这个文案，我们可以分析一下，为个人发展花钱的消费行为背后到底藏着什么秘密。

- 消费行为：买小霸王学习机。

  作用：可以打字。

  延伸至个人发展：学习使用电脑，未来更有竞争力。

- 消费行为：花几百元看一场画展。

  作用：了解绘画历史，欣赏优秀的绘画作品。

  延伸至个人发展：提高品位和审美水平，培养自己和孩子的艺术修养。

- 消费行为：买几千元的电脑。

  作用：可以绘图、做 PPT、写工作邮件。

  延伸至个人发展：提高工作效率，在职场中更有竞争力。

- 消费行为：花几万元报班。

  作用：学知识，拿到各种资格证书。

延伸至个人发展：有更多敲门砖；和别人竞争时，更有可能胜出。

当你把产品与个人发展之间的关系捋清楚后，剩下的工作就会变得非常简单。

我曾为一门文案课程写文案（销售文案课程的文案），在梳理思路时，我是这样拆解的。

- 消费行为：花几十元买文案课程。

  作用：学习文案知识，通过副业赚钱。

  延伸至个人发展：这是一次改变自我的行动，你将会有一个赚钱技能傍身，人生也能变得更有活力、更有意义。

案例 8　为个人发展花钱文案（节选）

顾爷常说，方圆和曾经灰头土脸的他很像。

"我们都曾卡在人生最为尴尬，却也最没有资格说'不'的阶段。幸好，我们最终都找到了改变命运的那扇窗。"

人生在世，不论男女，都应该为自己努力一把。

下班后不去看电视剧，不玩手机，而是去读书，去写文案，提高写作水平，去投稿赚点儿稿费，去发朋友圈经营自己的小生意……去努力，去追求你想要的生活！

"如果你也想用文字增加收入，像我一样实现人生进阶，我诚意邀请你加入我的课程。我会把我通过多年实战总结的经验、方法、模板传授给你，只要你愿意学。"

写完这篇文案后，我跟很多付费买了这门课程的用户聊天，他们说其实他们当时有点儿犹豫，但一想到未来的自己会因为这次学习变得更好，就果断下单了。

如果你的产品能让用户联想到更好的未来，那么，请一定要使用上面这个方法。一方面，它能提高产品的溢价，让用户觉得花这份钱不冤；另一方面，它是推动用户下单的能量源头，能提高成交率。

现在，该你了！

练习 请你为“美丽牌瑜伽垫”写一段符合为个人发展花钱理念的文案。

---

2. 为他人花钱

什么是为他人花钱？很简单，你买一件贵一点儿的衣服给自己会觉得贵，但如果把这么贵的衣服送给你的孩子、父母、爱人，你可能就不觉得贵了。

营销界有一个很典型的为他人花钱的案例，那就是纸尿裤。纸尿裤刚面世的时候，很不受待见，销量惨淡，大家都不愿意买。

当时，纸尿裤主打的卖点是“用完就能丢弃，妈妈更轻松”。但是很多妈妈并不认可这个卖点，她们认为用纸尿裤的确能减轻自己的负担，但为了方便自己而多花钱会显得太自私了。所以就算有妈妈想买，但一想到会被人认为是不称职的懒妈妈，也只能放弃。

后来，纸尿裤商家换了营销策略，产品还是同样的产品，但销量暴增。换了什么营销策略呢？也很简单，纸尿裤主打的卖点变成了安全、卫生，有利于孩子成长。于是，很多妈妈会觉得“为了孩子的健康，我一定要买，多花点儿钱也没关系”。

你看，对于同样的产品，仅仅换了一个付费理由，就带来了完全不一样的效果。

让用户为别人花钱是常用的营销策略，比如下面这些案例。

苹果手机：让妈妈开心的礼物。**（为妈妈）**

飞鹤奶粉：飞鹤奶粉，更适合中国宝宝体质。**（为孩子）**

哈根达斯：爱她，就带她吃哈根达斯。**（为爱人）**

支付宝：为你支付，每一笔都是在乎。**（为在乎的人）**

全联超市：我们全家不爱花钱，只想为爱花钱。**（为家人）**

写文案的时候，我们也可以用这种思考模式，想一想这款产品对购买者之外的人有什么好处。

- 买洗碗机是为了省时省力，更是为了让妻子不那么辛苦。
- 买去螨仪是为了驱除螨虫，更是为了让孩子、老人更健康地生活。

记住，让你的产品尽可能地往用户的关系网上靠拢。想一想，用户是为了谁购买这款产品，其购买动机是什么。找到这两个问题的答案，你就会发现让用户付费没那么难。

现在，该你了！

练习 请你为“利民牌蛋白粉”写一段符合为他人花钱理念的文案。

3. 为补偿自己花钱

如果一个人觉得自己已经为别人付出很多了，或者为实现某一个目标付出了太多，他就会想补偿一下自己。

- 有人连续加班一个星期，为了补偿自己，就愿意花钱吃一顿大餐。
- 收到工资的那一天，为了补偿自己，有人会买一支口红或者一条裙子。
- 很多人省吃俭用一整年，在过年的时候，为了补偿自己，会给自己买一份贵一点儿的礼物。

正是考虑到人们的这种心理，不少产品的广告词就故意和补偿心理挂钩。

自如：你可以住得更好一点。

三全水饺：吃点好的，很有必要。

欧莱雅：巴黎欧莱雅，你值得拥有。

没有谁的生活是容易的，写文案的时候，你跟用户说："花就花呗，任性点儿没关系的""生活已经这么难了，对自己好一点""你每天都在满足别人的期望，给自己买一支口红有什么关系呢"。可能就是这简单的一句话，就能打动用户。因为他会觉得，你的这句话讲到他心里去了。

很多产品都适合"为补偿自己花钱"的原理。写文案的时候，你可以多往这方面想一想。

- 买口红：为了生活，你都那么拼了，买支口红宠爱一下自己吧。
- 买鞋子：你每天走路上班那么累，买双好点儿的鞋子不为过吧。
- 买零食：你的压力已经够大了，吃点儿零食又怎么样呢?

……

其实，换个角度来看，我们买给自己的所有产品都是对自己的补偿，不管是一袋小米、一杯咖啡，还是一本书、一张演出门票。平时，我们应注意观察，也可以用自己买的产品练习写文案。时间久了，你就会熟练掌握这种方法。

现在，该你了！

练习 请你为“优雅牌口红”写一段符合为补偿自己花钱理念的文案。

2.5 降低决策成本

心理学上有一个词，叫作“登门槛效应”。人们通常都不愿接受难度大的任务，因为它费时费力，又难以成功。相反，人们乐于接受难度较小的、易完成的任务。在完成了难度较小的任务后，人们才愿意慢慢接受难度较大的任务，这就是“登门槛效应”对人们的影响。

例如，一些奶茶店会给用户发兑换卡，用户每买一杯奶茶，就可以在兑换卡上盖一个章，集齐 10 个章就能兑换一杯饮料。为了帮助用户完成这个任务，一些奶茶店在最初给用户发兑换卡的时候，就已经在兑换卡上盖了 3 个章，用户只要集齐剩下的 7 个章就可以了。

想想看，如果换一种方式，同样是集齐 7 个章，但从 0 开始，用户集齐 7 个章就可以兑换一杯饮料，结果会怎样？很多人可能就不会坚持完成这个任务了，因为集齐

7 个章好像很难。

为了让用户相信自己可以完成目标，商家会设置各种便利条件，让用户觉得自己很接近目标。例如淘宝网的“膨胀定金”，商家告诉用户先付 50 元定金，定金能翻倍，最后付尾款就行。商家还会贴心地帮用户算好尾款，也就是商品总价减去翻倍后的定金，这样用户就会觉得尾款好像也不多。就这样，用户一步步完成了购买商品的“任务”。

写文案时，我们也可以使用这种方法，尽可能降低用户的决策成本，让他觉得付费是一件很轻松的事情。降低了决策成本，用户才更容易下决心购买。

例如，使用等价类比的方法，让用户觉得东西很划算。

轻松背下 3000 词，仅需 29 元！少喝一杯奶茶，就能开启人生更多的可能！

【分析】用户可能会想，只要花 29 元就能背 3000 个单词，很值啊！29 元不过是一杯奶茶的钱，奶茶喝完就没有了，但背下 3000 个单词能实实在在地增强自己的能力。

与其花 300 元吃一顿长肉的火锅，不如跟着名人教练练出好身材。

【分析】花 300 元吃火锅，很多人都不会觉得贵。但火锅吃完就没有了，而且自己可能会长胖。现在少吃一顿火锅就能让自己获得健美的身材，真的很划算。

花 29 元买背单词的课程，花 300 元买减肥课程，对一些人来说还是很难做到的，因为课程不是实物，看不见摸不着。借助“登门槛效应”，让用户回想一个等价的实物产品，再用实物产品的效用对标这些课程的效用，用户就比较容易接受了。

除了借助“登门槛效应”，还有一种降低决策成本的方法，那就是给出次要承诺。

次要承诺是与主要承诺成对出现的。在文案中，主要承诺是指承诺用户产品能够达到的主要效果，而次要承诺是指产品就算达不到主要效果，用户也会有其他收获。

案例 9 次要承诺文案

- 做兼职销售不一定能让你一夜暴富（**主要承诺**），但月入 3000 ～ 5000 元基本可以实现（**次要承诺**）。
- 就算这款洗面奶无法让你一夜变漂亮，可它能让你每次洗脸都真正做到清洁干净（**次要承诺**）。清洁干净后，你的皮肤变好是迟早的事（**主要承诺**）。
- 平时吃顿外卖都要 30 元，但今天你可以买到好吃又减肥的营养代餐。它不但能让你尽快瘦下来（**主要承诺**），而且可以当作正餐，省钱又划算（**次要承诺**）！

次要承诺让用户得到了双重保障，这在很大程度上降低了用户的决策风险。

不论是借助“登门槛效应”，还是给出次要承诺，最主要的目的就是降低用户的决策成本，让用户能更干脆地做出购买决策。我们要经常换位思考，想一想，用户在付费时会不会犹豫？如果用户犹豫不决，问题出在哪儿？文案还需要做什么样的优化？

现在，该你了！

练习 现在，你要销售一款价格为 199 元的水壶，根据“登门槛效应”和次要承诺，想一想，要怎么写推广文案。

2.6 让用户占便宜

网络上流传过这样一个“段子”。

有一个年轻人路过一个水果摊，他问卖水果的阿姨：“水果是怎么卖的？”阿姨说：“1斤3元，3斤10元。”

这个人听了以后心中窃喜，然后拿出3元钱买了1斤水果，然后又陆续买了两次，每次都只买1斤。买好以后，他得意地笑着对卖水果的阿姨说：“嘿嘿，看到没有，我才花了9元钱就买了3斤水果呢！”

这时，只见卖水果的阿姨面带微笑慢悠悠地回应道：“是啊，自从我用这种方式卖水果，每次我都能一下子卖掉3斤呢！”

这个“段子”或许是编造的，但从中我们能看出用户喜欢占便宜的心理。其实，再深入想一想，用户要的不是真的占便宜，而是感觉自己占了便宜。

怎么让用户觉得自己占了便宜呢？我总结了3招，这3招非常管用，分别是锚定效应、赠品和算账。

1. 锚定效应

锚定效应最初是由诺贝尔经济学奖得主丹尼尔·卡内曼（Daniel Kahneman）提出的，是指人们在做判断时，易受第一印象或第一信息（即初始锚点）的支配。简单来说，就是你后续的认知都是由你刚开始看到的参照物决定的。

例如我们去星巴克，会发现一瓶依云矿泉水标价22元，这个价格比超市卖的高多了。为什么星巴克要给一瓶矿泉水定这么高的价格呢？

中杯星巴克咖啡的价格为20～30元，超大杯一般为30～40元，当用户发现一瓶矿泉水都要22元时，对比之下，他就会觉得：“咖啡才比矿泉水贵几元钱，还是买咖啡划算啊！”在这里，依云矿泉水就是那个初始锚点。而如果依云矿泉水只卖几元钱，用户就会认为星巴克的咖啡太贵了。

写文案的时候，大部分人对锚定效应的理解是价格锚定，即如果想要用户觉得你的产品很便宜，就找一个价格更高的产品做对比，来突出你的产品的高性价比。这种用法比较简单，在这里我就不再介绍了。

下面，我主要讲解锚定效应的另一种用法。

我曾经写过一篇推荐健身产品的文案。

案例 10　健身产品文案（节选）

对于减肥，我们能想到的较好的办法就是，找个“名人同款”教练——有人监督、方法靠谱，效果跟名人一样。

但是，如果要请“名人同款”教练带你减肥，你至少需要满足以下条件。

- 有人脉，能找到这么高级别的教练。
- 有足够多的钱，能支付高昂的私教费。
- 有时间、精力以及毅力，能跟着教练好好减肥。

今天给你推荐一个新的健身方式：知名教练减肥在线训练营。“名人同款”教练亲自教你，费用较低，最重要的是，微信群里有一群减肥战友为你加油打气，陪你坚持到最后。

这篇文案以请“名人同款”教练带用户减肥作为初始锚点，锚定了请“名人同款”教练带用户减肥的效果、费用以及稀缺性。通过对比，用户会觉得参加这次的减肥训练营，不仅能获得同样的效果，还更加便宜，并且能省下不少找教练的精力。

所以，锚定效应不一定是比价格，比性能、比特色、比效果也是可以的。

- 如果你想要突出护肤品的品质和价格，你就找一个知名大牌的护肤品，告诉用户你的产品与它们的配方用料是差不多的，但性价比更高。

- 如果你想要突出服装的款式和价格，你就找一个用户熟知的服装品牌，告诉用户你的产品与它们的设计风格类似，那些买名牌衣服的人花了不少冤枉钱，还是买你的产品更划算。
- 如果你想要突出线上英语课程的优势，你就用名人请私教学英语或者普通人报培训班的例子，告诉用户你的产品与它们的效果差不多，但价格更便宜、学习时间更自由。

……

总而言之，找到更厉害的产品作为参照物，让用户觉得这两种产品处于同一水平，然后再用你的产品的价格优势或者其他优势打败这个参照物。

现代商业已经发展得非常成熟，几乎所有的产品，你都可以在对应的领域找到头部产品作为其参照物。你要做的，就是把这个人人皆知的头部产品当作价值锚点，突出你所推销的产品的优势。

现在，该你了！

练习 请你借助锚定效应，为一款国产口红“国风红唇”写一段推广文案。

2. 赠品

送用户赠品是很老套的营销招数，但老套恰恰说明这招真的有效，否则为什么商家宁愿增加成本也要送用户赠品呢?

康师傅和统一曾经有过一场“火腿肠战争”。为了抢夺市场份额，两家公司均在自家方便面中赠送一根火腿肠。《商界评论》杂志报道，在一年多的时间内，两家公司共送出了 40 多亿根火腿肠。

虽然这场“火腿肠战争”最终因成本过高结束了，但对于用户来说，多送一根火腿肠的方便面无疑充满吸引力。

人们特别喜欢“额外收益”，支付同样的费用能多得一个赠品，有谁会拒绝？回想一下，你买的东西，有多少是为了拿到赠品而冲动下单的。

一个因赠品而大获成功的案例是美国中餐厅的“幸运饼干”。

早期，中餐在美国不被接纳，美国人几乎不去中餐厅吃饭。后来，中餐厅老板试着在店里赠送“幸运饼干”——服务员会在上菜结束后为用户送上神秘的小饼干，它们呈金黄色，菱角状，脆脆甜甜的。掰开小饼干之后，里面有一张写着字的小纸条，纸条内容或是名人名言，或是祝福的话、鼓舞的话。美国人相信这能带来好运。

据说，有人在处于人生低谷时，受到“幸运饼干”中的话的鼓励，找到了工作。“幸运饼干”的出现，吸引了非常多的美国人前去用餐，他们的目的就是拿到一小块“幸运饼干”。

见推广效果不错，越来越多的中餐厅老板也在自家店里赠送“幸运饼干”。“幸运饼干”也成了美国中餐厅的一大标志。

讲到赠品，很多人以为赠品一定要有比较高的价值才能吸引用户。实际上并非如此，一个小东西同样能引起用户的关注。比起赠品本身的价值，如何通过文字把赠品的价值凸显出来显得更为重要。

有人在写文案的时候不重视赠品，将赠品一带而过，根本没有突出其价值。如果你觉得赠品不值钱、没什么用，你的文案向用户传递的信息就会是这样，用户也会觉得赠品不值钱，自己没有占到一点儿便宜。

事实上，既然有赠品，你就应该用好赠品。你要牢记一句话——像对待正式产品一样对待赠品。因为赠品能够直接带动正式产品的销售。

现在，该你了！

练习 购买价值 599 元的面霜，将获得一个 5ml 的防晒体验装，请为这款面霜写一段文案。

3. 算账

我们一直强调，想要用户爽快下单，就要让用户觉得占到了便宜。但是，你千万别指望用户自己去找占便宜的感觉。

用户怎么想，我们无法控制，我们能做的就是直截了当地帮用户算账，用数字实实在在地告诉他：你买得不亏！在文案中，常见的算账法包括 3 种：平摊法、省钱法和替换法。

（1）平摊法。

平摊法其实就是用价格除以时间，算出单位时间内用户在这款产品上的平均花费。这个方法特别简单，但也真的很有效。

有的人会用分期付款的办法买手机。在他们看来，买一部手机平均一个月只花几百元，真便宜。对于习惯这样算账的人，他们会继续分期买大牌护肤品、汽车、房子等，因为他们觉得平摊下来很便宜，自己可以承受。

其实产品价格并没有变，但使用平摊法后，一大笔钱被切割成用户可以接受的很多笔钱，这样用户做决策就容易多了。

例如，花 100 万元买房，你觉得贵吧？有人通过平摊法硬生生地把价值 100 万元的房子变得平均每分钟花费几分钱就能拥有，让你无法拒绝。

来，我们一起看看他是如何算这笔账的。一套房子总价 100 万元，70 年产权。一年 365 天，一天 24 小时，一小时 60 分钟。也就是说，花 100 万元，可以享受 70 年 ×365 天 ×24 小时 ×60 分钟，共计 36792000 分钟。这样算下来，每分钟花费不到 3 分钱。

看一场电影，票价为 60 元，片长为 120 分钟。去掉开头跟结尾，算下来一分钟花费 6 角钱左右，约是房子花费的 20 倍。

这样算下来，房子还贵吗？而且相比其他物品，房子能用 70 年，而且不想住了还能租出去、卖出去，赚上一笔。是不是很划算呢？

再如，长城宽带服务商曾推出一个促销活动，一年宽带费只需 365 元。一年 365 元，便宜吗？用户可能不太有概念。但是没关系，在文案中算给用户看：在上海，一块钱买不了一块砖，只能买到一棵葱、一颗糖。但是用户只需要一块钱，就能痛痛快快上一整天网。这样一对比，是不是感觉特别划算呢？！

很多售价很高的产品，用平摊法之后，其价格一下子就变得非常亲民。

- 2999 元的床垫，能用 10 年，平均一晚 8 角钱就能享受五星级宾馆的体验，真值！
- 1299 元的羽绒服，就算只穿 3 年，每天不到 1 元钱，就能让你整个冬天都暖融融的。这份幸福感也太划算了吧！

【分析】首先把昂贵的价格平摊到每一天，然后强化每一天得到的满足感。将价格和满足感对比，让用户觉得很划算。

现在，该你了！

练习 你要给一款 8000 多元的羊绒大衣写文案，想一想，如何使用平摊法让用户更易接受这款产品。

（2）省钱法。

平摊法是计算你每天要花多少钱，省钱法反其道而行之，计算的是你每天能“赚”多少钱。

例如，某品牌节能灯的文案提到一年能省多少电费，某品牌汽车的文案提到一年能省多少油钱。

大卫·奥格威（David Ogilvy）曾为奥斯汀汽车写了一段文案，其标题为“来自一位外交官的匿名信”。

如果你看过这则文案，你一定会记得那句“用驾驶奥斯汀轿车省下来的钱可以送儿子到格罗顿学校念书了”。奥斯汀汽车的广告文案提到非常多车辆的优点，但真正有杀伤力，真正直击人心的只有这一句。

当然，省钱并不只是传统意义上的节省金钱，为用户省时间、省精力，也是省钱的方式。

所以，如果你要给用户算账，不妨想想你的产品能在什么地方为用户省钱吧。

现在，该你了！

练习 假如你在销售一款价格为 1888 元的儿童学习机，想一想，如何使用省钱法写一段文案。

（3）替换法。

顾名思义，替换法就是把钱替换成比产品本身更有价值感的东西。

例如，有一段护肤品的文案如下。

您愿意一年花 6000 元来保养您的汽车，为什么不愿意花 600 元来保养您自己的皮肤呢？

【分析】用户会觉得自己还不如汽车吗？当然不会。花 600 元在自己身上贵吗？比起花 6000 元保养汽车，花 600 元保养自己其实挺便宜的。

上面这段文案其实用了两个技巧：一个是价格锚点，用 6000 元来突出 600 元的便宜；另一个则是替换法，把600元的护肤品替换成更具价值感的“保养自己”。

又如，现在很多银行都会在醒目的位置宣传自己的理财产品，如“3个月2%的收益率”“年化5.3%”等，好像这个数字越大越能吸引人。某银行换了一种说法，它的文案如下。

1万元钱存一年，净赚530元，什么也不干，每天净赚一元四角五分。

【分析】用户不懂什么是年化收益率，也不懂各种计算公式。银行可以把账算明白了，让用户知道自己每年能赚多少钱，每天能赚多少钱。

上面这段文案也用了两个技巧：一个是替换法，把抽象的收益率替换成更实际、可感知的收益金额；另一个则是平摊法，不但告诉用户一年的收益，还告诉用户每天的收益，让用户觉得每天都在赚钱。

通过以上两个例子，我们可以看出，算账的时候不只会用到一种方法，可能会同时使用好几种方法。这些方法的综合运用，可以让用户感知到“占便宜”“划算”。

现在，该你了！

练习 你要给一款价值4999元的“巧手自动烹饪机”写文案，想一想，如何让用户觉得这款产品很划算。

2.7 总结

想让文案更有效果，你一定要有销售思维。本章提到的六大成交技巧，分别是需求前置、消除顾虑、制造稀缺性、正确花钱、降低决策成本、让用户占便宜。这些技巧你学会了吗?

介绍需求前置时，我们提到了 3 种方法，分别是水晶鞋法、使用法和扎针法，你还记得每种方法都是什么吗?

为了让用户毫无顾虑地下单，不仅要思考他们为何购买我们的产品，更要考虑阻碍用户下单的种种理由，通过文案打消用户疑虑。

为了制造稀缺性，我们也有 3 种方法，分别是制造数量的稀缺性、制造时间的稀缺性和制造品质的稀缺性。

怎么才能让用户觉得花钱是正确的呢? 你有 3 个思考方向：为个人发展花钱、为他人花钱、为补偿自己花钱。

为了让用户觉得自己占了便宜，你可以从以下 3 个方面思考：锚定效应、赠品和算账。你学会怎么使用这些方法了吗?

第 3 章

用户为什么会认为 99 元的产品价值 599 元

- 传递者决定说服力度
- 沟通信息决定说服质量
- 接收者决定说服难度
- 说服情景决定说服效果
- 总结

小超是我非常喜欢的一位同事，她聪明、认真，并且非常努力。我们会聊很多跟工作有关的话题。

有一次，她很严肃地问了我一个问题。她说："银子，一直写文案你不会觉得无聊吗？会不会觉得脑袋被掏空，内心很疲惫？"

对于小超的问题，我深有感触。写文案是一份快节奏的工作。你需要一个项目接着一个项目地写推广文案，你要不断输出，中间几乎没有休息时间。而且因为现在大家都不太喜欢销售文案，很多人会觉得，文案套路都一样，无非就是换一种产品卖，很没意思。

可对我来说，每一次写文案，我都是代表这款产品在和用户对话。我要告诉用户，这款产品多么值得购买。

对待产品应该像演员对待角色一样认真，当你想把产品的独特性展示出来时，你就不会觉得写文案无聊了。

假设你面前有两支口红，其中一支口红色号不正，包装廉价，质地粗糙，你感觉它只值 30 元；另外一支口红有品牌知名度加持，工艺复杂，包装精良，漂亮得让你移不开眼，并且还是你喜欢的演员代言，你觉得它至少值 599 元。

如果这两支口红的售价都是 99 元，你会选择购买哪一支口红呢？我猜你只要不是故意的，就一定会选择购买"价值 599 元"的口红。

价值 599 元的产品只需花费 99 元就能买到，这对任何一个用户来说都有极大的吸引力，也足以说服他们直接花钱购买，那怎么才能做到这一点呢？

首先，产品的品质要好，这是基础。一款质量很差的产品无论配什么样的文案都不能让别人相信它物超所值。其次，你要让用户相信你的描述。用户看文案的时候并不能看到产品，单单靠几行文字，就能让用户相信你，这需要深厚的文案写作功底。

怎么让用户相信你呢？美国学者霍夫兰德（Hovland）等人提出了态度转变模型。这个模型对我们理解文案的说服效果非常有帮助。霍夫兰德等人提出，用户态度转变的影响因素包括传递者、沟通信息、接收者、说服情景。

3.1 传递者决定说服力度

传递者的权威性、可靠性、外表吸引力，以及受众对传递者的喜爱程度都会影响信息最终的说服效果。同一句话，不同的人说，说服效果可能完全不一样。

例如，你和你的父母说过很多次，让他们不要听信养生谣言，他们无动于衷，觉得你是瞎操心；但如果同样的话是电视节目说的，或者是某个医生说的，他们的态度立马就不一样了。为什么呢？因为在父母心里，你是他们的孩子，没有权威，而电视节目和医生天然是有权威的，是可信的，他们更愿意相信这些人的话。

想想自己，什么样的传递者会影响你最终的购买决策？

是名人？医生？商业大鳄？还是你身边可靠的朋友？他可能有你不具备的优势，或者他本来就是你喜欢的人。把这些想明白，下次写文案的时候，你就知道安排什么样的传递者出场是合适的。

为了帮助大家理解传递者的作用，我列举了几类常见的可信赖的传递者：权威型传递者、可靠型传递者、颜值型传递者和喜爱型传递者。

1. 权威型传递者

什么是权威型传递者？简单来说，就是你一看就愿意相信的人。

早些年，金龙鱼调和油在央视发布广告。广告词是："1:1:1，1:1:1，金龙鱼1:1:1，中国发明专利配方，倡导膳食脂肪酸均衡，专利好油，认准金龙鱼1:1:1。"在广告的最后，画面中还有奥运五环的标志，并且配文：中国奥委会官方粮油产品赞助商。

这段广告虽然很短，但用户会感受到扑面而来的权威感。

- 权威平台：央视、中国奥委会官方。
- 科学权威：中国发明专利配方、专利好油。

我观察过周围很多人，他们在超市挑选食用油时，几乎不思考就选择金龙鱼这个品牌的食用油。理由很简单，虽然他们不懂1:1:1是什么，也不清楚这款油的配方到底好在哪里，但一看是央视发布的广告，还获得了专利，连中国奥委会都用，他们就会觉得这就是好油，于是就直接购买了。

权威背书有助于提高转化率，但权威背书不是天然存在的。例如，我在接到某款产品的时候，对方基本没提供什么有用的信息，很多信息都是我自己搜集的。如果你觉得你的产品没有权威背书，你要先思考它是不是真的没有，还是你没有将信息搜集到位。

如果实在没有权威背书，那你可以考虑以下这些权威背书方式。

（1）品牌权威。

品牌权威是指利用行业知名品牌的权威性为你的产品背书。例如，很多新护肤品刚上市时很难推广，于是商家就会借助品牌的权威性为自己的产品背书。

- 我的产品是平价版SK-Ⅱ小灯泡。
- 我的产品和雅诗兰黛是同一家工厂生产的。
- 我们的研发人员是海蓝之谜的前研究员。
- 产品的主打成分和娇兰的相同。
- 产品团队是由宝洁前员工组成的。

这样的表述会给用户一种感觉，那就是你的产品和大牌产品是一样的，但同时你的产品的价格更具吸引力，所以用户愿意付费。

再如，“手机中的战斗机”“方便面界的劳斯莱斯”“洗面奶中的爱马仕”“某行业的黄埔军校”……将用户熟知且认可的高端品牌和产品关联，就是为这个品牌做了权威背书。

或许你的产品并不是多么亮眼，但你一定知道这个行业中最具权威性的品牌是什么，只要和它们有所关联，用户就会对你的产品产生一定的信任。

现在，该你了！

练习 请你为“帅气牌西装”写一段借助品牌的权威性背书的文案。

（2）爆款权威。

我们经常听到“爆款”这个词，什么是爆款？爆款是流行趋势，是风向标，是大多数人追求的时尚，是你看到别人买，自己也想买的产品。

服饰、护肤品、零食类产品最常借用爆款的权威性，它们会尽一切可能往这些爆款上靠。我们经常在文案和宣传语中看到下面这些文字。

- 抖音爆款。
- 小红书爆款。
- 某名人同款。

……

为什么要用这些文字？原因很简单，爆款就是最好的证明——这么多人买的东西一定不会错。

讲到这里，你可能会问，如果你的产品跟那些爆款都没有关联，是不是就不能借用爆款的权威性了呢？

当然不是！

爆款权威的原理是从众效应，你只需要告诉用户这款产品多么受欢迎就够了。若与现有的爆款无关联，那么你可以基于所搜集的信息从以下几个角度把自己的产品打造成爆款。因为在很多时候，我们可能太过着眼别人的好处，而忽略了自身品牌的闪光点。

- 高销量。上线 1 小时，2000 支口红全部售罄；每 3 个女生中就有 1 个女生吃我家的零食；“双十一”都抢疯了……
- 高好评率。在内测阶段，用户满意度为 100%；畅销 3 年，好评率依然保持在 95% 以上；我们很少打广告，因为用户只要用了就知道我们的产品有多好……
- 高复购率。连续 5 年，89% 的用户选择复购；用户每次想买新衣服，就会来我家选购；很多用户因为一直用我们的产品，已经变成我们的老朋友了……
- 高转介绍率。我们的新朋友有 80% 是老用户介绍来的；最令我们感到骄傲的不是销量有多高、得了多少奖，而是用户都愿意为我们打广告；我们统计过，每 100 个使用过我们产品的用户中，有 95 个用户愿意把我们的产品推荐给朋友……

现在，该你了！

练习 请为“浓密生发帽”写一段借助爆款的权威性背书的文案。

（3）平台权威。

什么是平台权威呢？举个例子，从腾讯、阿里巴巴离职的员工比较容易找到新工作，也更容易拿到高薪。这就是平台权威的力量，这些平台会替他们证明工作能力。

在写文案的时候，你也可以用平台权威给自己的产品背书。例如，在知识付费行业，有一类老师教学水平很高，但没有权威背书，我就会借助平台权威的力量，把其头衔写成领英作者、知乎讲师、得到解读人等。

再如，在电商行业，有些店铺担心用户不信任自己，它们就会这样说："我们已入驻天猫、京东等国内各大电商平台。"用户大都知道天猫、京东等平台，这些店铺就用这些平台为自己背书。

总结一下，包装产品的时候，你可以借助哪些平台进行权威背书呢?

- 产地。烟台苹果、南京盐水鸭、贵州白酒、法国红酒……市场已经告诉用户，这些产地的产品质量较好，只要你的产品和这些产地相关，就能用这些产地为自己的产品背书。
- 检测机构。欧盟 CE 认证、UL 2818 标准、金级认证标准、美国 FDA 认证……当你把这些检测证书摆出来，并告诉用户这些机构有多权威时，用户会觉得安心。
- 历史的积淀。如果你的产品有一定的历史的积淀，那么你可以将其作为背书。例如，A.O. 史密斯热水器的广告词——141 年创新研发；王老吉的广告词——始于清朝道光年间，已逾百年历史；老凤祥的广告词——跨越 3 个世纪的经典等。
- 合作对象。如果你的产品为某些知名公司或机构服务，请大大方方地把这些合作对象列出来吧，因为它们可以为你的产品背书。
- 旧词新造。通过已知品牌或头衔，为你的产品或个人起一个外号。例如"收纳王子""水果皇后""面霜之王""全村的希望"等。

只要认真研究，你还是可以为你的产品进行权威背书的。你千万别觉得这种做法很低级，只要不说假话、不伤害用户，又有利于产品销售，权威背书就是特别好的文案策略。

2. 可靠型传递者

对于用户来说，最可靠的传递者是谁呢？一定不是商家本身，而是那些已经买过、用过产品的用户。如果用户愿意帮你站台宣传产品，这是最好不过的了，因为他们是最可靠的传递者。

现在，该你了！

练习 请为你要推广的产品，采用至少 3 种方式进行权威背书。

试想一下，当你想要买一款手机，而你的朋友用的刚好是你想买的那款手机时，他对这款手机的评价会比任何一个广告都可信。

怎么让用户为你的产品背书，提高你的产品质量的可信度呢？我总结了 3 种用户背书的方法，帮助你塑造可靠型传递者。

（1）集中列举法。

集中列举法是依次列举多名用户对产品的使用案例和体验，从而起到背书的作用。集中列举法的好处是案例足够多，以量多取胜。用户看到那么多人都在用这款产品，就会觉得这款产品真的很棒。

例如，支付宝为传播全新广告语“生活好，支付宝”，请来了各行各业的支付宝用户，包括退休警察、小镇青年、新手妈妈……由这些人来夸支付宝，更容易让用户相信支付宝真的很好用。

再如，某护肤产品在宣传页上会列举多个案例，有毛孔粗大的 20 岁女大学生，有作息不规律、细纹丛生的白领，有 30 岁皮肤暗沉的妈妈，有希望紧致皮肤的 40 岁女性……她们的面部都改善了！

这些集中列举的案例，对用户来说是非常震撼的，用户心里可能会想："这么多人的皮肤都变好了，应该是真的吧。""40 岁的姐姐皮肤都那么好，我用了肯定也行。""我要不也跟着试试？"于是用户可能就直接下单了。

（2）评价法。

评价法是让用户直接替你的产品说好话。这种方法会让用户感受到真的有这样一些人在用这款产品，并且客观地帮自己测试产品的好坏。

不过你要注意，切忌把用户说的话写成那种连你自己都不相信的假话。如果你不了解用户评价，你可以真的去采访你的用户，然后直接把他们的原话写下来。

用户真实说过的话是能够打动人心的，这是任何文案高手都编造不出来的。我再强调一次，千万不要编造用户评价，一旦用户觉得你在骗他，他会对你失去信任，也不可能购买你的产品。你可以搜集各种用户评价并对其加以提炼综合，但千万不要信口开河。

真诚的用户评价一般有以下特点。

① 以自我为中心。

用户的评价都是站在自己的角度发表的。下面展示了小米手环的用户评价。

- 买了两个，一个给姐姐，另一个给自己。功能是真的多，还可以让我知道经期时间，太贴心了吧。
- 高中用的还是小米 2，用了 3 年，质量很不错。情人节买了个小米 5 给男朋友用，后来又给自己买了一个，很好用！

② 充满语气词。

用户在评价的时候，会使用很多语气词，尤其是现在有很多年轻用户会使用自己个性化的表达方式。下面展示了某装饰画的用户评价。

- 好看好看，给新住处装饰一下，嘻嘻。
- 特别喜欢这种怪诞风格的画，超级棒，很带感。

③ 偶尔会提产品缺点。

真正的用户没有理由只说好话，他们偶尔会提一下产品缺点。下面展示了某家具的用户评价。

- 已经在用了，质量挺好，卖家也有耐心，螺丝丢了又重新给我寄来了。
- 虽然箱子被蹂躏得不行，但里面的东西全都安然无恙，质量从不让人失望。

④ 逻辑性不是很强。

用户随手写的评价的逻辑性不会很强。用户不可能反复斟酌语句，更不可能在纸上打草稿，其很多话并没有严谨的逻辑链条。所以，在写用户评价的时候，你可以不用太在意语言的逻辑。

现在，该你了！

练习 请借助用户评价，为“气质牌女士高跟鞋”写一段文案。

（3）故事法。

故事法就是把用户使用产品的完整过程用故事的方式展示出来。具体的故事要怎么写，我会在第 7 章专门讲解。大家可以先看一个例子，这是我之前用故事法写的文案。

案例 1　故事法文案

顾爷认识的苹果妹，也是文案的受益人之一。她每个月至少赚 1 万多元，好的时候能赚 2 万多元。

之所以叫她苹果妹，是因为她的老家在山东，她平时就在微信朋友圈卖自家特产，其中苹果卖得最好。

提到微商，大多数人的印象是讨厌、“刷屏”、恨不得“拉黑”。

最初，苹果妹也遇到了这个难题。人家都不愿意搭理她，更遑论去她那里买东西了。

“1 个月下来，我就卖了 30 元，算上邮费还亏了。”

顾爷看了一眼她的朋友圈，就找到了问题所在。她卖的东西杂，内容没有人情味，图片丑，用户看了完全没有购买欲望，她还每天发几十条动态，难怪卖不出去。

于是，顾爷把文案的底层逻辑告诉了苹果妹，并教给了她“防屏蔽四步法则”，先把用户留住。

回去后，她马上就一丝不苟地执行。意料之中，1 个月后，拉黑她的人变少了，微信好友还增加到 3000 多名。

等她把微信好友关系处理好后，顾爷又教给了她“朋友圈八步成交法”。从一开始 2 天卖 1 单，到 1 天卖 1 单，再到之后老用户带新用户来买。终于，苹果妹把这个小生意慢慢做起来了。而且，她还带着村里其他人一起销售老家的特产。

故事法的好处是，当我们把完整的故事呈现给用户看时，用户自己会从故事中提炼出你想要传达的信息。

故事法的效果很好，但写起来比较难。学习第 7 章时，你一定要认真记笔记哦。

现在，该你了！

练习 试着写一位母亲和她的孩子拼图的故事，用来推广拼图产品。

3. 颜值型传递者

颜值型传递者，简单来说，能够通过外表或包装让用户喜欢上产品。

文案人无法左右产品的“颜值”，那还能做什么呢？文案人可以让文案更有“颜值”。

- 排版足够优美，优化阅读体验。

- 文案配图，尽可能选择清晰、美观、颜值高的图片。
- 如果可能，在撰稿前和产品摄影师沟通，共同确定拍摄方案。
- 请摄影师拍出你理想中的照片。

4. 喜爱型传递者

喜爱型传递者能获得用户的喜欢，用户会因为这份喜爱而购买产品。

想一想，多少人因为喜欢乔布斯而购买苹果手机，多少人因为“为发烧而生”购买小米手机。

当然，并非所有的产品都有苹果、小米这样得天独厚的条件。文案改变不了产品，我们能做的，就是在文案写作过程中，用文字尽可能地让用户喜欢上我们。

我们可以呈现用户认可的观点、打动用户的故事，用让用户觉得舒服的态度和语气，还可以表达满到溢出屏幕的诚意。

例如，各大品牌在进行广告宣传时，几乎都在说用户喜欢的话。

- 喜欢就表白，不爱就拉黑。
- 有人驱逐我，就有人欢迎我。
- 夏天很热，爱要趁热。
- 你本来就很美。
- 你的小生活，都是值得记录的大事件。

另外，我们在思考如何让用户喜欢我们的同时，要想好哪些用户是我们的目标用户。向对的人说对的话，这一点非常关键。

例如，唯品会最初的目标用户是年轻人，所以它的广告语要符合年轻人的特质。也许你没有听说过唯品会，也许你也没有在这个平台买过东西，但那句“我为自己代言”的广告语你一定有所耳闻。

最初，唯品会能快速占领年轻人的市场，很大一部分原因是这个广告。找到了目标用户，说让目标用户喜欢听的话，让用户因此认可品牌，从而为你的产品付费，这就是广告存在的意义。

现在，该你了！

练习 请你为“金钱豹游戏手机”写一段文案，要求使用目标用户爱听的话。

3.2 沟通信息决定说服质量

我们要向用户传达哪些信息，才能让他觉得售价 99 元的产品价值 599 元呢？你可以换位思考一下，如果要你接受这么高的溢价，你会关心哪些信息呢？

用户可能会关心以下信息。

- 商家的成本是多少，是不是真的花了 599 元？
- 这款产品有什么独特之处，能够价值 599 元？
- 有哪些专业知识和数据可以证明商家说的话是正确的？

以上 3 个问题是用户普遍关心的，相应地，我总结出了 3 招，让你从容消除用户的顾虑。这 3 招分别是自我暴露、数据说服和专业知识。

1. 自我暴露

自我暴露是心理学上的一个概念，意思是有意地把自己的真实情况暴露给别人。自我暴露的好处是能够增加你和对方之间的亲密度。

对方能把自己的秘密告诉你，说明他非常信任你。信任是相互的，你觉得他信任你，自然也应回馈相对应的信任。

写文案时，你也可以利用自我暴露的技巧。例如，对于一款售价为 399 元的音响产品，如果你一味地夸这款产品有多好，用户可能会怀疑你是不是在忽悠他，想多赚钱。

有经验的文案人不会直接写这款产品有多好，而是会详细地告诉用户这款产品的生产过程，把每一个环节都毫无保留地展示给用户看，包括怎么一步一步从原材料加工成成品，中间经历了哪些困难等。用户看完之后，就会觉得这款产品真的很值。

我之前写过一篇关于读书产品的文案，也用了这个技巧。

案例 2　读书产品文案（节选）

为了让书籍真正为你所用，我们做了如下工作。

选书：从国内外 3000 多本书中，慎重选出真正值得看的经典好书。

选人：筛选真正专业的读书人，通过率不到 3%。

成稿：每本书支付 5000 元，请他们精读，并根据相关资料、最新研究，形成文稿。

审稿：主编会进行 3 轮审稿，重点关注易懂性、方法论、实用性、逻辑性、趣味性等五大维度。

录音：重金请中央广播电视台的主播录制音频，并进行剪辑。

上线：校对后上线，排查错误。（若不合格，则全部返工）

逐字稿：为每本书配备逐字稿，方便你阅读。

每一段听书音频，至少经过了 305 小时的磨合准备，至少有 10 名专业人士协作。

而你，只需要花 30 分钟，就能读懂一本书。

在这篇文案里，我把读书产品的制作过程都展露出来了，用户就会觉得商家特别用心。

除了把制作过程全部展示给用户看，还有一个小技巧也非常好用，那就是自我暴露一些无关紧要的缺点。

例如，一篇关于暖气片的文案就很好地运用了这个技巧。

它没有显示器，样子也很丑，还有个愚蠢的名字。美丽只是一个肤浅的概念，名字其实也没有太多意义。但是我们确实希望能制造一款帮你节省暖气账单上 30% 的费用且名字令你印象深刻的产品。

【分析】暖气片最重要的功能是取暖，所以“没有显示器”“丑”“愚蠢的名字”并不算什么大问题，反倒通过自我暴露缺点，反衬出这款产品性价比高的优点。我们有理由相信，如果用户刚好需要暖气产品，那么用户会更倾向于购买这款产品。

自我暴露看起来很简单，只要告诉用户产品背后的信息就好，可要做好却很难，因为你要像产品的操盘手一样，熟悉产品的全部信息，小到产品原材料，大到产品设计和研发，你全都要知道。

现在，该你了！

练习 请你运用自我暴露的方法为“芬芳牌手工香皂”写一段文案。

2. 数据说服

对于人类来说，数据天然有权威性。要想让对方信任你，数据会是你的最佳帮手。

例如下面这两个句子，后者可能更让你印象深刻。

- 我喜欢你。
- 我喜欢你整整 10 年了。

请记住，在你的文案中，凡是能用数据表示的内容就不要用模糊的形容词。“很多”“很久”“价格低廉”这些词语并不能给用户留下深刻印象。

接下来，我会用“原句 + 修改”的形式，带你一起了解数据的使用技巧。

【原句】这款产品，我们调试了很多次，也有很多人用过了。

【修改】这款产品，我们先后调整了 3 次配方，包装的调整次数更多。还未正式上市时，在没有任何广告投入的情况下，已有 3000 人使用过这款产品。

【原句】这款粉底持妆效果很好。

【修改】4 小时后的妆感贴合度较好。没有脱妆！没有浮粉！没有斑驳！持久力确实 100 分。

【原句】第一款智能手机，屏幕大，能听音乐，能打电话，能上网。

【修改】第一款智能手机 =1 个大屏 MP3 +1 部电话 + 1 个上网浏览器

【原句】被誉为“华人家教典范”的刘墉首次开讲，其课程浓缩了他的人生经历和做父亲的经验，无数家庭亲测有效。（2019 年文案）

【修改】被誉为“华人家教典范”的刘墉首次开讲，其课程浓缩了他 70 年的人生历练和 43 年做父亲的经验，千万家庭亲测有效。

除了把数据具体化，我们还可以在这个基础上，加强画面感。

【原句】我们公司的汽车玻璃，每年卖无数块到世界各地。

【修改 1】（数据具体化）：我们公司的汽车玻璃，每年卖 1 亿块到世界各地。

【修改 2】（画面感加强）：我们公司的汽车玻璃，每年卖 1 亿块到世界各地，公路上每 4 辆汽车上就有一块玻璃出自我们公司。

文案修改后是不是更具说服力？相信我，数据越具体、画面感越强，你说的话的可信度就越高！

现在，该你了！

练习 请你把“为了找到合适的材料，我们找了很多家工厂”修改成带具体数据的句子。

3. 专业知识

使用专业知识的好处，就是把自己放在一个权威制高点，让用户更加信任你。

例如，现在流行的低糖产品为什么那么好卖？就是因为在卖产品之前，文案会告诉用户如果糖分摄入过多，胶原纤维的弹性会下降，肌肤的张度会下降，皮肤会松弛，进而形成皱纹。过多的糖分还会使体内的雄性激素分泌增多，皮脂分泌增加，从而形成痤疮。另外，糖分会使酪氨酸酶变得更活跃，进而刺激黑色素的生成，使肌肤逐渐变得暗黄。

当我们列出这些专业知识时，用户大概会产生以下想法。

- 原来糖吃多了，后果这么严重啊！学到了新知识。

- 这人居然对糖进行了这么深入的研究，应该很专业。
- 既然他这么专业，他卖的产品应该差不了。

又如，现在氨基酸洗发水很受欢迎，其实这也是拜优秀文案所赐，因为文案会告诉用户，氨基酸洗发水到底有什么好处，以及为什么用户就应该用这样的产品。

头皮是人类除眼睑外最薄的皮肤，特别容易受到污染和残留物质的损害。而我们头发所出现的种种问题，如严重掉发，或者头发干枯、毛糙、出油等，其根源都是头皮不健康。氨基酸洗发水的核心作用，一方面是通过对头皮的健康调养，从根源上解决头发问题；另一方面是其 pH 值更接近头发的 pH 值，对头发更温和、更安全，并且滋润发丝，锁住水分。

当用户了解了新知识，而且意识到他曾经做错了的时候，他很可能会考虑试试文案中提到的这款产品。这是人之常情。

我之前在写情感课程的文案时，为了说明老师特别厉害，就用了这个技巧。

案例 3 情感课程文案（节选）

从心理学的角度来看，吵架的根本原因，是我们都想保护自己的利益。

发泄：这日子我过得不爽，但打击你、讽刺你会让我爽，所以我就这么做了。

试探：我和你吵架，是想通过你的回应，来确认你爱不爱我。

改变：你有很多毛病，说了也没用，我只能和你大吵大闹，让你去改。

一次吵架，会让你发现：感情中你有哪些需求没被满足，他希望你做到哪些，以及你们之间有哪些问题。

而你们的“吵架方式”，决定了感情的质量。

很多朋友看过我的这篇文案后都会说：“哇，这位老师说的全对呀，有机会我也想跟着这位老师学。”

同样地，我在写收纳课程的文案时，也用了这个技巧。

案例 4　收纳课程文案（节选）

很多人家里的沙发、椅子上，只要搭上一件衣服，就会“疯长”出一堆衣服。

其实这种衣服还有一个名字——隔夜衣，即只穿过一次的衣服。

隔夜衣最尴尬的是，放衣柜里怕弄脏干净衣服，拿去洗又觉得只穿一次就洗不值当。不知道该放哪儿，就只能随便丢了。

这个问题看似无解，可对于会空间管理的人来说，它就是个小问题。

她会从家人的习惯入手，设计规划出专门的、合适的、符合家人习惯的隔夜衣使用空间。同时，因为符合家人的习惯，老公和孩子也不会再乱丢衣服了。

虽然在这里我没有给出具体的解决办法，但“隔夜衣”这个概念一放出来，大家就知道这位老师是专业的。

现在，该你了！

练习 如果你要推广一款茶叶，那么你会利用哪些专业知识，使用户认为这款售价 99 元的产品价值 599 元?

3.3 接收者决定说服难度

任何态度转变，都是在沟通信息与接收者原有态度存在差异的情况下发生的。我们无法改变接收者，但我们可以根据不同的目标对症下药。

我们先做一个测试。你觉得下面这段文字是写给谁看的？

案例 5 教育产品文案（节选）

为什么这么强调作业的重要性？

因为在孩子学习的各环节——上课、考试、做作业中，你唯一能参与的就是辅导作业了。

其他的，你就算想管，也鞭长莫及。

试想一下，当你自己就是教育专家时，你就知道用对的方法去教育孩子。你的孩子能又快又好地完成作业，自然他的专注力、时间管理能力、状态切换能力、自主学习能力等也会非常强。

最重要的是，这些能力会让你的孩子受益一辈子。

上面这段文字是写给家长看的，它很有针对性。这篇文案的转化效果非常好。文案成功的秘诀很简单，概括成一句话，就是“和对的人说对的话”。

找到你的目标用户，对他说他感兴趣的、听得进去的、喜欢听的话。

- 推广零食产品时，对喜欢吃零食的用户说：“无零食不追剧，吃零食快乐无敌。”
- 推广孩子使用的产品时，对为孩子着想的用户说：“孩子的未来需要这款产品。”
- 推广生活用品时，对热爱生活的用户说：“你的生活可以更有品质。”

……

现在，该你了！

练习 如果你要推广一款儿童牙刷，你的目标用户是谁？你要怎么向他推荐你的产品？

3.4 说服情景决定说服效果

不同的说服情景，对转变一个人的态度的影响有多大呢？

假设你要批评一位同事，你当众指出他的错误和你私下指出他的错误，二者的结果肯定是不一样的。

在直播带货中，有的主播很清楚说服情景对转变一个人态度的重要性，他们一般会采用“沉浸式直播”。

什么是沉浸式直播呢？

沉浸式直播指在直播间“半复制”家庭环境，围绕着客厅、厨房、卧室等不同的生活化场景进行直播。介绍生活用品时，主播坐在客厅的沙发上进行展示；介绍破壁机、烤箱等电器时，主播在厨房区域进行展示；介绍零食、水果等产品时，主播则在用餐区的吧台进行展示。

常规的直播大多数以小空间竖屏呈现，主播坐在镜头前讲解产品，于观众而言，这样的直播代入感并不强烈。沉浸式直播会设置具有生活气息的环境，让用户沉浸在模拟的环境中，这样用户更容易下单。

当然，有些比较厉害的主播，不改变环境，只通过语言技巧，就能把用户直接带入当下的购物环境中。如使用“废话不多说，先来波抽奖”“买它”“3、2、1，上链接”“秒杀开始了”等话语，能瞬间营造抢购的效果。

写文案的时候，我们无法改变说服情景，但我们可以通过文字营造出用户“需要买”“产品超值”的情景。

- 推广漱口水，可以制造因口臭而尴尬的情景。
- 推广早餐机，可以制造孩子埋怨早餐的情景。
- 推广降噪耳机，可以制造工作被干扰的情景。

……

现在，该你了！

练习 请你为“美滋滋自热火锅”设计一个使用户更容易接受产品的说服情景。

3.5 总结

要使文案说服用户，你需要了解成功说服用户的 4 要素，它们分别是传递者、沟通信息、接收者和说服情景。

有些传递者更容易让用户信任，如下面 4 种类型的传递者：权威型传递者、可靠型传递者、颜值型传递者和喜爱型传递者。这 4 种类型的传递者，你记住了吗？

在沟通过程中，你可以使用下面 3 种技巧，让用户更信任你，它们分别是自我暴露、数据说服和专业知识。

同时，我们要明白接收者决定说服难度，想要更好地说服用户，让用户认可你，除了把文案写得更打动人心，最省力的办法是去找你的目标用户。

最后，我们提到说服情景的重要性。让用户沉浸在需要产品的情况中，迅速唤起其对产品的需求，甚至自行“脑补”购买你的产品后会怎么使用，从而付费购买。这些技巧，你学会怎么使用了吗？

Writing

第 4 章

三大基本功，文案入门必备

- 词语——文案的基石
- 句子——文案的板块
- 结构——文案的框架
- 总结

经常有朋友说，看我的微信朋友圈是一件非常幸福的事情。因为我经常会收到一些甲方需求，自己忙不过来时，就会发朋友圈分享给其他人。

有意思的是，我每次发朋友圈后，下面总会有一些朋友的留言，如“羡慕”“稿费好高呀”“会写文案的人好赚钱”，但实际上，真正能接项目的人，来来回回就那几个。

有一次我实在忍不住，就问了经常在我微信朋友圈留言但一次都没接到项目的朋友：“你对文案这么感兴趣，为什么不试试呢？”

她说：“我写不好，还是算了吧。”

我算了一下她留言的次数，如果每次都能接稿，她一年至少能赚 3 万元。可就是“算了吧”的想法，让她失去了原本可以赚钱的机会。这真的好可惜。

实际上，学写文案并没有她想象中的那么难。

我遇到过很多人，他们想要学写文案，但又担心写不好。

- “那么长的文章，我能写出来吗？”
- “我文笔不好，可以写吗？”
- “我不是这个专业的，写不好。”

……

以上担心可以归结为一个字：怕。

他们之所以害怕，是因为把写文案想得太难了。当你把写文案当作建设一栋高楼时，你当然会害怕："那么高，我怎么可能建得出来呢？"

但再高的大楼也是由一块又一块的砖头堆砌起来的，文案也是一样的。

在本章，我会带你练习写文案的三大基本功，帮你把基础打牢，让你能轻松上手写文案。

在正式讲解本章之前，我们需要知道文案的结构。

- 一篇文案，是由段落组成的。
- 一个段落，是由句子组成的。
- 一个句子，是由词语组成的。

换句话说，你只要把词语、句子、段落搞定了，就可以写出一篇至少 60 分的文案。

不过，光有基本元素还不够，我们要达成共识：一篇具有销售力的文案，最重要的是要有画面感和情绪感。

画面感是为了让用户读得下去，记住你要传达的信息；情绪感是为了让用户有共鸣，信任你，有动力下单。所以我们所有的遣词造句，都要遵循画面感和情绪感优先的原则。

那怎么写才能让文案有画面感和情绪感呢？学完本章，你就会明白。

4.1 词语——文案的基石

你还记得小学的时候练习过的一种语文题吗？

请把下面的词组成完整的句子。

①小兔 ②白菜 ③兔妈妈 ④带着 ⑤在菜园里 ⑥收

我相信，你很快就能得出这道题的答案。

兔妈妈带着小兔在菜园里收白菜。

理解了词语就能写出句子。接下来，我们一起学习句子中最重要的 4 种词语，帮助你更快写出优秀的句子。

1. 名词——画面感的关键

名词是指代表人、事、物的词语。它分为具体名词和抽象名词。

- 具体名词：表示看得见、摸得着的具体实物的名词，如笔记本电脑、手机、金字塔、红绿灯等。
- 抽象名词：表示一些抽象概念的名词，如正义、悬念、乐趣等。

根据前面提到的画面感和情绪感优先的原则，使用名词时，有 3 个使用规则非常重要。

（1）要多用具体名词，少用或不用抽象名词。

具体名词能在用户的脑海里构建起画面，而用户想象不到抽象名词是什么样的。如果你的文案是由一连串的抽象名词组成的，用户可能完全读不下去。下面是介绍同一款护肤品的文案，你可以感受一下不同词语的效果（包括前面提到的，用数据而不是模糊的词语的效果）。

A 文案：多用抽象名词（和模糊的词语）。

这款特润修复塑颜金纯面霜，配方来自国际知名实验室，是很多资深科研人员多年研究的成果。由于使用效果好，特润修复塑颜金纯面霜一直是电商销量冠军。

B 文案：多用具体名词（和数据）。

这款小红瓶，配方来自意大利实验室，是 28 名资深科研人员研究了 25 年的成果。因为护肤效果太好了，小红瓶在天猫的销量一直排名第一。

两段文案看下来，你觉得哪一段文案更好？你对哪一段文案印象更深刻呢？

道理其实很简单，人们都喜欢清晰、好理解的文案。如果用户连文案都读不下去、理解不了，那么用户怎么可能把自己辛辛苦苦赚的钱掏出来买你的产品呢？

所以，撰写文案时请务必少用或者不用抽象名词，多用具体名词。

（2）当句子中出现抽象名词时，把它替换成具体名词。

我们先来看一个句子。

这一次的成功，多亏大家的付出。

听完这句话，你是不是觉得特别“假大空”“套话”？但只要把“大家”这个抽象名词换成具体的某个人，如“策划部的冬冬”“财务部的张姐”“销售部的李明”，你的感觉立马就不一样。

这一次的成功，多亏了销售部的李明、策划部的冬冬、财务部的张姐共同的付出。

为什么我们会认为有些人写的东西“假大空”？就是因为他们喜欢用抽象名词，用户抓不住具体的内容，不知道他们要说什么。写文案也是一样的，如果你不希望用户觉得你的文案“假大空”，就多用具体名词，少用或者不用抽象名词；如果用了抽象名词，就努力把它替换成具体名词。

为了让用户能够记住品牌，文案人也会绞尽脑汁，把抽象名词替换成具体名词。

- Olay 新生塑颜金纯面霜——大红瓶。
- 爱马仕 Birkin 30 鳄鱼皮铂金包——喜马拉雅。
- 馥蕾诗玫瑰润泽保湿双效睡眠面膜——鸳鸯锅面膜。
- MAC 口红 Chili 色号——子弹头小辣椒。

【分析】把复杂的产品型号和抽象的产品名称变成形象的、可视化的、贴近生活的词语，让用户一下子就能记住。

现在，该你了！

练习 你要推广一款运动鞋，其型号是 S789-11XF。这款鞋采用柔软中底，既稳固又轻盈。鞋子整体设计弯弯的，有点儿像月亮。如果让你来写文案，你会用什么具体名词替换 S789-11XF？

（3）如果一定要用抽象名词，就写具体些。

文案是可以不断优化的，有时候，我们以为自己写得已经很具体了，但仔细分析，其实还可以写得更具体。

还是以上文那句话为例。

这一次的成功，多亏大家的付出。

我们将其改成如下形式。

这一次的成功，多亏了策划部的冬冬、财务部的张姐、销售部的李明共同的付出。

虽然修改后的句子相对比较具体，但句子中的“付出”还是很抽象，还可以写得更具体。

这一次的成功，多亏了策划部的冬冬提供让甲方满意的方案、财务部张姐在预算上的鼎力支持，以及销售部的李明最后为公司谈下300万元的订单。

【分析】和最开始的句子对比，是不是觉得修改后的句子更有画面感，而且更真实、更亲切？

下面，我们再来看一个例子。

【原句】她在一家公司工作。

【分析】这句话没什么画面感。我们可以先把公司和工作写具体。

【修改后】她在北京一家有90名员工、做新媒体业务的公司里做文案工作，每天从早上9点开始上班，到晚上8点多才下班。

【分析】一个女孩在北京一家有90名员工的公司工作，每天起早贪黑，早上9点开始上班，晚上8点多才下班。你甚至会觉得，这个女孩是真实存在的，而且就在你身边。

画面感的优势，一是真诚，用户会觉得你讲的都是真实存在的东西；二是易懂，用户一看就能理解，而且看过之后印象深刻。如果你希望用户喜欢你的文案，记住你的品牌，就一定要用好具体名词。

综上所述，使用名词的三大技巧如下。

- 多用具体名词，少用或不用抽象名词。
- 当句子中出现抽象名词时，把它替换成具体名词。
- 如果一定要用抽象名词，就写具体些。

现在，该你了！

练习 把下面句子里的抽象名词替换成具体名词，无法替换的抽象名词请写得具体些。

“我家邻居特别让人讨厌。”

2. 动词——文章有活力的秘诀

动词就是表示动作的词，如跳、跑、吃、玩、洗等。动词可以让文案更生动，更有活力。

例如，汪曾祺先生的《豆腐》中就有巧妙运用动词的片段：香椿拌豆腐是拌豆腐里的上上品。嫩香椿头，芽叶未舒，颜色紫赤，嗅之香气扑鼻，入开水稍烫，梗叶转为碧绿，捞出，揉以细盐，候冷，切为碎末，与豆腐同拌（以南豆腐为佳），下香油数滴[①]。如此一来，让我们就能清晰地看到豆腐是如何变成一道美食的，画面感堪比美食纪录片。

另外，动词还是一篇文案传达情绪的主要推手。

① 汪曾祺，人间五味 [M]. 北京：人民文学出版社，2020.

下面我列举了 4 个句子，这些都是之前我写文案时用到动词的例子。阅读下列句子，你有没有被感染到？

有钱，来劲了！

【分析】把刚接到钱，特别有干劲的情绪表现出来了。

笑过之后，又忍不住心酸。

【分析】这一句话虽然没有前后文，但你或许能感受到当时强颜欢笑的无奈情绪。

你想要的生活，得自己去挣啊！

【分析】是不是有一种怒其不争的情绪在里面？

泡一杯清茶，捧一本小书，抬头看着家里干干净净、井井有条的样子。

【分析】收拾完屋子，看着自己的劳动成果，会产生一种喜悦感。这句话虽然没有刻意强调情绪，但很多人都说被这句话触动了——看完文章，脑海里就出现了那种"家里干净，自己悠闲"的画面，也想马上把屋子打扫得干干净净的。

你看，这就是动词的魅力。动词用得好，你也可以写出打动人心的文案！

另外，你知道吗？动词还是造就经典广告和金句的秘密武器。下面这些广告语和金句都是因为有动词才更生动。

- 娃哈哈纯净水，爱你等于爱自己。（娃哈哈广告语）
- 我们花了 2 年学会说话，却要花上 60 年学会闭嘴。（金句）
- 如果你不能接受最差的我，你就不配拥有最好的我。（金句）

很多品牌的广告都非常巧妙地运用了动词。当你不知道怎么写金句的时候，你可以去翻翻字典，找一些动词，说不定就有灵感了。

在这里，我给大家分享一下，我平时是怎么积累动词的。

一是看美食纪录片，如《人生一串》《舌尖上的中国》《川味》等。用文字描述美食，一定离不开精彩的动词。

二是读书，如汪曾祺的《五味》和金庸的小说等。那些特别善于运用文字的作家，都是使用动词的高手。

积累一定数量的动词后，就要开始练习用动词写出“画面感”了。在这里我也推荐两种练习方法，你有空的时候可以试一试。

一是描述电影。你可以找一部电影，把里面的情节用文字描述出来。

二是重写文案。你可以为某个美食纪录片重新写一段文案，再将其和原文案做比较。

这两种练习方法非常有效，如果你能坚持练习，那么你的文案写作水平一定会上一个台阶。

现在，该你了！

练习 将电影《楚门的世界》中时长为 2 分钟的任意情节用文字描述出来，同时，使用的动词不得少于 10 个。

3. 形容词——“被误会的好人”

很多文案老师会告诉你，千万不能用形容词，一用形容词，文案就容易空。这种说法其实有失偏颇，一个好的形容词比千百个名词、动词加在一起的效果都要好。

要了解什么是好的形容词，我们可以先了解什么是不好的形容词。

文案老师所说的不好的形容词，其实是性质形容词。所谓性质形容词，就是表示性质或者结论的形容词，如巨大的、美好的、高端的、大气的……但到底有多大，有多美好，你的脑海里是没有画面的。

为遵循画面感和情绪感优先的原则，性质形容词我们能不用就不用。但我们不能“一竿子打翻一船人”，写文案时，有一类形容词我们可以用，那就是状态形容词。

所谓状态形容词，顾名思义，就是表示状态的形容词，如离家出走的、面容枯槁的、毛茸茸的、惨白的……一提到这些形容词，我想你的脑海里可能已经有相关的画面了。

在这里，我总结了使用形容词的 3 点注意事项。

- 多用状态形容词，少用或不用性质形容词。
- 如果一定要用性质形容词，就写具体些。
- 如果一定要用性质形容词，请善用比喻。

我们用一个例子来练习一下。

【原句】她脸色不好。

【分析】“不好”是一个性质形容词，我们可以把它换成一个状态形容词。

【第一次修改】她脸色惨白。

【分析】是不是稍微好一点儿了？不过，句子还缺点儿味道。我们可以在后面加一个比喻句，使描写更具体。

【第二次修改】她脸色惨白，就像医院里的床单，干净却毫无生气。

【分析】这句话一下子就把她脸色不好、病恹恹的状态写出来了。

我们再来看一个例子。苹果公司在 1997 年发布了名为“非同凡想”（Think Different）的系列广告，其中一则广告由史蒂夫·乔布斯（Steve Jobs）亲自操刀。在这则广告里用了诸多状态形容词形容苹果公司的用户：疯狂、特立独行、桀骜不驯、惹是生非、格格不入、与众不同……这些状态形容词堆叠在一起，你的脑海里会出现一群非常张扬又自信的人的样子，这就是苹果公司的用户。

如果你也想成为他们中的一员，那么就购买苹果公司的产品吧。

接着乔布斯在广告中提到，你可以赞美他们，引用他们，反对他们，质疑他们，颂扬或诋毁他们，但唯独不能漠视他们。因为他们改变了事物。

这则广告也被称为苹果公司最伟大的广告之一，因为它曾经拯救了濒临破产的苹果公司。

现在，该你了！

练习 把下面这句话中的性质形容词，写得具体些。

“她个子很矮。”

4. 副词——文案的天使和魔鬼

副词也被人们误会已久。副词可以是文案的天使，也可以是文案的魔鬼。

我们常用的副词，一般有程度副词和方式副词。

程度副词是表示程度的副词，如很、特别、非常、太、十分、好、仅仅、还、才……

方式副词是表示方式的副词，如深沉地、粗心地、礼貌地、勇敢地……

程度副词是一篇文案传递情绪的主要推手！

【A 文案】我喜欢你。

【B 文案】我真的很喜欢你。

【分析】后者的情绪明显更强烈。

【A 文案】这个世界对胖子的恶意，我很清楚。

【B 文案】这个世界对胖子的恶意，我最清楚！

【分析】同样是副词，一字之差，效果就大相径庭。

【A 文案】我新买的裙子，不如她买的好看。

【B 文案】我新买的裙子，还不如她买的好看。

【分析】后者显露出了一种酸溜溜的感觉。

上述几个例子让我们看到了程度副词的作用。说完程度副词，我们再来看看方式副词。很多人喜欢用方式副词，觉得这样更有画面感，实际上，滥用方式副词会让内容变得累赘、拖沓。

例如，我很喜欢朱自清先生的《背影》，其中有这么一段话。

案例 1　《背影》

我说道：“爸爸，你走吧。”

他往车外看了看，说：“我买几个橘子去。你就在此地，不要走动。”

我看那边月台的栅栏外有几个卖东西的等着顾客。走到那边月台，须穿过铁道，须跳下去又爬上去。父亲是一个胖子，走过去自然要费事些。

我本来要去的，他不肯，只好让他去。

【分析】这段话没有用到一个方式副词，文字很短，情节简单，但把孩子的些许不耐烦和父亲深沉的爱展现得淋漓尽致。

如果在这段话里加上方式副词呢?

我不耐烦地说道:“爸爸,你走吧。”

他快速地往车外看了看,说:“我买几个橘子去。你就乖乖地在此地,不要走动。”

我焦急地看那边月台的栅栏外有几个卖东西的特意地等着顾客。快速地走到那边月台,须小心地穿过铁道,须勇敢地跳下去又吃力地爬上去。父亲是一个胖子,走过去自然要费事些。

我本来要去的,他不肯,只好让他去。

通过前后对比可以发现,加上方式副词之后,文章显得累赘、啰唆。我们写文案时一定要遵循能少写一个字就绝不多写的原则。所以,我们既要用好程度副词表达感情,又要提防方式副词拖慢文案节奏。

现在,该你了!

练习 请你琢磨程度副词的用法,给“赛西施美白面霜”写一段文案。

4.2 句子——文案的板块

《南方周末》分享过一个很经典的行文策略，叫作“一二三四，二二三四”。它的意思是，一篇文章有 4 种基本元素，分别是叙述、背景、描写和引语。记者在撰写稿子的时候，可以将这 4 种基本元素穿插使用，顺序可以是“一二三四”，也可以是“二二三四”，甚至可以是“二三二四”。

总之，你的文章不能都是叙述，也不能都是背景，必须写完一种元素后，立即接着写不同的元素。4 种基本元素穿插使用，文章才会有节奏感，读者阅读时才不会觉得疲惫。

一般新手记者刚去《南方周末》时，成熟记者会把一些经典文章打印出来，用不同的颜色标记这 4 种基本元素，让他们感受文章的美妙，然后总结背后的规律，最后让他们模仿练习。

相较于报纸上的文章，文案需要具备极强的画面感、情绪感和销售力，只有上面提到的 4 种基本元素可能就不够了。在原有的 4 种基本元素的基础上，我优化形成了自己的方法论——5C 表达法。C 是英文单词 Color 的首字母，5C 表达法就是用 5 种颜色的表达来完成一篇文案。

1. 5C 表达法

（1）蓝色——叙述。

叙述就是陈述一个事实或者现象。

- 她是一个学生。
- 我喜欢我们班的班花。
- 她怀了二胎，准备辞职了。

（2）绿色——描写。

描写主要包括场景描写和细节描写，其实就是内容更详细的陈述句。

- 她是一个 16 岁的女学生，身着蓝色 T 恤、白色短裙，穿着红色小皮鞋，特别可爱！
- 我喜欢我们班的班花，我对她的感情，就像夏天想吃冰淇淋，冬天想穿羽绒服，是每时每刻的思念，是每分每秒的喜欢。
- 她 33 岁，是一个不折不扣的女强人，公司里的大事、小事到她那里，都能被解决得漂漂亮亮的。今年她刚怀了二胎，居然准备辞职了。

（3）紫色——引语。

引语就是引用别人说的话。

- 隔壁王大姐说："她是一个学生。"
- "我喜欢我们班的班花。"同桌若无其事地说。
- 公司的前台跑来和我说："经理怀了二胎，准备辞职了。"

（4）黄色——议论。

议论就是表达一种观点。

- 她是一个学生，学生就得好好学习。
- 恋爱很美好，但不该早恋。
- 女人这一生，真正的贵人，其实是自己。

（5）红色——抒情。

抒情就是表达心里的想法。

- 我心里太苦了。
- 不公平！
- 凭什么？
- 好美啊！
- 太爽啦！
- 好难啊！

2. 用 5C 表达法写出漂亮的句子

5C 表达法和《南方周末》的“一二三四、二二三四”练习方法相似，也是穿插使用不同类型的句子。我们通过一个例子来了解这种方法的实际应用。

【原文】2019 年，电影《哪吒之魔童降世》上映了。该电影虽然对神话内容有所改编，却大受观众欢迎。由于制作精良、情节精彩，该电影口碑、票房双丰收。

【分析】这段文字把基本内容都讲清楚了，但你看完会不会觉得太无趣、没意思？如果我们穿插使用引语、描写、抒情、议论等句子，会发生什么呢？

案例 2　5C 表达法文案 1

2019 年，电影《哪吒之魔童降世》上映了。（**叙述**）

电影对神话内容有所改编，很多网友在看之前都说（**叙述**）：“乱改的能有多好看？”（**引语**）

但看之后，许多网友出乎意料地表示（**叙述**）：“好看！哪吒和敖丙好帅呀！”（**引语**）

电影票房首日过亿，5 天过 10 亿，超过爆款国漫《大圣归来》，成为中国动画电影票房冠军。（**叙述**）

这成绩，真的好牛！（**抒情**）

这不禁让人想问，为什么原先不被看好的“改编”，最后却实现了“逆袭”呢？（**引语**）

这份成功的背后，是整个制作团队长达 5 年的用心打磨。（**叙述**）

就拿剧本来说吧，为了达到完美效果，制作团队用了足足 2 年时间，修改了无数遍，光导演的电脑里就存了 66 个版本。（**描写**）

这部独具匠心的电影，值得每个人喜爱。（**议论**）

【分析】当你能够写出5种类型的句子，并且穿插使用时，你的文案就会变得丰富、多样，并且其可读性特别强！

我在写文案的时候，常使用5C表达法。我给大家看一下我使用5C表达法写的文案。

案例3　5C表达法文案2

北京太大了。（**抒情**）

在这个高手如云的地方，我的学历几乎不值一提。最可怕的是，这里的物价很高，押一付三的房租，压得我喘不过气来。（**叙述**）

我只能和刚毕业的几个女孩，挤在一间小平房里。我每天都不容易睡着，因为别人打呼、上厕所的声音，我全都听得一清二楚。

有一个月，我一咬牙花了10元钱吃了一碗牛肉面，然后就天天吃泡面，等着发工资了。（**描写**）

北漂太不容易了，我真的快要放弃了。（**抒情**）

“什么精彩人生，都滚一边去吧！”（**引词**）我在天桥，忍不住喊了出来。（**叙述**）

可是人生就是这样，在你真正到达目的地之前，路上会出现荆棘坎坷等你跨过。而后，你才能说出一个绝地反击的故事。（**议论**）

你可以用不同颜色的笔给上面这段文案标上颜色，标完之后，你可以看出颜色排序是“红蓝绿红紫蓝黄”。

另外，请注意一下标红和标黄的部分，你会发现，你的情绪就是在这两处被撩动的。由此可见，议论和抒情对一篇文案有多重要。

现在，该你了！

练习 请根据“二胎妈妈因为照顾不了大女儿的心情而被大女儿埋怨”的新闻，用 5C 表达法写一个完整的故事。

4.3 结构——文案的框架

一篇文案除了词语和句子，最重要的就是结构。写文案就像盖房子，搭好框架，整栋房子才会稳固。结构是一篇文案的框架，它决定了文案的内在逻辑是否合理。

常用的文案结构有 4 种：总分总式、并列式、对照式及递进式。

1. 总分总式

总分总式就是“先总后分再总”——先总述观点，再分别说明，最后进行总结。

例如，我之前写过一篇文案，主要讲说话对人的重要性。在开头，我先提出总的观点——好好说话对一个人很重要。接下来，我分 3 点来阐述说话对一个人的影响。

- 读书时，说话影响人际关系和答辩成绩。
- 工作时，说话影响工作业绩和工作心情。
- 恋爱时，说话影响两人的感情。

最后总结——反正每天都要说话，为什么不好好说呢？

你看，先搭框架，再往里填充内容，这样是不是就觉得文案并没有那么难写了？

再如，我之前写过一篇文案，主要讲时间管理对个人的影响。在开篇，我提出时间管理对个人影响重大的观点。接下来，我分 3 点来阐述时间管理对个人的影响。

- 时间管理对工作的影响。
- 时间管理对健康的影响。
- 时间管理对家庭的影响。

最后总结——时间管理对个人的方方面面都有影响，并倡导大家关注当下，管理好时间，让生活变得更加从容。

这就完成了一篇文案，是不是很容易？

写文案的时候，你要先保证逻辑和框架是清晰的，然后为证明每个观点配上一两个故事和金句，这样，一篇优质的文案就完成了。

现在，该你了！

练习 请你以“自信的女人最美”为主题，试写一段总分总式文案。

---

2. 并列式

并列式是列举针对同一个主题的不同角度的观点，然后并列讲述。例如：

以“让孩子吃这 3 种苦，是他们一生的福气”为主题来写文章，可以先提出让孩子吃苦的重要性，然后并列讲述 3 种吃苦方式。

以“当你撑不下去时，就去这 5 个地方看看吧”为主题来写文章，可以先提出撑不下去就去看一看，然后并列讲述 5 个地方的特点和对个人的影响。

以“2021 年，世界将发生的十大变化”为主题来写文章，可以先提出 2021 年世界会发生变化，然后并列讲述 10 个变化形态。

并列式的文案一般都会按数字逐条列出内容要点，你只需要提出一个方向，然后在这个方向下填充几个论点，就足以支撑一篇有说服力的文案，非常实用。

目前，许多微信公众号（如十点读书、有书等）的文章都会使用并列式。尤其是标题中带有数字的文章，很大概率是采用了并列式的写法，你在阅读时可以留意一下。

现在，该你了！

练习 请以“优秀父母必备的 5 个特质”为主题，试写一段并列式文案。

---

3. 对照式

对照式是指用正反观点、正反例子对照着来写文案。

对照式结构是我最钟爱的行文结构之一，因为这种结构的文案非常容易调动用户的情绪。

我之前给一个英语训练营写文案时就用了这种结构，当时该文案的阅读量超过了10万，转化数据也非常不错。我用这个例子跟大家讲解一下对照式文案的写作技巧。感兴趣的读者可以在微信公众号“十点课堂”搜索“女人这辈子，唯一靠得住的不是男人，不是钱，而是……”来查看原文。

首先，我在第一部分用美剧《了不起的麦瑟尔夫人》向大家展示了一个女人在面对困境时可以多么优雅、潇洒，我想告诉用户：女人一定要自强。这是正面例子。

接下来，我用另一个故事告诉用户，女人如果贪图安逸，结局会多么惨。这是反面例子。

最后，我用一系列的素材告诉用户：当你开始努力的时候，命运会如何眷顾你。这是正反对比后的观点。

一正一反，一个唱红脸，另一个唱白脸，让用户从心底里认可“女人要自强、要努力”的观点。

对照式文案写起来很容易，一正一反对比即可。用户看到正反例子的对比，自然会思考，这也会提高文案的转化率。

现在，该你了！

练习 请你以“读书决定一个人的命运”为主题，写一段1500字左右的对照式文案。文案要包括读书对个人的好处的两个例子，以及不读书对个人的坏处的两个例子。

4. 递进式

递进式，顾名思义，就是按照事物或事理发展规律及逻辑关系，层层递进地写。它是有效刺激用户购买欲望的秘密武器。

例如，我曾在一篇记忆法课程的文案写了如下内容。

案例 4　记忆法课程文案（节选）

前段时间，朋友圈流行一句话：人这辈子最重要的能力是记忆力。

我忍不住感慨，总算有人意识到这一点了。

因为，不管你的其他能力有多强，只要“记不住”，你所有的努力都会白费。

你辛辛苦苦看了 100 本书，到最后什么也记不住，这和没看有什么区别？

你过去吃了亏，可没多久就忘了教训，下次遇到同样的问题，不还是会吃亏？

你常常一听就懂，一学就会，而一用就“废了”，岂不是白学了？

不仅如此……

年纪越大，学习新事物的效率就越低。在生活和工作中，记性差往往会让你错失很多机会。

一开始，我提出“记忆力很重要”的观点，然后告诉用户记忆力不好有多吃亏。接下来，我继续深挖，告诉用户记忆力不好的话，不仅在小事上会吃亏，在大事上也会吃亏。

在这里，我把记忆力的重要性做了层层递进的论述，一点一点地拔高，到最后，情绪就升华了。

递进式结构的好处是，它能够一点一点地把用户带入你的文案中，用户的情绪会跟着你的文案走。

现在，该你了！

练习 请以“孩子成绩不好，父母有一半的责任”为主题，写一段400字左右的递进式文案。

4.4 总结

一篇文案一定是由词语、句子和段落组合而成的。所以词语、句子、段落是文案的3个基本要素。

常用的词语有4类，分别是名词、动词、形容词和副词。词语没有好坏之分，关键看你怎么用。所有的遣词造句，都是为画面感和情绪感服务的。

在一篇文案里，你可以使用5种不同类型的句子，分别是叙述、描写、引语、议论和抒情。这5种句子类型对应5种颜色，每一篇文案都是由这些不同类型的句子组成的，这种组合不同类型的句子的方法叫5C表达法。

写文案时，好的结构能让你的内容更清晰。你可以使用如下4种行文结构，分别是**总分总式、并列式、对照式和递进式。**

第 5 章

三大原则定好标题，吸引全部潜在用户

- 好标题意味着高营业收入
- 标题是最好的用户筛选器
- 起标题的三大原则
- 常见的销售文案标题类型
- 标题热点词库
- 总结

文案圈有一个大家都熟知的法则，叫 7 秒法则，意思是如果你的标题无法在 7 秒内吸引用户，那它就是失败的。

我之前有一个同事，他在文案标题上的用心，颠覆了我的认知。

有一次，他接到一个任务，要给一篇旧文案起一个新标题。如果是你，你会为它起多少个标题备选呢？

10 个？ 20 个？还是 50 个？

我这个同事，他足足起了 108 个标题！

“天道酬勤”这个道理，不论什么时候都不会过时。他起的新标题使这篇文案的阅读量创下了新高，也惊呆了我们所有人。

顺理成章地，他成了我们团队起标题的权威人士，我们给他起了个外号，叫“标题小王子”，所有他认可的标题，对应的文案的阅读量都不低。

5.1 好标题意味着高营业收入

好标题对文案的意义是什么？如果想不清楚这个问题，你是不会花几个小时反复推敲一个不到 20 字的标题的。

毫不夸张地说，一篇文案的标题完全能左右产品的销量。对于好的标题，用户愿意点击，文案看的人多了，即便转化率略低，产品销量应该也不错。反过来，对于不好的标题，用户连看都不想看，即便用户看了文案愿意购买，但因为打开文案的用户基数小，销量也好不到哪儿去。

我们来算笔账，你就知道好标题的力量了。

假设你把文案发在一个有1000万粉丝的微信公众号上，文案的整体转化率为2%，产品的单价为 99 元。

A 标题的打开率为 1%，那么阅读量 = 粉丝数 × 打开率，营业收入 = 阅读量 × 转化率 × 单价，也就是这篇文案带来了 1000 万 ×1%×2%×99 元 =19.8 万元的营业收入。

B 标题的打开率只比 A 标题的打开率高出 0.1%，我们用同样的公式进行计算，算出营业收入是 21.78 万元。

打开率仅仅差了 0.1%，营业收入却有 1.98 万元的差异。如果打开率高出 0.2%、0.5%，甚至 2% 呢？营业收入的差距就不是一星半点了。

记得我刚开始做文案工作时，文案写得一般，打开率低，转化率也低。按说我的文案只能上微信公众号次条。有一次，我写出了一个非常好的标题，后来这篇文案直接发在了微信公众号头条上，带来的产品销量也很可观。我当时非常庆幸自己想出了这个标题，因为写过微信公众号头条文案，就意味着你成了公司的金牌文案人，你以后的机会就会多很多。

不过，一个坏的标题也会毁了一篇好文案。

以我自己为例，我写过一篇文案，这篇文案的内容、转化率都没有问题，可惜的是，那几天我太忙了，没时间好好想标题，随便写了一个标题就发了。结果那篇文案的阅读量只有我使用正常水平的标题时的 1/4。这是我写文案以来为数不多的扑街文案。

看到太多跟标题有关的案例，我深知标题的重要性，所以每次动笔前，我都会想清楚标题的思路、方向，甚至有时候一篇文案已经审核通过了，我还会提出好几个备选标题跟编辑讨论。

在这里，我也提醒各位学习写文案的小伙伴，一定要多花一点儿时间在标题上。如果你辛辛苦苦写出来的文案只因为标题没起好，导致没有几个人阅读，那实在是太可惜了。

5.2 标题是最好的用户筛选器

标题可以吸引目标用户——吸引有需求，有改变意愿，有付费倾向的用户。

试想一下，你要卖一款去黑头产品，卖给什么样的人更容易？

- 有黑头的女生比没有黑头的女生更愿意买你的产品。
- 在意黑头的女生比不在意黑头的女生更愿意买你的产品。
- 愿意花钱的女生比不愿意花钱的女生更愿意买你的产品。

你的文案要写给那些更容易接受你的产品的人，怎么让她们看到你的文案？很简单，通过标题吸引她们打开文案，让她们相信，这篇文案里有她们想要的东西。

对症下药永远比卖力说服要简单。请让你的标题为你筛选出那些有黑头痛点的女生，筛选出那些更有可能购买你的产品的人。

文案的效果取决于两个因素，一个是阅读量，也就是有多少人看过你的文案；还有一个是转化率，也就是看过你的文案的人中，有多少人真正愿意掏钱购买你的产品。好的标题有可能提高文案的转化率，因为标题筛选出了更精准的用户。

例如，同一篇健身产品文案使用了两个不同的标题。

- 真正优秀的女人，都舍得对自己“狠”一点儿
- 这对夫妻的合照火了：你的身材，出卖了你的生活方式

你们觉得哪个标题的阅读量更高？

答案是，二者差不多。

那么销量呢？哪个标题带来的销量更好？

你可能也猜到了，第二个标题带来的销量更好。

同一篇文案，除了标题不同，没有做任何修改，第二个标题带来的销量是第一个标题的 3 倍！原因就是，第二个标题筛选出了更精准的用户。

再如，请看下面这两个标题。

- 别再挤黑头了，用它 3 分钟吸出一整年的黑头！
- 女生长黑头与不长黑头差距有多大？看看 ×× (某演员) 就知道了……

这两篇文案都是卖去黑头产品的，你觉得哪个标题带来的转化率更高？

答案当然是第一个标题。

因为第一个标题直接告诉用户这个产品可以帮其去黑头，而且可以“吸出一整年的黑头”。被这个标题吸引的人，一是有黑头烦恼的人，二是对产品感兴趣的人。换言之，因为这个标题看文案的人，大概率是会买产品的。

而第二个标题吸引的人可能就是出于好奇，想看看女生长黑头和不长黑头的差别在哪儿。因为第二个标题提到了某演员的名字，所以其也有可能吸引的是该演员的粉丝。她们对去黑头产品并没有什么兴趣。

当然，第二个标题也并非一无是处。这个标题设置了悬念，又有名人加持，而且从标题看，这篇文案不像广告，所以很多人会点开阅读。这样的话，它的阅读量可能会比第一个标题对应的文案的阅读量高。如果文案的阅读量足够高，哪怕其转化率一般，最终的销量也是可观的，因为销量 = 阅读量 × 转化率。

讲到这里，可能很多人会说，这也太难了，要考虑阅读量，又要考虑精准筛选用户，还要考虑转化率，到底该如何是好？

很简单，记住下面这个公式即可。

优秀的文案标题 = 高阅读量 + 高转化率

5.3 起标题的三大原则

如何同时获得高阅读量和高转化率呢？这就需要了解起标题的三大原则，分别是悬念、情绪和获得感。

这三大原则都是让用户愿意点开一个标题的原因，而其中获得感除了能够让用户愿意点进来，还有另一个作用，那就是一开始讲的——筛选出精准的用户，从而提高文案的转化率。

为了让大家明白这三大原则，下面我们通过几个例子来看一看爆款标题都是如何运用这三大原则的。

- 父母的有效期只有 10 年：你一定要给孩子的 7 种教育

【分析】前半句运用了悬念原则，用户看到前半句会好奇，为什么父母的有效期只有 10 年？因为好奇，所以用户会点进来看。后半句“你一定要给孩子的 7 种教育”运用了获得感原则，用户看到后半句，内心就会有期待，他们想了解到底需要给孩子哪 7 种教育。另外，虽然这个标题的情绪不是很明显，但用户可以隐约感觉到一种危机感。因为父母的有效期只有 10 年，实在太短了，用户想赶紧了解一下这是怎么回事。

- 你的脸到底有多脏？只用 20 秒，自己就可以检测！

【分析】首先，这个标题设置了一个悬念——你的脸到底有多脏？其次，利用“脏”这个未知的信息，引起用户的担心情绪。接下来，这个标题告诉用户，只用 20 秒就可以自己检测，让用户产生获得感。如果用户是一个关心自己脸部问题的女性，大概率会为了知道自己的脸有多脏，知道怎么检测，而点开这个标题。

- 你的聊天记录，暴露了你的情商！

【分析】这个标题的前半句，让用户看到后下意识地警觉。因为聊天记录是非常隐私且不可更改的信息。勾起用户情绪后，后半句引发用户的好奇，并且给到获得感，聊天记录具体如何暴露情商。

- 多少女人，都毁在自己的“上进心”上

【分析】上进心一直是褒义词，怎么会毁了女人呢？这是悬念。同时，这个标题有很强烈的情绪，一个“毁”字，让用户为有“上进心”的女人感到惋惜。

- 24 岁贵州女孩，两年在北京买房：对这个习惯上瘾后，人生简直赚翻了！

【分析】前半句设置了悬念——女孩才 24 岁，这么年轻，怎么可能两年就在北京买房？而且标题中提到“贵州女孩”，让用户觉得很真实。后半句短短一句话设置了两个悬念：到底什么习惯能让人上瘾？为什么上瘾后会让人生“赚翻”？另外，这个标题清晰地体现了获得感——有个习惯会让人赚翻，而且养成这个习惯一点儿都不痛苦，还会上瘾，赶紧去看看是什么吧。这个标题也暗含着情绪，“对这个习惯上瘾”“赚翻了”体现出一种人生赢家的感觉。这是一种笃定的情绪——肯定会发生，你也可以来试试。

分析以上 5 个标题，我们可以发现，好的标题不只是概括文案的意思，还需要有悬念、有情绪、有获得感。把这 3 个词换一种表达方式，那就是有趣、有感、有料。

了解了起标题的三大原则，接下来我们研究一下，如何利用这三大原则起一个好标题。

先来讲悬念，悬念大致分为两种：一种是反差引起的悬念，另一种是一句话不说完引起的悬念。

先来看反差引起的悬念，反差就是互相矛盾，有起伏变化。例如下面这几个标题，就非常好地利用了反差。

- 17 岁放弃清华北大，20 岁考上哈佛：她的人生，可以复制！
- 有哪些你以为的坏习惯，其实是好习惯?
- 一个人愿意讲诚信的时候，收益最大！

看看这几个标题，虽然说的是不同的人、不同的事，但模式是一样的。信息冲突，颠覆认知，结果出人意料。因为有反差，人们就会好奇，到底为什么会造成这样的结果?

起标题的时候，我们可以刻意制造反差，营造一种戏剧性。写之前，我们可以把文案中所有的关键词都找出来，然后把有反差的内容编辑整理出来。

例如，我曾经为某个文案课程写推广文案，当时用到的关键词有“山东女人”“月入近 2 万元”“发微信朋友圈赚钱”等。

我把这些词挑出来，标题就起好了：这群山东女人火了，靠微信月入近 2 万元。

“山东女人靠微信月入近 2 万元”，这是一种反差。因而这篇文案的阅读量不会太低。大家对这句话好奇，就会点开标题看文案。

另一种有悬念的标题是“说一半留一半”，让用户产生想要探究的愿望。这种标题通常比较简单。

- ×××（某演员的名字）素颜照曝光，48 岁美过 20 岁：这样保养，你就赢了！
- 上了北大才知道：这个底层能力，比努力重要 1000 倍
- 拉开人与人之间的差距的，不是智商，不是学历，而是……

这种只说了一半内容的标题，让人有想要了解全部内容的冲动，所以一般其打开率会比较高。

讲完悬念，再来讲情绪。标题中的情绪不是表达自己的感情，而是唤起用户的共鸣，也叫共情。

共情类标题的关键词有“扎心”、可惜、太爽了、太傻了、沉默了、太吃亏、哭了、被骂、亏了、丢脸、焦虑、输了、败给了、怒等。

下面列举了几个共情类标题，大家可以感受一下。

- 孩子，我不会再逼你写作业：99% 的父母看完都沉默了……

共情点：后悔、遗憾、自责。

- 自律第 30 天，我带全家怒减 × 斤：又美又瘦的女人，活得太爽了

共情点：励志、积极、爽。

- 35 岁的生活[①]，哪一句是真的？

共情点：自嘲、无奈、感叹生活不易。

- 结婚 5 年，离婚只用 5 小时：女人啊，千万别吃吵架的苦……

共情点：心疼、委屈、可惜。

要想起共情类标题，你需要有跟用户共情的能力，也就是说，你要能设身处地体会用户的感受。如果写育儿产品的文案，你要能理解父母带孩子的酸甜苦辣；如果写减肥产品的文案，你要能理解那些想减肥的人最关心什么，最在乎什么。

这种共情的能力不是靠一两句话就能说清楚的，你需要深入体验生活，注意观察，多接触不同身份的人，这样，你写出的文案才能打动人心。

最后，我们来看看，如何通过标题让用户产生获得感。

所谓获得感，其实就是告诉用户，这里有值得一看的内容。例如揭秘她不知道的真相，告诉她新的赚钱方式、变美方式、变瘦方法、教育孩子的方法等。

下面列举了几个能体现获得感的标题。

- 《都挺好》[②]没说破的真相：最会赚钱的女人，都有这种能力

获得感：找到学会赚钱的办法。

- 女人为什么一定要练字？这是我听过最好的答案

获得感：练字能带来意想不到的好处。

---

① 2022 年 9 月，汤臣倍健联合人民健康推出了《你好　35 岁》短视频，记录了 35 岁普通人的真实回答，引发了全网热议。

② 《都挺好》是 2019 年上映的一部电视剧，剧中讨论了原生家庭对一个人的影响。

- 做好这 3 件小事，帮你摆脱“低质量快乐”

获得感：摆脱低质量快乐，获得高品质生活。

为了让你的标题带给用户获得感，你可以直接把产品的好处列举出来。

如果你卖的是护肤产品，那么你可以写“36 岁的年龄，18 岁的脸：越活越美的女人，都有这个保养习惯”。用户一看就能明白，看了这篇文案，自己能找到变美的秘诀。

如果你卖的是课程，例如讲解《红楼梦》的课程，你可以写“《红楼梦》里的这个道理，女人越早知道越好（20 ～ 50 岁珍藏）”。

如果你卖的是日常实用型产品，你可以直接把产品最亮眼的功效写出来，例如“舒服到不想脱的神仙内衣，不到 30 元还包邮”等。

关于如何写让用户有获得感的标题，我总结了一句话，叫“不看广告，看疗效”。这里的“疗效”，就是你的产品能带给用户的实打实的好处。

5.4 常见的销售文案标题类型

写文案看起来是一项创意性工作，实际上，一些固定的写作套路会帮助我们较容易地写出比较受欢迎的文案。

例如一般的销售文案，其标题前半句吸睛，以确保阅读量；后半句吸金，以确保转化率。

- 甩肉 52 斤后，她成了最受人嫉妒的女人：你的身材，就是你的实力

【分析】因为用户都有猎奇心理，想看看她怎么甩肉 52 斤，如何成为最受人嫉妒的女人，所以很多用户看到前半句，都愿意点开这个标题，看看文案到底说了什么。后半句“你的身材，就是你的实力”告诉用户这篇文案是讲身材的，可以筛选、吸引

那些对身材比较关注的用户。

- 一场离婚，我赔了 20 万元：婚姻里的这个道理，你越早知道越好！

【分析】同样的原理，前半句用“一场离婚，我赔了 20 万元”这样的故事，吸引用户点开标题。后半句“婚姻里的这个道理，你越早知道越好”则告诉用户这篇文案是讲婚姻的。而且这个句子明确了获得感——一定要早点知道这个道理。

- 《都挺好》苏明玉：会说话的女人，一开口就赢了。

【分析】虽然前半句只是一个剧名和一个人名，但《都挺好》是当时的热播剧，也是大家讨论的热点，标题中有这样的内容，自然就能吸引流量。后半句“会说话的女人”非常精准地吸引了想学说话的女性用户，“一开口就赢了”给了用户明确的获得感。

你可以说这种“前半句吸睛，后半句吸金”的标题用了套路，但这种套路特别有效。而且因为这种标题写起来比较容易，连文案新手都能很快掌握，所以这种标题特别常见。对于这种标题，有时候，用户即便知道是套路，也会打开，也会受文案的影响。

除了这种组合型的标题，有时候，我们会把吸睛和吸金功能都融入一句话里。这种一句话标题更直接，也更有说服力。

下面列举了几个标题，我们一起分析一下这些标题好在哪里。

- 7 张真实的对比照告诉你，女人为什么一定要减肥?

【分析】该标题虽然也是“前半句 + 后半句”的组合，但整个标题说的是一件事，给人的感觉不是割裂的。该标题用“对比照”和问句引起用户的好奇心，用“减肥”这一关键词筛选目标用户。

- 实不相瞒，我的副业收入是我的工资的 5 倍

【分析】“实不相瞒”有种自揭真相的意思，会引起用户的好奇心。“我的副业收入是我的工资的 5 倍”既能吸引用户关注，也是引导用户购买的吸金点。

- 真正高情商的女人，都有这 12 个说话习惯（20 ～ 45 岁请收藏）

【分析】看完标题，你一定很好奇真正的高情商女人的说话习惯到底是什么样的？后半句“12 个说话习惯”非常明确地告诉目标用户，这个方法是很简单的，也是可以学会的。

- 别再乱洗脸了！这款洗面奶中的爱马仕，让你 30 秒爱上洗脸！

【分析】前半句用告诫的语气吸引用户注意，后半句用产品效果和品牌背书筛选对这款洗面奶感兴趣的用户。

标题主要有两种类型，一种是组合型，另一种是单体型。理解了这两种标题的内在逻辑，你会发现，其他各种类型的标题都是在这两种类型的标题的基础上演化而来的。所谓万变不离其宗，在这两种类型的标题的基础上，能衍生出更多的标题形式。

- 知乎问句体：“如何优雅地变老？”“毕业一年，如何月入 10 万元？”“生而为人，什么才是最重要的？”等。
- 数字列举体：“人生下半场，一定要坚持的 10 件事”“一个人低情商的 5 种表现，现在知道还不晚”“生而为人，一定要懂的 3 个人生哲理”等。
- 新闻热点体：“电视台曝光了！售价 3980 元，成本价 80 元，你被坑过吗？”“女教师 10 字辞职信爆红：世界那么大，我想去看看！”等。
- 观点金句体：“做一个手心向下的女人”“成年人顶级的自律，是克制纠正他人的欲望”等。
- 直接效果体：“老牌除湿机，除湿能力超强，干衣快，高颜值，很安静！”“300 元出头，煎炸蒸煮炒样样行，这个电热锅超值啊！”等。

如果你有兴趣，你可以收集各种文案标题，继续总结标题形式。你会发现，标题形式只是外壳，真正影响用户点击率的还是标题内容。

5.5 标题热点词库

写文案写久了，你可能会发现一个规律：虽然标题看起来多种多样，但是标题中常用的词就那么几个。

下面是我总结的标题热点词库。

- 揭秘类：大结局、真相、藏着、潜规则、才知道、才明白、才懂、看清、原来、暴露等。
- 程度类：永远、新、好、该、真的、千万、别、太、就、更重要等。
- 转折类：却、才是、又、只是、而是、只因、不过、难怪等。
- 流量类：火了、走红、爆红、翻红、又红了、热议、（上）热搜、刷屏、刷爆、（大）曝光、被爆等。
- 身份类：闺密、男人、女人、同事、老公、婆婆、女儿、女教授、女博士等。
- 微信类：微信、朋友圈、拉黑、聊天记录、聊天截图等。
- 照片类：合照、近照、旧照等。
- 数字类：1、3、7、9、99、10、100、1000（单位：小时、月、倍、%）等。
- 反差类：意外、人设崩塌、废掉、忽视、惊呆、堪比等。
- 情感类：婚姻、死心塌地、男人眼中、吸引、离婚、夫妻等。
- 情绪类：扎心、可惜、太爽了、太傻了、沉默了、太吃亏、哭了、被骂、亏了、丢脸、被激怒等。
- 权威类：北大、哈佛、央视、协和、知乎高赞、豆瓣高分等。
- 获得感类：细节、习惯、（拉开）差距、人性、真相、自律、高情商、优秀的人、三观等。
- 藏一半：这个、这一点、这种、这 3 种等。
- 加持类：必看、值得收藏、25 ～ 45 岁必看、强烈推荐、强推等。
- 其他类：当年的年份（如 2021 年）、名人、人生、颜值、气质等。

这些标题热点词怎么用呢？很简单，我们通过一个例子来体会一下。

- ×××（有影响力的人物的名字）实力意外曝光：优秀的人都有这个习惯，只可惜 99% 的人都忽视了！（值得收藏）

【分析】这个标题用到的标题热点词有实力、意外、曝光、优秀的人、都有、这个、习惯、可惜、99%、忽视、值得收藏。另外，还有名人名字的加持。

你会发现，用得好的话，词库里的标题热点词就可以组成一个标题。不过这只是我的标题热点词库，如果你打算从事文案工作，那么从现在开始，你就可以留心收集、整理自己的标题热点词库了。

也许有人会有疑问，标题热点词真的这么好用吗？

我会回答：是的，好用，屡试不爽。

例如，我接手过一篇文案，它之前的标题如下。

混乱之后，下面这些行业可能蕴含赚钱的机会

我当时就判断，如果改个标题，这篇文案的阅读量会有很大的提升空间。于是，我用了标题热点词库里的词，把标题改成如下形式。

2020 年这一年，13 个最可能爆发的赚钱行业！（强烈推荐）

结果是，这篇文案带来的销量是之前的 2 倍，直接破了销售记录。

这就是标题热点词的魅力，它能吸引用户的关注，引导用户的思维，也能帮助商家顺利地销售产品。

当然，简单组合标题热点词并不是写标题的常用方法，一般来说，文案标题的生产流程如下。

（1）拟定 3 ～ 5 个备选标题。

（2）忘掉标题，埋头写文案。

（3）从文案中提炼出具有反差、能吸引用户注意力、能带动用户情绪的关键词。

（4）通过各种渠道[①]搜索其他爆款标题作为参考，启发思维。

① 常用的搜索标题的工具（或平台）有新榜、号内搜、西瓜数据、搜狗搜索、微信搜一搜等。

（5）再次拟定不同类型的标题。

（6）排列组合，讨论，投票选择。

现在，该你了！

练习 分析以下 3 个标题，说出它们分别用了哪些技巧和原理。

- 只有高情商的人才懂的 36 个说话习惯（建议永久收藏）
- 从现在起，你要停止对自己做的 18 件事（值得收藏）
- 我跟上千对夫妻聊过婚姻：给已婚和准备结婚的你 18 个无价忠告

5.6 总结

文案的标题决定了用户会不会打开这篇文案，所以标题对于文案来说至关重要。除此之外，标题还会影响营业收入。

营业收入 = 粉丝数 × 打开率 × 转化率 × 单价

好标题除了能吸引用户之外，还有 3 个作用，分别是提高阅读量、筛选用户、降低说服成本。

什么样的标题才算优秀的文案标题呢？它必须满足两个条件，分别是高阅读量和高转化率。

为了写好标题，你可以使用3个起标题的原则：悬念、情绪、获得感。

为了让你更好地理解起标题的原理，我们一起分析了多个经典标题。最后，本书还为你提供了标题热点词库和示例，希望帮助你快速获得你的第一个标题。

关于如何起标题，你学会了吗？

第 6 章

怎么写出使转化率翻倍的开头

- 好的开头可以留住用户
- 好的开头可以关联产品
- 好的开头可以“撩拨”情绪
- 5 种常用的开头类型
- 总结

我问过那些做文案工作的朋友，写文案最难的地方在哪儿，几乎所有人的回答都指向一个地方，那就是开头。他们都觉得写开头太费劲了，有时候为了写一个让自己满意的开头，要花上一两天的时间。

真的有必要花那么多时间写一个开头吗？或者说，写一个优秀的开头真的需要花上那么多的时间吗？

对于第一个问题，我会毫不犹豫地跟大家站在同一边。一个好的开头太重要了。开头写不好，用户就不愿意看下去，后面写得再好也没用。

对于第二个问题，我倒是持保留态度。以我自己为例。2019 年春节期间，我写了一篇文案，临发布前 10 分钟，我突然有了一个新想法，我跟负责发布文案的同事说："我要改开头。"当时所有的人都觉得我疯了，因为 10 分钟根本不可能重写一个开头，就是写完了效果也不会太好。

但是我坚信我能写出来，而且改完开头后效果应该更好。于是就在那 10 分钟里，我写出了一个全新的开头。后来该文案的数据证明了我的判断，新的开头带来了不错的阅读量和销售量。

我讲这个故事是想告诉大家，开头很重要，但写开头并不可怕。只要找对方法，你一样可以快速写出好的开头。

6.1 好的开头可以留住用户

开头就是文案最前面的一段话，为什么单单一个开头就能够影响阅读量和转化率呢？

原因其实很简单，如果用户连开头都读不下去，你后面写得再好他们都不会看，更别指望他们会下单买你的产品了。

反过来说，如果用户能顺着开头把文案看完，就更可能付费购买你的产品。

休格曼在《文案训练手册》一书中提出了著名的“滑梯理论”。他指出，一篇文案的第一句话的目的是让用户读第二句话；第二句话的目的是让用户读第三句话；第三句话的目的是让用户读第四句话，以此类推，最终的目的是让用户看完整篇文案。[①]

所以，我们有个很形象的比喻，一篇好的文案就像是带着用户坐滑梯一样，从开头到结束，一路平滑顺畅，一口气滑到底。

那么，怎样才能让用户看文案看到停不下来呢？你不可能一直说“别走开，后面更精彩”吧。

好文案能留住用户的秘诀是设置“阅读钩子”。所谓阅读钩子，就是用文字的方式设置悬念或者能调动用户好奇心的东西，这样用户就想一直了解下去，当他被你的第一个、第二个、第三个，甚至更多的阅读钩子勾住后，他就会老老实实地跟着你的节奏，了解文案的全部内容。

接下来，我会带你认识 3 种常见的阅读钩子，分别是提问、悬念和预告。通过这 3 种钩子，你就能体会为什么好的文案可以留住用户，让他欲罢不能，一读就停不下来。

第一种阅读钩子——提问

人类天然喜欢回答问题，看到问题就忍不住去思考并找寻答案。所以，只要文案

① 约瑟夫·休格曼. 文案训练手册 [M]. 紫苏，张晓丽，译. 北京：中信出版社，2011.

能提出好的问题，用户就会一直被勾住，一直跟着你的思路往下走。在 1993 年举办的大专辩论会决赛上，最佳辩手蒋昌建作为四辩的总结陈词，就是一则非常典型的提问式文案。

如果你做过辩论赛的观众，你一定会有这种感觉——公说公有理，婆说婆有理。在辩论中，当一方陈述完观点，你刚被说服时，接下来的那一方须得马上把你“调离”对方的观点。比较直接、好用的方法就是提问。在该辩论赛中，蒋昌建是这样提问的：“对方多次问我们人性怎么样？人性怎么样？始终没有问我们人性本怎么样？我想请问对方，人性是什么和人性本是什么是同样的一个概念吗？”你看，当面对这个问题时，你是不是开始怀疑你之前认可的观点了？你是不是不由自主地停下来思考蒋昌建的提问？

提问的效果有多好呢？举个例子，你已经看了近 10 分钟的电视广告，这些无聊的广告让你昏昏欲睡。突然，一则广告播道：“你知道，这个时代除了懂电脑、会驾驶、通英语，最重要的能力是什么吗？”你的思绪是不是立刻被“拉”回来了？蒋昌建在辩论中的提问，起的就是这个作用。

当然，辩论中除了“抓住”观众的注意力，最重要的还是说服观众。所以针对辩方善花里面如何结出恶果的回答，蒋昌建依然采用提问的方式问道：“大家都承蒙这个阳光雨露的话，为何有那么多罪行在这个世界呢？”“难道这个水，那个肥还情有独钟吗？”“为何要跟恶的人作一个潇洒的‘吻别’呢？”

蒋昌建其实没有讲什么大道理，反而一直在提问，然后通过解答问题，层层暗示结论。

为什么要用这么多问句呢？因为他很清楚，讲道理你也不会听，只有不断提问，才能带动你进行思考，这样水到渠成，他的结论才能走进你的心里。

我总结了文案里常见的问句，你是否曾经看到过类似这样的句子？

- 你可能会奇怪，她一个月的工资才 2000 元，怎么买得起 5000 元的大牌护肤品？其实……

- 你可能会说：“不对呀，领导明明不是这么说的，为什么……”
- 到底应该怎么做才能 3 个月瘦 20 斤？答案很简单……
- 问题来了，如何才能月入过万？我给你 3 个办法……
- 领导说这句话是什么意思呢？其实不就是……
- 你可能又有疑问了，如果没效果怎么办呢？
- 说到这里，你肯定会问，为什么产品的品质那么好，价格却这么低？
- 为什么呢？因为……
- 什么叫……？就是……

如果透过现象看本质，你会发现，其实文案中的问题并不是真正的问题，它就是促使你思考的阅读钩子，旨在把你的好奇心勾出来，把你的疑惑勾出来。它在告诉你：“想了解吗？继续看吧，后面就有答案。”

第二种阅读钩子——悬念

有一部漫画叫《名侦探柯南》，这部漫画从 1994 年开始连载，到现在已经 20 多年了。为什么一个虚构的故事，读者能追 20 多年？不是别的原因，就是因为每一集都有悬念。凶手到底是谁？他是怎么作案的？他为啥要这么做？柯南会怎么破案？一系列的悬念弄得读者心痒痒的，非把这一集看完不可。

你以为这就完了吗？每一集快结束的时候，结尾还会有零零碎碎的、充满悬念的情节，想知道结果吗？下星期更新，千万别错过。

就这样一个简单的策略，《名侦探柯南》勾住了用户 20 多年。我们写文案的时候不指望把用户勾住 20 多年，只要勾着他们，让他们认真读完一篇文案，就已经很了不起了。

怎么样才能制造悬念呢？在写作中，要想制造悬念，有两种常用的方法。

（1）说一半留一半。

这种方法常用于影视剧。例如，《名侦探柯南》告诉你线索，但不告诉你案件是怎么发生的；《还珠格格》告诉你假格格小燕子进宫了，但不告诉你真格格紫薇该怎么办；《哪吒之魔童降世》告诉你 3 年后哪吒会因天劫咒而死，但不告诉你他是如何逃过这一劫的……想知道答案吗？你只能接着往下看。

（2）制造反差。

反差可以颠覆你原有的认知，让你好奇到底是为什么。

- 年入千万元的“霸道”总裁，每天是坐公交车上班的。
- 月薪 2000 元的小伙，在上海全款买了一套房。
- 粥和面条真的养胃吗？小心胃胀更严重。
- 每天敷面膜，一个月后脸烂了。

好奇吗？想知道真实的原因吗？把文案看完，你就能找到答案。

以上这两种方法都可以应用到文案中。下面这些句子是我从我写的文案中挑选出来的，你可以识别一下，看看哪些句子用的是说一半留一半的方法，哪些句子用的是制造反差的方法。

- 虽然美食不断，不过我的体重还是连续 10 年保持在 45 公斤。

【分析】为什么天天都在吃美食，还能 10 年都保持 45 公斤呢？

- 别看我现在还算瘦，其实我曾经也胖过，胖到不堪回首。背后的辛酸，难以言喻。

【分析】曾经胖成什么样了？为什么心酸？中间发生了什么？

- 表彰大会那天，台下掌声不断。我胸前戴着大红花，满心欢喜地上台领奖，却无意间听到老师们正在一旁闲聊。

【分析】老师们为什么闲聊？他们到底在闲聊什么？

- 高考前体检时，我往体重计上一站，立刻有男生惊呼……

【分析】男生惊呼什么呢？

- 快放弃的时候，我无意间在书里看到这样一句话……

【分析】到底是什么话？

- “8 分吃”“易瘦体质”这两个词就像钩子一样勾住了我。

【分析】这两个词是什么意思？这两个词为什么会勾住我？

- 原来长胖不是因为我吃得多，而是因为吃得不对啊！

【分析】哪里吃得不对？

- 和她们聊完后，我发现很多人都陷入了关于减脂餐的误区……

【分析】误区到底是什么呢？

其实，上面这些句子来自同一篇文案。写这篇文案的时候，我每隔几行就会设置一个悬念，用户为了知道真相，就会一直往下读。这就是前面说的，用一个接一个的悬念勾住用户。

第三种阅读钩子——预告

我们平时经常看见预告。例如每次看综艺节目，一到广告时间，主持人就会说："广告之后更精彩。"以前的说书人，每到关键时刻就会说："欲知后事如何，请听下回分解。"这些都是预告，为了让你对接下来的内容有所期待。我平时写文案，也会经常使用预告的技巧。

我曾经给刘墉老师的课程写过一篇文案，该文案就使用了预告的方法。

大家都是第一次做父母，可他是怎么做到的？听听刘墉这位老父亲的内心独白，或许就能知道答案。

【分析】我们都知道刘墉老师是著名作家，也看过他写的哲理散文，但我们很少听他以父亲的身份介绍经验，所以这里的预告就很吸引人。

类似地，当我想让大家对我介绍的人物感兴趣时，我也会用到预告的方法。

如果你也对这个神秘的群体感兴趣，也想每个月在家多赚3000～20000元的兼职收入，听听这个人的故事，或许会对你有所启发。

【分析】先介绍这个群体有多神奇，再预告接下来出场的人物。

我身边刚好就有这样一个高情商、会说话的女人。讲真，我太想让你认识她了。接下来的内容，就来自她的自述。

【分析】先介绍这个人物的特殊身份，再引出她的自述。

这个计划关乎阅读，关乎成长，关乎公益，关乎友谊，还关乎实实在在的10万元的奖励。如果你对其中一个方面感兴趣，不妨花3分钟，了解一下这个计划。反正看了也没什么损失。

【分析】先介绍这个计划有多好，吊起胃口，然后预告接下来呈现的内容。

问问题、埋悬念、发预告就是写文案时常用的3种阅读钩子。只要你使用得当，不但你的开头会吸引人，而且你的整篇文案都会牢牢地抓住用户。

6.2 好的开头可以关联产品

好的开头能留住用户，这一点很好懂，但是光留住用户还不行，如果用户只是被文案吸引，这并没有达到文案的目的。说到底，文案的目的是卖货。

那是不是说文案要先吸引用户，最后再卖货呢?

网上的确有很多这种类型的广告文案：前面讲了一个非常有趣的故事，在文案结尾的地方突然引入广告。这种形式的广告被称为“神转折广告”。有不少人很推崇这种广告形式。

但在我看来，这种广告的效果并不好。开始的时候，用户会觉得“神转折广告”出人意料，很有意思，但是看得多了，用户会觉得前面的内容和广告是没有关系的，会有一种上当受骗的感觉。即便有的用户没觉得被骗，他们也只会把这种文案当成一种娱乐，而不会真的被广告信息影响。

说到广告和娱乐的关系，美国著名的文案撰稿人克劳德·霍普金斯（Claude Hopkins）曾说过这样一句话，“广告不是用来娱乐大众的。如果广告变成娱乐，它将会吸引想被娱乐的对象，而不是你期待的消费者”。

广告文案的目标是卖货，留住用户，让其往下读是为了让他下单。所以为了更好地成交，也为了不在后面“神转折”得罪用户，不如从一开始就让用户在潜意识里接受你即将要推广的产品。

当然，我的意思不是要你开头第一句话就直接推广产品，这样很容易把用户吓跑，你要做的是用文案关联你的产品。

- 一款女性高跟鞋，可以关联哪些关键词？精致、优雅、约会、职场、品位……
- 一款砧板，可以关联哪些关键词？妈妈、厨房、卫生、做饭、健康……
- 一款音响，可以关联哪些关键词？优美、生活、品味、乐趣、独处……

找到关联点，在这个点上做文章就好了。

有一次，我准备为一款收纳产品写文案，当时正好是年前，我想到的可以关联的关键词有“干净”“舒服”“过年打扫”“新年新气象”等。我稍微思考了一下，结合这几个关键词，完成了一段充满年味和充满对美好生活的向往的开头。

案例 1　收纳产品的文案（节选）

民间有句俗语：年二十八，洗邋遢。

中国人讲究风俗，年前大扫除，把旧年的晦气和污秽清除干净，来年才会顺风顺水。

找一个阳光正好的下午，将客厅的地板拖干净，将窗户也细细擦净。

将家里的小东西挨个归置整齐，为卧室换一套干净的床单被套，最后在茶几上插几朵新买的鲜花，就算是大功告成。

泡一杯清茶，捧一本小书，抬头看着家里干干净净、井井有条的样子。细细品味自己的劳动成果，心情也不自觉跟着喜悦起来。

【分析】看完这段文字，或许你的脑海里已经开始有打扫卫生的想法了。接下来，我讲任何关于收纳、打扫的话语，甚至推广产品，都在你的预料之中。

从一开始就锁定用户的心智，这是关联产品最大的作用。一旦关联成功，之后你再推广产品，用户就不会排斥，推广的效果也会事半功倍。

6.3 好的开头可以“撩拨”情绪

除了吸引用户、关联产品，好的开头还可以“撩拨”用户的情绪。

说到“撩拨”，很多人会觉得这个词用在这里不恰当。其实，优质的文案的确可以“撩拨”用户的情绪。很多时候，推动用户最终下单的，不是产品本身，而是用户被文案所触动的情绪。

很多时候，人的购买行为是非理性的，也就是人们常说的“头脑一热就买了”。以我为例，几年前，有一款手机上市，价格是3000多元，当时我一个月的工资才8000多元，按说我会慎重考虑一下，但我看到广告直接就买了，一点儿都不心疼。原因你可能想不到，就是这款手机的代言人是我最喜欢的艺人。我喜欢，我冲动，就是这么简单。

其实，很多人购买产品的原因也都是这样的，可能是喜欢产品的代言人，也可能是广告中的一句话触动了他，或者是广告描述的某个场景正好符合他想象中的样子。

从用户的角度来看，这叫作冲动消费；但从商家的角度来看，用户每一次冲动消费都是商家精心策划的结果。如何用广告打动用户，如何让用户爽快地掏钱，这是商家最希望搞清楚的。

我们经常会说冲动下单、冲动消费，是什么让我们冲动的呢？很简单，就是我们自己的情绪。

关于怎么“撩拨”用户的情绪，我会在第9章进行详细介绍。

6.4 5 种常用的开头类型

讲完了开头的 3 个作用，接下来，你就要面临一个很现实的问题，那就是到底要怎么写开头。

每个人写开头的方法不尽相同。例如，有人会以故事开头，有人会以金句开头，有人会以大家关注的新闻开头等。我在这里想推荐给大家的方法比这些都简单，那就是套用模板写开头。

模板也叫写作套路，它是一种固定的格式，按照格式套用，就可以写出还不错的文案。在这里，我总结了 5 种常用的开头类型，大家可以研究借鉴。

1. 问题型开头

问题型开头，顾名思义，就是用一个问题作为开头。提问题看似简单，但想写好问题型开头并不容易，你必须想好，你的问题是否“扎心”，能不能引发用户的好奇心。

下面列举了几个我用过的问题型开头。

- 知乎上有一个问题：人这辈子如果可以立马学会一个技能，你最想学什么?
- 网上曾有一个很火的问题：什么能力能让生活过得很爽，但大家又羞于使用呢?
- 哪一瞬间让你突然意识到人际关系的重要性?
- 女人 30 岁，赋闲在家多年，再重新出来找工作难吗?
- 真正的美人是什么样的?

问题型开头的好处是显而易见的，其第一句话就能牢牢抓住用户的注意力，让用户一直跟着你的思路走。

常用的问题型开头有以下几种结构。

- 问题 + 回答 + 素材。
- 问题 + 观点。
- 问题 + 素材。
- 问题 + 回答 + 素材 + 观点。

这里的素材可以是故事、新闻、影视剧，以及任何可以辅助写开头的资料。下面这段文案采用的就是“问题 + 回答 + 素材 + 观点”的结构。

（**问题**）知乎上有一个很火的问题：初入职场，可以做什么副业赚钱？

（**回答**）底下有个回答让我印象深刻：提升自我。

（**故事素材**）朋友张梅的观点和答主不谋而合。她刚毕业那会儿，每月工资就 2000 多元。身边的人都忙着找副业赚钱，可她呢，不但不跟着做，每个月还使劲花钱，说是要学习。

张梅说：“大家想做副业，无非是想多赚点儿钱。可对于职场新人，你能做的副业并不多，就算运气好找到了合适的副业，你能拿到的薪酬也少得可怜。”

（**观点**）与其花时间去做低回报的副业，还不如静下心来提升自己。投资自己的回报，远比做副业高多了。

（**故事素材**）后来事实也确如张梅所说，她靠着下班时间充的电，在职场上一路顺风顺水。短短 3 年时间，她的薪资就涨了 4 倍，成了大家口中“逆袭”的典范……

下面我们再看两个例子，了解一下“问题 + 回答 + 素材”的结构。

（**问题**）前两天，朋友一句话把我问懵了——你有多久没读完一本书了？

（**回答**）1 年、2 年，还是 5 年？我都忘了上一次看书是什么时候了。

（**素材**）记得上大学的时候，我其实……

（**问题**）问个问题：一个出生于普通家庭，没钱又没背景的贵州大山里的女孩，想在北京这样的大城市买房、立足，需要多少年？

（**回答**）我的答案是 2 年。

（**素材**）这听起来或许不可思议，却是事实……

现在，该你了！

练习 假设你现在要给一款家用蛋糕机写文案，请你按“问题 + 回答 + 素材”的结构写出开头。

（问题）____

（回答）____

（素材）____

2. 观点型开头

开篇除了提问题，你还可以先抛出一个观点，然后顺着观点进行解释。这也是目前文案圈常用的一种开头类型。

下面是我之前写的几个观点型开头文案，大家可以感受一下。

（**观点**）卡尔·纽波特在《深度工作》中说过一句话，“在这个时代，智商、情商已经不是最重要的，真正稀缺的是专注力”①。

我深以为然。

（**观点**）最近听闻一句话：真正的高情商，是让人相处起来舒服。

我不明觉厉②。

① 卡尔·纽波特. 深度工作：如何有效使用每一点脑力 [M]. 宋伟，译. 南昌：江西人民出版社，2017 年。

② 网络用语，意为虽然不明白对方在说什么、做什么，但是感觉对方很厉害的样子。

的确，那些我们喜欢的人，不一定有多聪明，也不一定多会说话，但一定是让我们觉得相处起来很舒服的人。

（**观点**）很久之前，一位身价千万元的前辈和我说过一句话：“一个人最大的底牌，莫过于人品二字。”

我至今印象深刻。

观点型开头其实并不难写，把自己的观点写出来即可。你的观点可以是你听到的一句话，可以是你读过的书里的句子，也可以是名人名言等。

但我必须告诉你，观点型开头写起来容易，但写好很难。如果你的观点是老生常谈，完全没有新意，那么用户很有可能看完第一句话就不想看了。

怎么解决这个问题呢？我的建议是，平时你可以多看看网上的文章，多记录一些有启发性的观点。还是那句话，我们写文案时有一个有利条件，那就是所有的爆款文章都可以用销售文案的形式再写一次。

观点型开头的结构，可以分为以下几种。

- 观点 + 感受 + 对观点的理解
- 观点 + 对观点的理解
- 观点 + 感受 + 素材
- 观点 + 素材

下面列举了两个运用“观点 + 感受 + 素材”结构开头的文案，我们一起感受一下。

（**观点**）曾听过一句话：真正聪明的女人都很懒。

（**感受**）朋友玲玲的经历，更加让我相信这一点。

（**素材**）3 年前，玲玲刚结婚……

（**观点**）忘了在哪本书上看到过一句话：“愧疚感”会毁掉你的人际关系。

（**感受**）一开始我还不懂，直到 2 年前和好友差点决裂，我才明白其中真意。

（**素材**）那时候……

现在，该你了！

练习 假设你现在要给一款除湿机写文案，请你按“观点 + 感受 + 素材”的结构写出开头。

（观点）________________________________

（感受）________________________________

（素材）________________________________

3. 对比型开头

对比型开头就是在开篇同时列举两种不同的观点或者状态，通过对比，引发用户思考，从而引出结论。

我们先来看一个简单的对比型开头。

经常听到一句话：真正的教育，其实是拼妈。最近却发现：原来爸爸用起心来，也可以是教育的一把好手。

【分析】这个开头很短，只有两句话，但看完之后，你会好奇为什么爸爸是教育的一把好手。有的妈妈会想，我倒是要看看，这个爸爸是怎么教孩子的。爸爸和妈妈的对比，可直接引起妈妈们的好奇心。

再来看一篇与个人成长经历有关的对比型开头的文案。

案例 2　对比型开头

就拿我闺密佳悦来说吧，30 岁前我俩什么都差不多：差不多的二本学历、差不多的家庭、差不多的工作、差不多的相貌身材……我有时候甚至过得比她还要好。

（**对比 1**）但 30 岁那年，佳悦却告诉我，她又买了一套房子，把老房子租出去了，每月光收租就有 2400 元。这怎么可能呢？我们明明都差不多，我每天一睁眼就是房贷、车贷……日子过得捉襟见肘，而她却买了两套房，每个月还收租。

直到佳悦和我算了一笔账后，我才知道，原来我们之间的差距早就拉开了。

（**对比 2**）20 岁时，专业课我几乎不听，作业更是随便应付；而她总是最早到教室，学习用心程度还和高中一样，每年都拿奖学金。

（**对比 3**）毕业后，我找了一份工资不高但胜在清闲的工作，生活很滋润。她的第一份工作也很普通，但对于每项任务，她都会在自己的能力范围内做到最好，短短一年工资就翻了一倍。

（**对比 4**）27 岁时，我还在原来的公司，做着简单的工作。而她继续在职场上一路奔跑，下班后还不忘看书充电。可读书这件事，我从毕业后就再也没碰过了。

她优雅干练的样子让我羡慕，她精致优渥的生活让我向往，可扪心自问，过去那么长的时间，放弃向前走的明明是我自己啊。

一连串的对比下来，再怎么不思进取的人，心里也会想想，自己是不是该努力充电了。

这就是对比型开头的威力！

网上有这么一句话：人类最怕对比，一旦开始对比，你的情绪就开始波动了。

用对比的手法能够迅速撩拨用户的情绪。如果你恰好是被比下去的那一方，你一定会非常有感触，因为在一个和你有较大差距的人面前，你想完全无动于衷，那是不可能的。

所以只要你写得足够“扎心”，文案就一定能引起用户的共鸣。一旦有了共鸣，你的文案、你的产品，用户就会照单全收。

现在，该你了！

练习 请你用对比的手法，写一段关于女人自己挣钱和伸手要钱的情况的对比型开头。

4. 素材型开头

有时候，为了借助热点吸引流量，我们可以把综艺节目、影视剧、新闻、段子等素材直接放在开头，这种类型的开头叫作素材型开头。

素材型开头的好处很明显。一是标题好起，内容自带流量，阅读量不用愁；二是可读性很强，能被我们拿来做素材的内容基本都是有趣的；三是说服力很强，这些既存的事实比我们空口白牙说道理更有说服力。

例如，我曾经为一个文案课程写文案，开头我就用了新闻素材。

案例 3　文案课程文案（节选）

（**素材 1**）前段时间，一则名为《农村妇女做自媒体真能月入过万？》的新闻火了。

在山东省北部的一个小村子里，一群农妇做起了自媒体（在网上写文章）。她们 7 月的平均收入达到 7594 元，比上海的平均工资还多 462 元。

一个偏远农村妇女的收入，居然比一线城市的平均工资还高！

重点是，这群高收入的女人大多已婚，学历最高的也就高中，从前不是在家务农，就是外出打工。

现在，每个月在家写几篇文章就能赚钱，真的太让人羡慕了。

无独有偶。

（**素材 2**）北京一个叫木汁的“00 后”女孩，也靠着写文章月入 × 万元。

当别人家的小孩还在伸手跟大人要零花钱时，她已经完全经济独立，甚至比有的大人还做得好。

一连串的新闻让我忍不住感到困惑，现在靠笔杆子都这么赚钱了吗？

【分析】当你不知道怎么告诉用户一个道理时，就直接告诉他现在发生了什么事，这种实际发生的新闻事件比你讲 100 个道理有用得多。

写素材型开头的时候要注意什么呢？首先，你要写得非常细致，细致到哪怕看你的文案的人从来没看过这个素材，通过你的文字也能看懂。

例如，我曾给某读书产品写文案，我写的开头如下。

案例 4　读写产品文案（节选）

（**素材引入**）有时候，电视剧除了娱乐，还有醍醐灌顶之效。

例如近几年大火的《庆余年》。

（**素材描写**）在剧里，穿越到古代的范闲，教科书般地向我们展示了什么叫知识就是金钱。

闲来无事，他默写《红楼梦》，书刚一出就风靡整个京都。

一本书直接卖到 8 两银子（相当于现在的 6400 元），赚得盆满钵满。

参加宫宴，他在百官面前狂背唐诗、宋词、元曲，一夜之间成为整个庆国的“诗神”，名望大涨！

就连皇族子弟也愿意跟他称兄道弟。

而当所有人质疑他的才华时，他一句话堵得对方哑口无言。

他说："我看过的每一个字，读过的每一本书，都记得丝毫不差，历历在目。"

这句话很有教育意义，因为它实打实地告诉我们：你读过的每一本书，都不会被辜负。

【分析】你可能没看过《庆余年》这部电视剧，但是读完这段话，你一定能感觉到范闲是个爱读书、有才气的人。这就是素材要写细致的意思。

除了写细致，写素材型开头还有一个要注意的点，那就是写完素材，要立即表达你的感受和观点，否则素材就没有灵魂了。

例如下面这段文案，写完素材之后，就要快速切换到感受中。

案例 5　素材 + 感受型开头文案

（**素材引入**）前段时间，看到一则让人难过的新闻。

（**素材描写**）32 岁的 ××，过着很多人理想中的生活。她是高校老师，事业有成，她的丈夫也年轻有为，对她疼爱有加。他们还有一个 2 岁多的特别可爱的儿子。

可就是这样幸福的女人，却被确诊胃癌。

（**感受**）她才 32 岁啊，还这么年轻。她儿子才 2 岁多，就要失去妈妈了。往后的日子，这个家要怎么办呢？

在素材后表达观点的文案，我们可以通过下面两个例子来感受一下。

案例 6　素材 + 感受 + 观点型开头文案

（**素材引入**）前段时间，我又看了一遍号称"纽约版"《我的前半生》的美剧——《了不起的麦瑟尔夫人》。

（**素材描写**）女主角麦瑟尔夫人是一位全职主妇。和罗子君一样，她也经历了被出轨、被离婚、失去一切经济来源的低谷。

不一样的是，罗子君还在又哭又闹、怨天尤人时，麦瑟尔夫人已经把自己收拾干净，漂漂亮亮地出去找工作了。

罗子君刚靠着别人，勉强找到工作时，麦瑟尔夫人已经成为公司里超绝群伦的销售冠军。

你以为麦瑟尔夫人这样就满足了吗?

不。

下班之后，她不仅坚持看书、护肤，更是埋头苦练口才，到处串场，积累表演经验。

最终，麦瑟尔夫人成了比其前夫还要出名的脱口秀女演员，那个当初抛弃她的男人，也回过头来苦苦哀求其复婚。

她实现了人生的逆风翻盘!

（**感受**）这种女人，活得真是太漂亮了!

（**观点**）难怪有人说，女人这辈子，唯一靠得住的不是男人，也不是钱，而是你自己。

只要你没有放弃自己，就没人能抛弃你。

案例 7　素材 + 观点型开头文案

（**素材引入**）《中国诗词大会》火了 3 季，第 4 季终于要开播的信息，这两天更是刷爆朋友圈!

（**素材描写**）期待之余，我忍不住想起前几季那些惊艳了时光的人和诗。

第 1 季，霍山才女殷怡航。

她自称“女汉子”，像佩剑闯江湖的一位侠女。

古诗对她的滋养，让她拥有爽朗大方的性格，养成细心认真的习惯。

第 2 季，上海才女武亦姝。

她气质如兰，口吐莲花，似古代少女穿越而来。一句句古典诗词，从她口中说出，令人感觉如沐春风。

从小读诗，让她面对对手时镇定自若，面对走红时安然自在。

第 3 季，外卖小哥雷海为。

他虽忙碌，可每送一单外卖，就坚持背一首诗。哪怕在泥泞中，他也懂仰望星空。

诗词，是他在那万里沙漠中遇到的一抹绿。

（**观点**）难怪有人说，从小受古诗词熏陶的孩子，跟只知道打游戏的孩子，过的是不一样的人生。

现在，该你了！

练习 假设你现在要给一款进口燕麦片写文案，请你按“素材 + 观点”的结构写出开头，素材和观点都可以自己定。

（素材引入）________________________

（素材描写）________________________

（观点）________________________

5. 痛点型开头

所谓痛点型开头，就是文案一开始就直戳用户痛点，让他感同身受。这种开头比较适合刚需型产品，痛点每天都在，用户非买不可。这时候，你用痛点型开头，用户会觉得你能走进他的内心。

例如，我曾经给一个财商教育产品写文案，就用了痛点型开头。

案例 8　财商教育产品文案（节选）

（**问题**）知乎上有一个问题：“我月薪 8000 元，为什么还是很焦虑？”

（**观点**）其中有一个回答一语道破原因：那是你赚钱的方式不对。

（**痛点**）是啊，8000 元可是你每个月辛辛苦苦上班赚的。如果你不上班，这 8000 元立马就没了。

接下来，等着你的是每个月不得不支付的房贷、车贷、水电费、话费、饭钱、孩子的奶粉钱、交通费……

这么没有安全感的收入，不焦虑才怪吧。

【分析】虽然每个月都有工资，但是只要不上班工资就没了，一遇到风险钱就不够用了，所以会焦虑。这个开头一下子就戳中了很多上班族的痛点。

不过，要提醒大家的是，痛点型开头不能滥用。有的文案一上来就说一堆问题，故意制造焦虑。如果痛点抓不准，这些所谓的焦虑用户并不买账，反而会起到相反的作用。有的时候，即使痛点确实存在，如果你的产品并不能很好地解决这个问题，用户一样会觉得很反感。

例如，有的文案一开始就说家长养孩子很痛苦。其实，很多父母并不觉得养孩子是痛苦的。非要刻意制造这个痛点，家长其实是不买账的。

又如，有的文案开头就说现在大龄青年不容易找对象。不容易找对象，这的确是很多大龄青年的痛点。怎么办呢？文案说你需要买某一款化妆品，把自己打扮得好看一点儿，就更容易找对象。这完全是无稽之谈。这种痛点和产品不匹配的情况，也会引起用户的反感。

现在，该你了！

练习 假设你要给一款线上打车软件写文案。请以“加班”为主题写一段让职场人有共鸣的文案，并顺利引出产品。

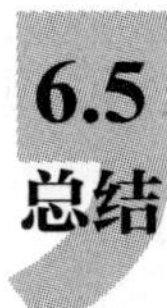

6.5 总结

好的开头可以吸引用户读下去。总的来说，文案的开头有 3 个作用，分别是留住用户、关联产品和“撩拨”情绪。

为了写好开头，你可以使用阅读钩子勾住用户。前文讲解了 3 种阅读钩子，分别是提问、悬念、预告。

以下 5 种文案开头，都被证明为有效的开头类型，你可以直接套用。它们分别是问题型开头、观点型开头、对比型开头、素材型开头和痛点型开头。

Writing

第 7 章

如何在 3 分钟内，写出销售力强的故事

- 故事对文案的意义
- 怎么写故事最有效
- 怎么写一个有代入感的故事
- 总结

要写文案，首先得会写故事，这是我入行第二年才懂的道理。

写故事很重要，这可以算是常识。但如果不是亲眼看到故事在文案中所起的巨大作用，我对这句话的感触不会这么深。

之前看别人的文案，尤其是文案中有好的故事的时候，我总会感慨：这个作者的经历怎么这么丰富？为什么我没有这些经历？

直到有一次，我的一个同事写了一个用户案例，这个案例写得好极了，我审稿的时候都快看哭了。不过理智提醒我，这就是个普通人的故事，没什么特别的。为什么她能把这么普通的素材，写得这么精彩？

后来我才明白，写故事不需要有跌宕起伏的人生经历，更不需要所谓的天赋异禀。写故事需要的是一颗敏感的心，以及写出精彩故事的有效方法。

7.1 故事对文案的意义

人人都喜欢听故事，从咿呀学语的孩童到耄耋老人，谁会拒绝一个精彩的故事呢？

文案要吸引人读下去，所以对文案来说，好故事也很重要。我总结了故事对文案的两点意义。

1. 故事容易被人接受，说服力强

我经常告诉文案新手们，如果你想告诉用户一个观点，你不要直接说结论，要先给他们讲一个故事。当你讲完一个故事后，聪明的用户自己会得出结论，而你只需要用文字把用户心里想说的话写出来就行。

文案的本质作用就是说服，但说服一个人是很难的，不要总试着强迫用户接受你的观点，要用故事引导他们思考，他们会被自己总结出的内容说服。

2. 故事能让人记很久

在人的记忆里面，各种抽象的东西，如知识、道理等，是最容易被遗忘的。而那些形象的东西，如各种故事——狼来了的故事、葫芦娃的故事、灰姑娘的故事等，你可能会记一辈子。

试想一下，如果你的文案能被用户记住，就算他当时不下单，只要他被这个故事影响，他迟早也会下单的。

再好的文案也不能保证所有人看完之后都掏腰包，但至少会让用户记住你，哪怕仅仅是记住你讲的故事，这个故事留在他的心里，可能有一天就会生根、发芽、结果。

7.2 怎么写故事最有效

一个好的故事并不是凭空产生的，它一定是经过精心的设计的。网上有人总结出写故事的五环法，这 5 个环分别是目标、冲突、努力、插曲和结果。这 5 个环穿插使用，环环相扣，就可以讲述一个引人入胜的故事。

例如，大家都看过电视剧《西游记》，里面的 5 个环是这样组合的。

目标：唐僧要到西天取到真经。

冲突 1：取经很难，但唐僧是个凡人，能力有限，难以克服取经路上的各种艰难险阻。

努力 1：他风餐露宿，吃苦耐劳，艰难地向目标走去。

结果 1：他在路上差点儿被妖怪吃掉。

插曲：他救了悟空，悟空帮助他到西天取经。

努力 2：他和悟空一起到西天取经。

冲突 2：取经路上遇到各种各样的妖怪。

努力 3：他和其他徒弟一起降服妖怪。

……

结果 *n*：师徒 4 人一起取得真经。

仔细想一想，是不是这样？一部几十集的电视剧，如果分析它的脉络，也不过就是这样的套路。同样地，想想其他我们看过的小说、电影、电视剧，它们也都不会跳脱出这个套路。换句话说，如果你是作家或者编剧，按照这种套路写，你也可以写出吸引人的故事。

写文案中的故事时，我们也可以借鉴这种写法，不过略有不同的是，写文案中的故事不是虚构一个文学形象，更不是创作一个小说作品，而是结合用户心理和产品特征形成更有目标性的故事。同样地，目标、冲突、努力、插曲和结果这 5 个环组合在一起，可以讲清楚一个故事。此外，构成故事情节的每个环节又都跟产品销售有关。正是靠着这样的故事结构，一篇文案才能实现它的最终效果。

先来看一个例子，这是我为顾孟劼的文案课程所写的文案中的一个故事。

案例 1 文案中的故事

5 年前的顾爷，29 岁，上班族，在一家设计公司上班，朝九晚五，每个月拿着几千元的工资，日子不好也不坏。

看上去还不错是吧？可对于一个快 30 岁的男人来说，这种普通就是讽刺。

都说三十而立，可一个月只有几千元，没房、没车、没存款，拿什么来立？

他疯狂地想找点儿事情做，来证明自己还是可以的，可不知道能做什么。

那时微博刚刚兴起，玩微博的人还很少。闲来无事，顾爷就在网络上发文，没想到有人喜欢，成了他的粉丝，还夸他写得好。而他爱极了这种肯定，愈发坚持写了。

后来有一天，有人私信跟他说："给你 500 元，帮我写一个广告吧。"

顾爷愣了，第一反应是文字居然能赚钱？

还没反应过来，对方就已经把钱打过来了。

有钱，来劲了！

顾爷开始特别认真地研究网络上的各种文案，每天下了班，就趴在电脑前写文案，不停地写。用他本人的话来说是："那段时间，我比高中学习还要认真。"

天道酬勤，他对文案这件事付出了 10 分的努力，也获得了 100 分的回报。他变成了过去完全不敢想的另外一类人。

支付宝广告操盘手：他在微博上为支付宝写的长文案《凡·高为什么自杀》，一投放就"引爆"话题，阅读量破 1200 万，一战成名。

各品牌方中意的合作伙伴：他开始带着一群伙伴，在微信上用文字谋生。LV、Gucci、劳斯莱斯、奔驰、宝马、阿里巴巴、京东等品牌都是他的合作方。一条广告，就能赚几十万元。

"刷屏爆文"生产机：他写的文案经常是新媒体界的"现象级"产品，新媒体同行和广告圈也开始研究和点评他的作品。

而他带着的那群伙伴，平均工资都超过万元了，有的成长比较快的，离开后去了腾讯、今日头条、知乎这样的大公司做主编、策划、市场营销……发展很好！

仔细分析一下，这篇文案是不是符合我们之前说的 5 个环节？

目标：男人想赚钱。

冲突：自己很普通，几乎赚不到钱，达不到目标。

努力1：认真工作，争取有一天能赚到钱。

结果1：30岁依然没钱。

插曲：写微博赚了500元。

努力2：开始深耕文案。

结果2：开公司，培养人才，开课，成功赚钱。

用这个模式，我们可以复制出各种包含故事的文案。假设我卖的是洗发水，为了突出产品创始人，我可以这样重新包装她的故事。

目标：我想让女儿用上天然健康的洗发水。

冲突：市面上的洗发水都不符合我的要求。

努力1：放弃高薪工作、辞职创业、组团队、拉融资、研究配方。

结果1：没钱做宣传，只能挨个找用户体验产品，虽然产品纯天然、有效，但用户说使用感受不好，只能不断优化产品。

插曲：某名人听说了这款产品，愿意为其背书。

努力2：有了名人加持，产品卖得非常好。

结果2：越来越多的人用上了这款产品。

假设我卖的是粉底，同样可以包装创始人的故事。

目的：我想让女朋友用上安全好用的粉底。

冲突：市面上的粉底都不符合我的要求。

努力1：找地方、组团队、拉融资、研发产品。

结果1：虽然产品很好，但因为是小牌子，很多女生都不愿意用。

插曲：有一个女生被我们的诚意打动，愿意尝试。

努力2：这款粉底把她所有的面部瑕疵都遮住了，并且很服帖。

结果2：由于口碑效应，一传十，十传百，越来越多的人用上了我的产品。

讲到这里，很多朋友可能会有疑问：为什么文案里的故事这么单一？不是普通人

“逆袭”，就是辞去高薪的工作，难道文案中就不能出现其他有趣的故事吗？

当然可以，文案中可以写名人的故事，可以写“我有一个朋友”，也可以写用户使用产品的故事，但是在众多故事中，最有效的就是这种品牌（或创始人）“逆袭”的故事。因为一来，它的故事性比较强，有命运的翻转；二来，故事的内容紧紧贴合产品，用户会把对创始人或者品牌的好感转移到产品上。这也就是我们之前说的，故事的每个环节都应该跟销售挂钩。

接下来，我还会介绍文案中其他类型的故事的写作方法，但是请你一定要练好这种常用又有效的模式。

写品牌（或创始人）的故事是写文案的基本功，不管你会不会写其他类型的故事，这种类型的故事的写作技巧都是你必须掌握的。很多客户指明要写这类故事文案。

现在，该你了！

练习 请为“响当当牛肉干”写一个从产品研发到上市的故事。你可以构想一个创始人，想想他可能经历什么样的事情。

目标：__________

冲突：__________

努力 1：__________

结果 1：__________

插曲：__________

努力 2：__________

结果 2：__________

7.3 怎么写一个有代入感的故事

除了写品牌（或创始人）的故事，文案中还需要有故事类的叙事，也就是用讲故事的方法交代文案中的背景、人物、事件等。

文案中的故事类型很多，写法也不一样。有的人愿意用倒叙的方法，先写结果，再回溯过程；有的人愿意用对比的方法，刻意制造反差；还有的人愿意设置悬念，直到最后一刻才揭开谜底。这些都是写故事的常用方法。

不过，不管用哪种写作技巧，也不管写哪一类故事，你都需要做到一点，那就是要尽量让故事有代入感。

所谓代入感，就是让用户真正进入故事，体会故事中人物的感受和心情，就好像自己真正经历了这个故事一样。

好的文字可以让人产生代入感，当然这里所说的好的文字不是指文字有多优美，而是指文字能营造出画面感和过程感，既能让用户身临其境，又能让用户完整地融入故事中。

怎么才能写出画面感和过程感呢？

1. 写出故事的画面感

想让故事有画面感，你可以在 3 个方面下功夫：首先，你要交代好背景；其次，你要多用动词、名词；最后，你要善用引语。

（1）讲故事前先交代背景。

我们看小说、电影、电视剧时，会发现一般故事刚开始时并不会直接交代故事情节，而是先呈现一些日常生活的画面，或者简单地介绍一下主人公的情况。之所以这么做，是为了把背景交代清楚，这一步做好了，用户就更容易进入故事里。

以鲁迅先生的《孔乙己》片段为例，鲁迅先生用几句话就让我们看到了孔乙己是个什么样的人。

案例 2　《孔乙己》节选

孔乙己是站着喝酒而穿长衫的唯一的人。他身材很高大；青白脸色，皱纹间时常夹些伤痕；一部乱蓬蓬的花白的胡子。穿的虽然是长衫，可是又脏又破，似乎十多年没有补，也没有洗。他对人说话，总是满口之乎者也，教人半懂不懂的。因为他姓孔，别人便从描红纸上的“上大人孔乙己”这半懂不懂的话里，替他取下一个绰号，叫作孔乙己。

交代背景，通常包括交代主人公的姓名、年龄、家庭、长相、籍贯、公司、学历、职业、社会关系、别人评价、近期状况等。你交代得越详细，你建立的人物就越真实。

我们一起看看下面 3 个对比案例。

- （简单）他是我同事。
- （详细）他是我们部门新来的同事，今年才毕业，高高瘦瘦的，是个很精神的小伙。

- （简单）我们是老夫老妻。
- （详细）我和他结婚 10 年了，我是远嫁过来的，身边没什么朋友，这段感情里唯一能依靠的就是他了。

- （简单）沫沫是转学生。
- （详细）沫沫是转学生，开学一个月后才到了我们班。她长得很漂亮，是那种电影里才能看到的漂亮女生。或许长得好看的人天生招人喜欢吧，班里的男生、女生都很喜欢和她玩。

交代背景的时候，用第三人称介绍显得比较客观，用第一人称则更有代入感。例如下面这两段文案，你可以感受一下。

（**第三人称**）条条道路通罗马，有的人出生在罗马，而她是离罗马十万八千里远的大山女娃。

她叫 ××，出生在贵州某个不知名的三线城市。

小小的城市里连个书店都没有，英语课的配套磁带也是你借我的、我借你的翻录，一盘磁带恨不得要翻录几十遍。

所以从小 ×× 就下定决心，一定要走出大山，去见识更加丰富多彩的世界。

（**第一人称**）条条道路通罗马，有的人出生在罗马，而我是离罗马十万八千里远的大山女娃。

我是 ××，出生在贵州某个不知名的三线城市。

小小的城市里连个书店都没有，英语课的配套磁带也是你借我的、我借你的翻录，一盘磁带恨不得要翻录几十遍。

所以从小我就下定决心，一定要走出大山，去见识更加丰富多彩的世界。

【分析】很明显，用第三人称介绍是冷静客观的描述，而用第一人称介绍显得更真实。

（2）多用动词、名词。

本书第 4 章提到过，动词能让画面更生动，名词能让画面更具体。再没有比这两类词更能让文字有画面感的了。

如果你仔细研读我国经典文学著作，你就能发现很多作家非常善于使用动词和名词。例如，鲁迅先生在《少年闰土》一文中，用大量的动词、名词，把冬天捕鸟的画面 1:1 在我们眼前还原。

第二日，我便要他捕鸟。他说："这不能。须**大雪**下了才好，我们**沙地**上，下了**雪**，我扫出一块**空地**来，用短棒支起一个**大竹匾**，撒下**秕谷**，看**鸟雀**来吃时，我远远地将缚在棒上的**绳子**只一拉，那鸟雀就罩在竹匾下了。什么都有：**稻鸡**，**角鸡**，**鹁鸪**，**蓝背**……"

我曾为一个读书产品写文案，我在文中也使用了很多动词、名词。

张姐今年 37 岁，和大多数女人一样，她要上班，要顾家，要陪孩子写作业。

唯一的差别是，不管多忙，她每天都会抽出 1 个小时留给自己。

用紫砂壶沏上一杯清茶，从冰箱里拿出一盒小饼干，翻开一本又一本书，独自沉浸在书籍的世界中。

【分析】“紫砂壶”“清茶”“小饼干”“书”这几个名词，构建了一个舒服惬意的场景；而“沏上”“拿出”“翻开”“独自沉浸”这几个动词，会让你想到一连串的动作。两者结合，一个人优雅读书的画面，好像就在你的眼前。

（3）善用引语。

你有没有发现，只要有人跟你说话，你的注意力就会被拉到那个人面前？多用引语，会让这个故事显得真实可靠，而且一问一答的形式会让人有一种紧迫感。

有一次，我刚开始写一篇文案的时候，用的都是转述的形式，写完之后觉得怎么都不对劲，后来改成引语，文案一下子就鲜活了。

（**修改前**）后来，我都已经订好回老家的火车票了，可偶然听到别人说，某机构英语辅导老师的收入特别高，一个月最少一万多元，我瞬间看到了改变命运的火种。

要知道，在十几二十年前，一个月一两千元都可以过得很滋润了。一个月一万多元，完全是天价薪资啊！

我想去试一试，可身边的人都给我泼冷水。有人说我不行，有人说我不自量力，还有人嘲笑我的出身……

是啊，想进这行这家机构的少说都有几千人，这拨录取的只有 2 个人，我真的有戏吗？

（**修改后**）后来，我都已经订好回老家的火车票了，可偶然听到别人说，某机构英语辅导老师的收入特别高，一个月最少一万多元，我瞬间看到了改变命运的火种。

要知道，在十几二十年前，一个月一两千元都可以过得很滋润了。一个月一万多元，完全是天价薪资啊！

我想去试一试，可身边的人都给我泼冷水。“罗蓓，你不行的”“要是你都进去了，所有人都能进去了”“你本来就是大山里的姑娘，还是回老家吧”……

是啊，想进这行这家机构的少说都有几千人，这拨录取的只有2个人，我真的有戏吗？

【分析】直接把别人的原话引用过来，不但显得真实，而且有很强的代入感。

还有一次，我为一款护肤产品写文案，我直接把两个女生的对话写了出来。

案例3　护肤产品文案（节选）

闺密昨天突然约我一起去买护肤品。在整个过程中，我算见识到什么是真正的“剁手”了。

洗面奶、爽肤水、乳液、防晒霜、精华、肌底液、面膜……她一个不落，全给买了。

我问：“你受什么刺激了？”

她说：“前几天，我不是去给小娜接风吗，你知道她现在成什么样了吗？一脸蜡黄，还油光满面，鼻子上的毛孔都能插秧了。”

“她当初可是班花啊，一看就知道这些年没好好保养，我可不能犯这种低级错误。”

说完，她又忙不迭地往脸上喷补水喷雾。

【分析】通过闺密的嘴把问题说出来，这比直接向用户推销更有说服力，也更有画面感。

现在，该你了！

练习 请你用引语的方式，描写一个闺密之间交流护肤品的场景。如果可以，请在场景中植入任意一款产品。

---

2. 写出故事的过程感

假设你去美容院做护理，一个医生上来就跟你说某个项目效果有多好，你肯定不会信。但如果她把产品的原理告诉你，并且把你在做完项目后的第 2 天、第 7 天、第 90 天的效果告诉你，你就会觉得这个项目或许可信。

人就是这样，如果单单告诉你结果，你可能不愿意相信，但如果告诉你这个结果是怎么一步一步发生的，你可能就会接受。

写文案的时候，我们经常要写用户使用产品后发生变化的场景，如果你直接说变化，而不说变化的过程，用户就会觉得这肯定是假的。

例如写护肤产品的文案，大家一般会这么写：

自从我用了某某产品，皮肤一下子变好了。

可能这款产品的效果真的好，也真的让用户的皮肤变好了，但这样的表述，用户看完后的第一反应可能是：假的吧，真有这么神？

要想让用户信任你，你必须说出中间变化的过程。你可以试试这样写：

一开始我也没想着这东西有多管用，只是把它当成一般的面霜来擦。前几天没觉得有什么变化，第 5 天我起床的时候，我老公居然和我说："你今天脸不油诶。"难道是护肤品起作用了？我又认认真真地用了一个月，果然皮肤比之前有光泽多了，毛孔也小了点儿。

【分析】这种怀疑、不敢相信的情绪很符合一般人的认知。这样写，用户就会觉得故事真实可信。

另外，你也可以用预告的方式营造过程感。例如，我为一个读书产品写文案时，就用了预告的方式。

两年下来，效果虽然没有立竿见影，但女儿的进步也是有目共睹的。

【分析】预告女儿的进步，用户自己脑补接下来会发生什么事情。这会让用户觉得这些过程都是真实的，往下看，就会一步步了解这些信息。

预告女儿有进步了，接着把女儿的进步直接放上来，用户就不会觉得故事虚假。

刚上一年级那会儿，我不催她，她是绝对不会写作业的。现在女儿上三年级了，每天放学回来就会自觉写作业。

偶尔需要我帮忙辅导，她也是一点就通，根本不用再一遍一遍地教了。

你知道，这孩子现在多让我省心吗?

【分析】没有直接说女儿变得有多好，先预告，再说变化，给用户一个接受的时间。

因为阅读，她有一地鸡毛，也有自己的星辰大海。

【分析】星辰大海就是对接下来要讲的故事的预告。

在她身上，你看不到中年人的疲惫和无奈，她反而把日子过得活色生香。

在学校里，她是家长会代表，儿子在她的影响下也养成了阅读习惯，成绩一直名列前茅。

在家族里，她虽资历较浅，但胜在学识丰富，所以对于重大决定，老人都要找她商量……

【分析】整个过程一气呵成，你不会觉得虚假，只会觉得真实。

现在，该你了！

练习 请你为一款“紧致精华液”写一段有过程感（变化）的文案。

7.4 总结

文案不只是叫卖产品，一个好故事能为文案增色不少。文案中的故事的写作可以参照小说创作的五环法，这 5 个环节分别是目标、冲突、努力、插曲和结果。这 5 个环节层层相扣，可吸引读者读下去。

故事种类多样，很难有一个固定的模式，不过对于文案中的故事来说，最重要的就是让用户有代入感，让用户真正走进这个故事，相信这个故事。

如何写故事才能让用户有代入感呢？前文讲了两个写作技巧，一是写出画面感，二是写出过程感。写出画面感和过程感的方式，你都掌握了吗？

Writing

第 8 章

七大金句写作路数，让文案从 70 分跳到 90 分

- 金句对文案的意义
- 七大金句写作模板
- 积累金句的七大渠道
- 总结

经常有朋友跟我说："总感觉我的文案平平无奇，好像缺了点儿什么，但又不知道是什么。因为缺了点儿东西，所以我离优秀文案一直差半步。"

这半步差的是什么呢？我觉得是金句。所谓金句，就是隽永又发人深省的句子。在文案中，这类句子有画龙点睛的作用，所以叫金句——比黄金还宝贵的句子。

其实，不只是文案人，很多优秀的作家也是写金句的高手。例如，"世界上本没有路，走的人多了也便成了路"[①]"怕什么真理无穷，进一寸有一寸的欢喜"[②]"月亮这样好，我不舍得睡"[③]。多少年过去了，也许文章和细节我们都忘记了，但是这些金句，我们依然记忆深刻。这样紧扣品牌和产品特质的金句，其实就是短文案，也叫广告标语。

在文学创作中，金句可以给人启发，也可以给文字增添美感。而文案中的金句将在整个销售环节起到至关重要的作用。

在传统广告行业中，会写金句是广告人的基本功。有的时候，金句即文案（短文案）；有的时候，金句是文案（长文案）中的画龙点睛之笔。金句简单好记，能让人产生共鸣，且具有传播性。若要学习写文案，学写金句是绕不过的必修课。

① 鲁迅．呐喊 [M]．北京：人民文学出版社，2006.

② 胡适．进一寸有一寸的欢喜：胡适谈读书 [M]．北京：中国华侨出版社，2014.

③ 巴金．家 [M]．北京：人民文学出版社，2018.

8.1 金句对文案的意义

在销售领域，有一个很经典的理论叫作“7yes 法”，意思是说，当用户连续说了 7 个“yes”（是的）之后，他就会乖乖掏腰包。

这听起来是不是很不可思议？只要用户说了 7 个“yes”，就会成交？

网上有一个经典的销售案例，卖的是 3000 元的洗脚盆。

一个洗脚盆一般只要一两百元，谁会花 3000 元买一个洗脚盆呢？

当然，这个洗脚盆不是卖给普通人的，你需要先把一大群能付得起 3000 元买洗脚盆的企业家聚到一起，然后问他们问题。

第一个问题：“各位企业家朋友，你们在商场上打拼了这么多年，是不是觉得健康非常重要？”

【分析】健康当然很重要，你问任何一个人这个问题，他都会回答“是”。

第二个问题：“各位企业家朋友，你们是否同意，相比钱，父母的健康更重要？”

【分析】还是一样的道理，我们赚钱就是为了让家人更加幸福健康。对于这个问题，台下谁会不点头？哪个企业家会不同意？

第三个问题：“在座的有没有人觉得我们每天忙于事业，对父母的关心太少了？”

【分析】这又是一个毫无悬念的问题。企业家每天忙于工作，当然无暇照顾父母。所以，又有很多企业家点头了。

第四个问题：“如果我们只用花一顿饭的钱，就可以给父母带来快乐和健康，你认为这是不是一个很划算的投资项目？”

【分析】我相信不仅是企业家，包括正在阅读本书的你也会说，“当然是啊，用一顿饭的钱换快乐和健康自然是划算的”。

第五个问题：“大家知不知道人老先老脚？”

【分析】这个问题设置得也很巧妙，一个“你知不知道”挑战的是对方的虚荣心，对方自然会说“是”。这个常识性的知识“人老先老脚”更是给了对方说“是”的机会。

第六个问题：“脚如果能够变得更健康，身体就会变得更健康，我们的父母就会长寿，你们说是不是？”

【分析】因为对方已经知道人老先老脚，所以再问这个问题，答案就很明显了。

你看，对于这连续 6 个问题，企业家都点头说了“yes”。说得难听一点，这些企业家已经顺着你设计好的问题，进入了你的“圈套”。

第七个问题：“你们只需要花一顿饭的钱就能够实现这个愿望，我知道你们家里有 4 位老人，所以打包价，3000 元 1 个，1 万元 4 个。你们说好不好？”

【分析】如果你是台下的企业家，你会说不吗？不会的。即便你觉得这个洗脚盆很贵，但是因为前面你同意健康很重要，同意要关爱老人，也愿意为老人付出，这个时候，你只能说“好的”“我要买”。

我讲上面这个例子，并不是让你在写文案时设计 7 个问题的“圈套”，而是希望使你明白一个道理，那就是，用户不是被你说服的，而是被他自己说服的。所以，厉害的文案并不需要说服用户，只需先用一些金句带给用户震撼的感觉，带动他进行思考，并最终引导他做出购买决策。

简单来说，我们在文案中写金句的目的，就是让用户不断说“yes”，直到最后成交。

那么，金句是如何让用户不断说“yes”的呢？我简单举几个例子来说明。

- 当你拒绝外界的敌意时，你也在拒绝外界的帮助。

【分析】拒绝外界的敌意，本质上是对自我的保护。拒绝敌意和接受帮助实际上并不矛盾，毕竟对你有敌意的人和给予你帮助的人往往不是同一批人。但使用金句，居然可以让有明显逻辑漏洞的观点显得有道理。

- 维护一个世界的美好，需要我们所有人共同努力，但是毁灭这个世界，只需要几个人努力就可以了。

【分析】这句话的前半句是没问题的，美好世界需要大家共同努力，但这句话的后半句却让人大跌眼镜。原来几个坏人就可以毁灭世界。想想看，的确如此，那些战争狂人、恐怖分子，的确可以凭一己之力毁灭世界。前后对比，给人启发。

- 嘴巴那么毒，心里一定很苦吧。

【分析】毒和苦押韵，整个句子读起来朗朗上口。嘴巴毒是一个人说话的特点，为什么嘴巴毒？可能是因为他心里有怨恨。一句话揭露嘴巴毒的原因，很符合金句的特点。

- 不是路不平，而是你不行。

【分析】平和行押韵，句子读起来有韵律感。在现实生活中，很多人抱怨命运不济，也就是“路不平”。实际上，不是路不平，是自己功力不够，也就是“你不行”。一句话揭露了真相。

- 这世界上，你不会是独一无二的那颗星，一定有人跟你相似。

【分析】我们经常说自己是独一无二的。实际上，这句话也对，也不对。对是因为没有人跟你一模一样；不对是因为天下之大，一定有人跟你是相似的。这句话表面看起来是一句废话，却可以引人思考。

以上这些就是金句，它们跟平时常见的平铺直叙的句子不一样——要么跟我们熟悉的理念“唱反调”，要么有些哲理，要么前后对比，要么有些押韵。总之，这些句子很容易让人记住，也会给人启发。

我在写文案的时候，给自己定了一个规矩，那就是一篇文案至少要有 5 个金句。5 个金句代表着用户至少说了 5 个“yes”，这就为最后的成交做铺垫。

8.2 七大金句写作模板

金句的好处是显而易见的，那我们应该怎么写金句呢？

写金句有两个要求。一是需要有丰富的人生阅历和深度思考的习惯。金句之所以能打动人，除了文字本身，还因为金句所传达的理念和思想是有价值的。二是需要一些基本的文字处理技巧。同样的道理，用大白话说出来就是啰嗦，用特定的句式说出来就是金句。

丰富的人生阅历和深度思考的习惯是很难在短时间内获得和培养出来的，但是金句的句式是可以学习的。我把金句的句式总结为 7 点，也就是七大金句套路，大家可以有针对性地学习和练习。

1. 顶真型

顶真是一种修辞手法。顶真型金句的具体写法是，用前一句结尾的词语或句子做下一句的开头，顺序而下。

例如，我们小时候听到的童谣：从前有座山，山里有座庙，庙里有个老和尚，老和尚对小和尚说……

第一句最后一个字是“山”，把“山”作为第二句开头的第一个字。第二句最后一个字是“庙”，把“庙”作为第三句开头的第一个字。以此类推。

市面上有很多使用了顶真的广告文案，例如：

- 平安中国，中国平安。

- 今年过节不收礼，收礼只收脑白金。

顶真型金句要求前一句最后一个字或词作为下一句的开头，这样会起到提醒的作用，所以顶真型金句说服力强，也更容易让读者把句子记牢。根据我的经验，顶真型金句特别适用于消除用户的顾虑，或者给用户灌输一个稍微有点儿难懂的观点，其效果十分突出。

例如，我曾经给一款护肤产品写文案，当时很多用户都有疑问：一款普通的洗面奶，真的能让我变好看？这时候你必须帮助用户消除顾虑，否则用户一直带着问题，是不可能买你的产品的。

为了消除用户的这个顾虑，我使用了顶真手法。

你把脸洗干净了，你的皮肤才更容易吸收护肤品。皮肤吸收了足够的护肤成分，你的皮肤才可能变好。如果你的脸连那些有效成分都吸收不了，那买再贵的护肤品也是浪费钱。与其后面花冤枉钱，为什么不先给自己买好一点儿的洗面奶呢？

【分析】洗脸确实无法直接让人变美，但通过顶真手法，可以向用户一层一层分析洗面奶对护肤的重要性，从而消除用户的顾虑，使其重视洗脸。

再如，我曾经给蒋勋老师的"红楼梦"课程写文案，为了让大家了解《红楼梦》跟普通人的关系，也就是让大家明白为什么要读《红楼梦》，我写了如下的文案。

世界上很少有一本书，可以像《红楼梦》这样，事无巨细地展现每一个人的生活状态与细微心理。

读懂了《红楼梦》，就读懂了人生。读懂了人生，这世上90%的难题也就迎刃而解了。

【分析】"读懂了人生"出现了两次，让用户印象深刻。

顶真是一种非常容易学会的金句写作手法。不过大家要记住，再好的写作手法也需要先把逻辑思考清楚。换句话说，如果你的底层逻辑一团模糊，即便你了解了顶真手法，也很难写出漂亮的顶真句。先思考逻辑，再用句式呈现内容，这一点非常重要。

现在，该你了！

练习 请以“养儿要负责”为主题，写一个顶真型金句。

---

2. 反复型

从字面就可以看出，反复型金句的写法是根据表达需要，有意让句子或词语重复出现。

例如，福特汽车“土星”系列的广告词“不一样的公司，不一样的汽车”，就是使“不一样的”这 4 个字，重复出现在同一句话中。

我们可以试着仿写。

- 不一样的身材，不一样的心情。
- 不一样的经历，不一样的眼界。
- 不一样的房间，不一样的品位。

在横线上填上你想到的词，完成属于你自己的金句吧。

不一样的 ________，不一样的 ________。

除了完全一样的重复，有时候也可以设计对比的重复。例如网上有一个句子——“你可以怀疑我的道德，但你不可以怀疑我的审美。”这里的“可以怀疑”和“不可以怀疑”也构成了重复。

我们也可以试着仿写。

- 你可以嘲笑我，但你不可以嘲笑我喜欢的东西。
- 你可以攻击我，但你不可以攻击我的偶像。
- 你可以嫌价格低，但不可以因价格低就怀疑产品的质量。

在横线上填上你想到的词，完成属于你自己的金句吧。

你可以 ________，但你不可以 ________。

还有一种情况是，通过重复，形成一种递进和转折关系。

- 愈欣赏，愈懂欣赏。
- 你懂得越多，能懂你的就越少。
- 我越了解你，越觉得不了解你。
- 他忘记了很多事情，但他从未忘记爱你。

有时候，我们可以用重复的词语塑造出反差效果。

- 大人才考虑傻不傻，小孩只考虑好不好玩。
- 这是我个人的一小步，却是人类的一大步。
- 这是一个最好的时代，也是一个最坏的时代。

反复型金句特别简单，说白了，就是重复。但在写反复型金句的时候，你一定要记住，这不是简单地重复，而是通过重复挖掘触动人心的道理。下面这些句子都用到了反复的方法，你可以好好琢磨一下。

- 有的人负责有意义，有的人负责有意思。
- 问女何所思，问女何所忆。女亦无所思，女亦无所忆。
- 希望是可以培养的，失望也是可以培养的。
- 藏不住崩溃的是小孩，藏起崩溃的才是大人。

现在，该你了！

练习 请以倡导“早睡”为主题，写一个反复型金句。

3. 回环型

回环是一种修辞手法。回环形金句的写法是，把前后语句组织成循环往复的形式，简单来说就是，A—B，B—A。

例如，有一句话说道：人类必须终结战争，否则战争就会终结人类。拆解句子结构，其形式就是，人类—战争，战争—人类。

我们可以试着仿写。

- 用人不疑，疑人不用。
- 你在桥上看风景，看风景的人在楼上看你。
- 山不来就我，我便去就山。
- 我为人人，人人为我。
- 让你决定身材，而不是让身材决定你！

- 今日你以学校为荣，明日学校以你为荣。

从上面的例句中可以看出，回环型金句跟顶真型金句有点儿像，都是第一句的末尾词变成了后一句的开头词。不过回环型金句的要求更高，不但要求上一句最后一个词和下一句第一个词重复，而且要求前后句子中重复的成分有辩证逻辑关系。相对来说，回环型金句更难写。

我们在写回环型金句的时候，不应单纯地套用格式，最好的办法是先搜集各类回环型金句，不断仿写以找到写回环型金句的感觉。在生活中，你也要注意积累，注意思考各种辩证问题。这样的话，等到写文案的时候，你就有可能灵光一闪，写出好的回环型金句。

现在，该你了！

练习 请你结合自己的人生阅历，写出有哲理的回环型金句。

4. 对比型

对比型金句是把对立的人和事物，或者同一个事物的两个方面放在一起做比较。

- 人生近看是悲剧，远看是喜剧。

对比词有近和远，悲剧和喜剧。

- 讲个笑话，你可别哭。

对比词为笑和哭。

- 离开，你变成外乡的大人；归来，你变回故乡的孩子。

对比词有离开和归来，外乡和故乡，大人和孩子。

- 上一秒你是父亲的儿子，这一秒你是儿子的父亲。

对比词有上一秒和这一秒，父亲和儿子。

- 过期的旧书，不过期的求知欲。

对比词有过期和不过期，旧书和求知欲。

- 一杯敬过去，一杯敬过不去。

对比词有过去和过不去。

- 你忘记的，我都记得。

对比词为忘记和记得。

对比型金句相比于其他金句类型是比较难写的，因为几乎每一个对比型金句都有它特定的语境。但幸运的是，我们很清楚对比型金句的底层逻辑就是把相反的信息放到同一个句子里。只要找到合适的对比词，你写的时候就不会特别费劲。

表 8-1 中列举了一些对比词。像这种对比关系，你平时可以注意积累。

表 8-1 对比词示例

对比类别	对比词
身份对比	男人和女人、大人和小孩、父亲和儿子、母亲和女儿、“70 后”和“00 后”、年轻人和老年人、亲人和陌生人、亲人和朋友、老师和学生、顾客和商人
时间对比	现在和过去、如今和曾经、上一秒和下一秒、早上和晚上、昨天和未来、十年前和现在、今天和明天

续表

对比类别	对比词
动作对比	捡起和放弃、举起和放下、拥抱和放手、防守和进攻、维护和毁掉、哭和笑、难过和开心、上班和下班、奋斗和懒惰、流浪和回家、忘记和记得
形容词对比	大和小、多和少、卑鄙和高尚、高和矮、伟大和渺小、胖和瘦、聪明和笨、健康和虚弱、普通和耀眼
其他对比	工作和生活、打工和创业、金钱和美貌、大厂和小公司、员工和老板、月光族和存钱党、痛苦和痛快、骄傲和自卑、皮囊和灵魂

结合表 8-1 中的对比词，你可以写出自己需要的金句。

（年轻人和老年人）

- 年轻人是未来的老年人，老年人是过去的年轻人。

（大人和小孩）

- 小孩才分对错，大人只看利弊。

（卑鄙和高尚）

- 卑鄙是卑鄙者的通行证，高尚是高尚者的墓志铭。

（打工和创业）

- 创业苦，苦一阵子；打工苦，苦一辈子。

（痛苦和痛快）

- 如果你想 10 年后过得痛快，你现在就要让自己过得痛苦。

（皮囊和灵魂）

- 好看的皮囊千篇一律，有趣的灵魂万里挑一。

你看，先找到一组对比词，想好比什么，再来写对比型金句就比较简单了。当然，我提供的对比词只是冰山一角，你可以自己创建自己的对比词库，早早为写对比型金句做好准备。

现在，该你了！

练习 请你根据对比词表中的任意一组对比词，写一个属于你自己的对比型金句！

---

5. 关联词型

关联词型金句，顾名思义，就是使用关联词写出的金句。我们之前讲过，金句的主要作用是影响用户的思维，关联词本身存在逻辑联系，能够引导用户认可你的观点，所以很多金句都是关联词型金句。

常见的关联词包括转折关联词、假设关联词、并列关联词、递进关联词、因果关联词、选择关联词、承接关联词和条件关联词等。

（1）转折关联词型金句：使用“可是”“但是”“然而”等关联词。

- 我很丑，可是我很温柔。

类似的：

- 奇迹或许罕见，但方法可以复制。
- 生活很苦，但你可以活得很甜。

（2）假设关联词型金句：使用“如果”“假如”“假设”等关联词。

- 如果非要为这段爱加上一个期限，我希望是一万年。

类似的：

- 人生若只如初见，何事秋风悲画扇。
- 假如爱有天意，人间哪有悲欢离合。

（3）并列关联词型金句：使用“既……又”“一边……一边”“有时……有时”“那么……那么……”等关联词。

- 恋爱既是一种苦，又是一种甜。

类似的：

- 谁不是一边崩溃，一边咬牙坚持。
- 人总是有时相信爱情，有时怀疑。

（4）递进关联词型金句：使用“不仅”“还”“更”“不但……而且……”等关联词。

- 生命不但伟大，而且无价。

类似的：

- 人生道路何其漫长，以后的事还多着呢。
- 真正精彩的人生，要有广度，更要有深度。

（5）因果关联词型金句：使用“所以”“因此”等关联词。

- 因为专注，所以专业。

类似的：

- 因为懂得，所以慈悲。
- 因为信任，所以简单；因为简单，所以永远。

（6）选择关联词型金句：使用“要么……要么……”“是……还是……”“除了……就……”等关联词。

- 生，还是死，这是一个问题。

类似的：

- 继续还是放弃，这是你的命题。
- 感情的结局，要么是一生，要么是陌生。
- 要么折腾，要么平凡。

（7）承接关联词型金句：使用“然后”“于是”“后来”等关联词。

- 人类的第一个需求就是被看见，然后是被需要。

类似的：

- 当你老了，然后懂得爱情。
- 真相一开始不说，之后会越来越难开口。

（8）条件关联词型金句：使用“只有……才……”“就”等关联词。

- 只有努力奔跑，才能停留在原地。

类似的：

- 你只有拼尽全力，才能毫不费力。
- 有劲，才有可能。
- 没有买卖，就没有伤害。

以上列举了 8 种类型的关联词型金句。关联词型金句可以说是所有金句类型中最容易模仿，也最容易上手的。当你想写金句但尚无法驾驭顶真、反复、回环、对比等金句类型时，你就可以尝试使用关联词型金句。

另外，关联词型金句还有一个好处，那就是我们在生活中经常用到这些关联词。你可能也听过一些比较有哲理的关联词句子。把这些句子记下来，写文案的时候，你就可以信手拈来。

当然，你还能自己总结归纳，形成自己的关联词库和关联词型金句锦囊。文案是一项和时间做朋友的工作，你的每一份积累，都会成为日后的宝藏。

6. 比喻、拟人型

比喻、拟人是我们在小学就学过的修辞手法，但别小看这些修辞手法，只要应用得当，用比喻和拟人就能写出非常惊艳的金句。接下来，我会通过“例句 + 仿写”的方式，让你快速掌握这类金句的写作技巧。

例句 1：你的每一次评论转发，都在为你想要的世界投票。

仿写：你的每一次无视冷漠，都在伤害别人。

例句 2：孤独跟关节炎一样痛。

仿写：失望跟咽炎一样，痛却说不出来。

例句 3：衣服是最动人的语言。

仿写：工作是最忠诚的情人。

例句 4：家，是我们一辈子的馋。

仿写：你，是我一辈子的甜。

例句 5：每个人，都是一条河流。每条河，都有自己的方向，各凭态度乘风破浪。

仿写：每个人，都是一颗星。每颗星，都有自己的光芒，各凭姿势闪闪发光。

例句 6：记忆是一趟旅行，我们一同上车，却在不同的时间下车，但是，记忆永远都在。

仿写：人生是一趟旅行，我们一同上车，却在不同的时间下车，但是，友谊永远都在。

你看，用好比喻和拟人就可以写出生动且让人过目不忘的金句。不过拟人和比喻也不能滥用，用得好，那是金句；用得不好，很容易变成笑话。

爱情就像狗皮膏药，黏人又撕扯不断。

【分析】把爱情比作狗皮膏药显得格调不高，而且爱情也不一定都是黏人和撕扯不断的。

时间就像一条黏虫，爬过之处，必留下痕迹。

【分析】把时间比作黏虫不贴切。另外，很多东西都可以留下痕迹，没有必要非用黏虫来比喻。

7. 需求 / 痛点 / 场景 + 动作型

需求 / 痛点 / 场景 + 动作型金句可以直接引导用户行动，直接告诉用户："如果你有什么痛点，或者你处于某种情况，你就需要使用我们的产品。"这类金句能够非常直观地突出产品的特点和应用场景。

这种类型的金句比较特别，由于功利性和引导性太强，所以不太适用于长文案，更适用于平面广告或者时长比较短的视频文案。

下面这些广告语我们都很熟悉，拆解一下，你会发现，它们多半都是需求 / 痛点 / 场景 + 动作型金句。

- 要想皮肤好，早晚用大宝。

  需求：皮肤好。

  动作：用大宝。

- 小饿小困，喝香飘飘。

  场景：饿了困了。

  动作：喝香飘飘。

- 累了，来条士力架。

  场景：累了。

  动作：吃士力架。

- 防脱发，用霸王。

  需求：防脱发。

  动作：用霸王洗发水。

- 爱干净，住汉庭。

  需求：爱干净。

  动作：住汉庭。

- 理想生活上天猫。

  需求：想要理想生活

  动作：上天猫

需求 / 痛点 / 场景 + 动作型金句跟前面讲的 6 种形式的金句不太一样。如果说前面的金句在温柔地讲道理、启发你，那么需求 / 痛点 / 场景 + 动作型金句就在赤裸裸地推销。

有人会觉得，既然是推销，就不能叫金句。但想想看，如果一个句子让你有挥之不去的印象，每当你有某种需求的时候，脑袋里不自觉地就会跳出这个句子，那么它不是金句又是什么呢？

现在，该你了！

练习 请你为“美滋滋牌火腿肠”写一个需求 / 痛点 / 场景 + 动作型的金句。

8.3 积累金句的七大渠道

金句其实远不止前面提到的 7 种类型，还有很多类型，如押韵型、对偶型、拆字型等。但这些类型的金句写起来相对比较困难，而且对销售的促进作用有限，所以并没有纳入本书中。

那如何掌握其他类型的金句呢？最好的办法是模仿。你可以准备一个笔记本，专门用来记录看到的金句。时间久了，你就会有自己的金句库。

接下来，我会告诉你我积累金句的 7 个渠道，相信这些渠道会对你积累金句有所帮助。

1. 优质的图文账号

所谓优质的图文账号，是指粉丝数超过 100 万，文章质量被用户认可的自媒体图文账号，例如十点读书、有书、拾遗、视觉志等。这类账号的文章质量比较高，几乎每一篇文章都会使用金句。

看文章的时候，你需要注意文章的标题、摘要、加粗和高亮的句子，它们通常是作者创作的金句。以下这些句子，均是我从优质文章中收集来的。

- 你施舍的每一份善良，都是给予这人世间最高贵的温暖。
- 因为穷过，所以懂得。
- 泛泛之交，不如不交。
- 都说“岁月不饶人”，可岁月最饶不过的，便是父母。

2. 专业网站

任何一个行业都有相关的专业网站，文案这一行也不例外。以下这几个网站，是我平时比较常用的。

（1）梅花网。

它集中了全世界顶尖品牌产品的创意文稿。如果你想知道今天又有什么特别的广告创意诞生了，可以去这个网站看看。另外，很多文案高手也会在这里发文章分享经验，你可以向他们学习。

（2）TOPYS。

它包括大量新的广告创意案例。这个网站于我而言，主要用来充电和激发灵感。

在我的专属资料库中，有相当一部分素材来源于这个网站。

（3）人人都是产品经理。

这看似是针对产品经理和业内人士的平台，但实际上，这个网站经常发布各种热门营销案例、文案干货、项目解析等。

（4）Addog。

这是一个导航网站，不仅收纳了营销人常用的400多个网站，而且提供了热榜指数、效率工具、方案模板、书籍推荐等服务和工具，可帮你大大提高搜集素材的效率。

（5）新榜。

这是做自媒体必备的工具网站。我每天上班第一件事，就是在这个网站上查看各行各业的爆款文章、热搜词、各平台自媒体排行、行业分析报告等。

3. 金句类 App

很多人不知道还有专门的金句类App。“句读”“一个”“句子控”“早安语录”等均是非常优秀的金句类App。这些App汇集了散文美句、名人名言、经典名句、电影台词、歌词等。

4. 娱乐节目

在工作之余，人们会选择看电影、电视剧、综艺节目、纪录片等作为自己娱乐休闲的方式。其实在娱乐之余，你还可以顺便积累素材。

以下是我平时积累的素材节选，你会发现金句无处不在，有的金句甚至能成为我们的座右铭。

- 如果我们不知道自己身在何处，又怎能看清我们的过去和未来。（图书《空间简史》）
- 人类先发明了旅行，然后又不停追问旅行的意义。其实世间所有的相遇，不是久别重逢，就是后悔莫及。（综艺节目《花儿与少年》）
- 哭着吃过饭的人，是能够走下去的。（电视剧《四重奏》）
- 喜欢一个城市的理由，从早餐的味道开始。（纪录片《早餐中国》）

- 有些鸟儿是关不住的，它们的每一片羽毛，都闪耀着自由的光辉。（电影《肖申克的救赎》）
- 大人们，也会疼。大人们只是一直在强忍着，忙着做大人应该做的事。（电视剧《请回答 1988》）

5. 优质视频号

区别于电影、综艺节目、纪录片等传统形式，手机上的视频号更有时效性，也更有“网感”。目前，短视频很流行，创作者需要在极短的时间内呈现最抢眼的内容，这就催生了一大批金句频出的优质视频号，这些视频号很值得我们关注。

6. 网友评论

有一句话叫作“高手在民间”。如果你经常逛知乎、微博、网易云音乐，你就会发现网友们的评论中，就藏着不少金句。

我平时很注意收集这些网友评论，下面是我的部分“藏品”，你可以感受一下网友的水平。

- 不要低估你的能力，不要高估你的毅力。（知乎网友）
- 你感觉累就是上坡，感觉轻松就是下坡。（知乎网友）
- 你讨厌的现在，是我回不去的过往！（微博网友）
- 现在为难你的人和事，都是在逼你成长。你若争气，它们便不再与你过不去。（微博网友）
- 我本想去地狱，可是地狱打烊；便转身走去天堂，但天堂也客满。于是我路过人间，正好你房间通亮。（网易云音乐《路过人间》热评）
- 我在最没有能力的年纪，遇见了最想照顾一生的人。（网易云音乐《同桌的你》热评）
- 别人稍一注意你，你就敞开心扉，你觉得这是坦率，其实这是孤独。（网易云音乐《国王与乞丐》热评）
- 考 59 分比考 0 分更难过，最痛苦的不是不曾拥有，而是差一点儿就可以。（网易云音乐《淘汰》热评）

7. 朋友聊天

我们每天都会跟很多人打交道，其实在日常聊天中，也能够积累金句素材。

或许是出于职业习惯，我和别人聊天时，如果对方提出新观点，或者说了什么有意思的话，我都会悄悄将其记下来。

总而言之，生活处处皆学问，要想写出好内容，绝不能仅靠自己的脑袋想，而是要打开“触角”，广泛地吸收和接纳。我的一个朋友说过这么一句话：“金句不是想出来的，而是‘淘’出来的。我们要像淘金者那样，有发现金子的眼光，也要像淘金者那样付出努力，真正大浪淘沙，才能找到金子。”

8.4 总结

文案的本质是影响别人，金句可以加大其影响力度。写金句的时候，我们可以使用“7yes 法”，为了促进成交，要让用户不断说“yes”。

如何才能写出金句呢？你可以使用以下 7 种金句类型：顶真型，反复型，回环型，对比型，关联词型，比喻、拟人型，需求 / 痛点 / 场景 + 动作型。

写金句不能临时抱佛脚，你需要日积月累。前文介绍了七大金句积累渠道：优质的图文账号、专业网站、金句类 App、娱乐节目、优质视频号、网友评论、朋友聊天。你都记住了吗？

Writing

第 9 章

情绪决定销售成败，这样写可激发用户的购买欲

- 情绪如何决定销售成败
- 哪些情绪能促使用户下单
- 怎么“撩拨”用户情绪
- 总结

什么样的文案最能卖货?

过去我一直觉得,把握好用户痛点,把产品信息讲清楚,再融入一点儿写作技巧,文案就能够卖货。直到我遇见一位写文案的同事,我才彻底改变了这个想法。

这位同事写文案的方法跟我不一样,她很少研究产品,也不去纠结用户关心的是什么,差不多定好大纲就直接写文案了。好几次我都替她捏一把汗,这么写太容易出问题了吧!

没想到,每次文案发出来,数据都非常好。说实话,我当时是极其震惊的,因为这已经超出我的认知,她连用户和产品都不怎么关注,为什么其文案的阅读量和转化率却那么高呢?

我私底下找她讨教,她告诉我,这是她自己摸索出来的方法,在她的文案中,一般至少有 3 处调动用户情感的地方。她主要用情感共鸣的方法带动用户付费。

自那以后,我的文案风格开始有所转变,不过我还是会坚持研究产品和用户痛点,除此之外,我也会有意识地在文案里加入“撩拨”用户情绪的内容,既然这种方法是有效的,那就一定能为我所用。

文案人经常要面对的一个问题是,到底文案中哪些内容是可有可无的铺垫,哪些内容才是真正触动用户,并最终影响他做出购买决策的核心内容。

刚入门的文案人大都觉得前面的故事和叙述部分是可有可无的,后面的产品卖点，价格优惠才是核心内容。但对一个成熟的文案人来说，决定文案好坏的是其内在的说服逻辑和潜藏于字里行间的情感。现在的用户都很理智，他们很少因为产品功能和价格就付费——如果是这样，给他们一个产品介绍页就好，就不需要文案了；他们需要的是被触动、被影响、被改变。

用情绪激发用户的购买欲，是我至今接触到的最高级的促销手法，没有之一。在本章中，我们主要探讨的就是如何用好这种方法，把你的文案提升一个层次，更好地激发用户的购买欲。

9.1 情绪如何决定销售成败

你一定听说过一个词，叫作“冲动消费”，那么到底什么是冲动消费呢？

或许你有过下面这些经历。

- 在网上买东西的时候特别爽，但收到快递时很后悔。
- 常常在深夜买东西，过后又埋怨自己怎么就没忍住。
- 你在网上买了一个东西，但转头就忘了。要不是快递提醒你，你都不记得自己下过单。
- 看到网上的广告就下单了，东西买回来之后基本没用过。
- 跟风买了一个东西，根本用不上，但也懒得退货了。
- 看到打折就买了，结果买回来一算，一点儿都不便宜。

以上这些经历，如果你占到一到两条，就说明你曾经冲动消费过。所谓冲动消费，其实就是被情绪而非理性带动的消费行为。

怎么才能影响用户的情绪呢？一般有两种方式。一种是直接对他造成影响。例如打骂一个人，故意伤害一个人，对方的情绪就会产生波动。另一种是营造一种氛围，调动他的情绪。例如，看到伤感的电影情节会流泪，看到恶性事件的报道会生气等。

很明显，文案能做的是第二种，也就是通过营造某种氛围，调动用户的情绪，从而引导用户下单购买产品。

情绪和不理性是近义词，有情绪的人往往是不理性的。性价比、耐用性、使用频率、比价等，他们统统都可以不考虑，只要情绪来了，一切跟着感觉走。

而这正是文案人求之不得的。所以才会有人说，情绪决定销售成败。

不过要提醒大家的是，所有对情绪的调动一定是在合理合法的范围内进行的。如果文案故意煽动一些情绪，甚至涉嫌欺诈、虚假宣传、恶性竞争等，那么文案不但不能带来销售，反而会引火烧身。

“借用”一句广告语：“情绪”虽好，可不要“贪杯”。

9.2 哪些情绪能促使用户下单

前面讲了情绪对销售转化的巨大作用，那到底哪些情绪可以促进销售呢？它们又是怎么发挥作用的呢？

我把促使用户下单的情绪总结为以下 8 种：恐惧、渴望、责任感、贪便宜、攀比 / 虚荣 / 优越感、后悔、补偿、喜欢。

1. 恐惧

恐惧情绪，简单来说就是如果我不做点儿什么，可能事情会变得更糟。

例如，保险产品的文案就经常调动用户的恐惧情绪。它们会说，如果你现在不买保险，以后一旦有什么意外，你的人生就全毁了，哭都没地方哭。

另外，一些日常使用的产品也会调动用户的恐惧情绪。例如，除螨仪的文案会告诉你，你每天都跟上万只螨虫一起睡。那画面想想都可怕。

我再列举一些与恐惧情绪有关的例子，具体如表 9-1 所示。

表 9-1　与恐惧情绪有关的示例

恐惧事项	示例
怕没钱	20 岁时，你说钱不是攒出来的，有多少花多少。 可等你到 30 岁、40 岁时，还敢这么想吗
怕失去健康	别等到 40 岁去医院时，才想起要锻炼
怕失去未来	不要失去第二次改变命运的机会

人们都有规避危险的本能。一旦有恐惧情绪，人们就愿意为摆脱恐惧情绪而买单。

2. 渴望

渴望情绪，可以理解为如果我想要变得更好，就要去做点儿什么。

例如，你想找个好工作，那就要学会简历包装和面试技巧；你想变得更瘦、更美，那就要试试各种减肥产品、护肤品；你羡慕别人画画好看，有特长，有情趣，那你现在就应该着手学习。这些利用的都是人们渴望变好的情绪。

每个人内心深处都希望自己变得更好，但每个人希望变好的领域是不一样的。例如，有的人希望变好看，有的人希望变得有钱，有的人希望变得更有文化。只要能准确找到这个情绪，你就非常容易让用户下单了。

我再列举一些与渴望情绪有关的例子，具体如表 9-2 所示。

表 9-2　与渴望情绪有关的示例

渴望事项	示例
渴望有钱	为自己谈个好薪资，生活里再也不关心价钱
渴望有魅力	在读书中让时光流逝，是最优雅的老去方式
渴望逆袭	学习就像 800 米跑道，春秋是直道，寒暑假是弯道，在弯道才能超车
渴望“冻龄”	如果你在 16 年前用上 ×× 的护肤品，16 年后你的皮肤会像 16 年前一样嫩

人们都想变得更好。一旦对某种事物产生渴望，人们通常会不惜代价去追求它。

3. 责任感

责任感就是作为父母、子女、爱人，我一定要做些什么才对得起我的角色。

例如，你可能不舍得给自己花钱，但给父母买礼物，给孩子买玩具，给爱人买衣服，你完全不会纠结。

同样是花钱，为什么给别人花钱反而更大方呢？原因很简单，因为你的内心深处有责任感，这份责任感会一直告诉你，你一定要做点儿什么事才对得起你的角色，否则你就是失职。

我再列举一些与家长责任感有关的例子，具体如表 9-3 所示。

表 9-3　与家长责任感有关的示例

负责事项	示例
为孩子的健康负责	×× 奶粉，专为中国宝宝研制，更适合中国宝宝体质
	看，妈妈，没有蛀牙
为孩子的舒适度负责	宝宝用得舒心，妈妈用得放心
为孩子的未来负责	爱阅读的孩子，不会变坏

责任感来源于人的社会身份，追求责任感的过程让人们觉得自己是有价值的。一旦一个人找到自己的责任感，他就愿意为此付出。

4. 贪便宜

人们难免贪便宜，遇到天上掉馅饼的好事，谁不希望赶紧抓住呢？所以，“双十一”“618”等各种名目的大促销活动一来，哪怕有的东西你根本不需要，你也会心甘情愿地花钱。

当然，你可能并不觉得自己是在占便宜，因为占便宜等于节省，等于精打细算，等于会过日子，在这种“积极”的心理暗示下，你会更有动力找出便宜的产品，下单把它们买回来。

我再列举一些与贪便宜情绪有关的例子，具体如表 9-4 所示。

表 9-4　与贪便宜情绪有关的示例

便宜事项	示例
免邮费	满 199 元包邮
礼品	买手机送手机膜、耳机、充电宝、手机壳……
免费	价值 199 元的口红免费送，只要 12 元运费
低价	比“双十一”还要便宜 200 元

贪便宜等于“少花钱多办事”“用同样的钱买到更多的东西”。在这种情绪的引导下，人们开启了非理性的“买、买、买”模式，买回了一堆并不需要的产品。

5. 攀比 / 虚荣 / 优越感

我们必须承认，人都是喜欢攀比的。你希望过得比闺密好，你希望业绩比同事强，你希望混得比其他同学好，你希望在芸芸众生中，你是有优势的。

攀比对应着优越感和虚荣心，在比较中，人们能找到自己的优越感，借助优越感，人们会产生某种虚荣心。

当然，并不是每个人都会被攀比、虚荣、优越感这些东西控制，但在内心深处，人们依然会追求这种因为比较而带来的满足感。如果一款产品可以满足你的虚荣心，让你产生优越感，你就愿意为此付费。

例如，很多人会购买奢侈品，花几万元买一个手提包并不单是为了某种功能，更多的是出于奢侈品品牌附加的价值。提着某品牌的手提包，感觉自己的品位比别人的好，这就是一种优越感。

写文案的时候，我们也会利用人们的这种心理。例如，强调产品的专属性，如“只为特定人群定制”“只为有眼光的你定制”“只给老客户”，等等；或者强调某种数量、品质的稀缺性，让用户觉得自己被重视，满足用户的虚荣心。

6. 后悔

人生不可能没有遗憾，可是遗憾一旦产生，就再也无法弥补。我们唯一能做的，就是在遗憾产生前，防患于未然，让自己少一点儿遗憾。

怎么才能少一点儿遗憾呢？那一定是我提前告诉你，如果不这样做，以后就会有遗憾。

如果不想同学聚会时自己的颜值被同龄人比下去，那就抓紧时间护肤吧；如果不想“子欲养而亲不待”，那就好好孝顺父母，珍惜当下吧；如果不想人到中年没得选择，那就在年轻的时候多努力一点儿吧。

同样一件事，你劝别人做，别人也许不会听，但告诉他不做就会后悔，他可能就会去做了。为什么会这样呢？因为后者是他自己觉得应该这么做，自己驱动自己，比你说多少遍都有用。

找到用户容易后悔的点，再配上合适的产品，会使推广的效果得到最大程度的优化！

后悔情绪简直是促进用户采取购买行动的灵丹妙药。

7. 补偿

本书第 2 章讲过“为补偿自己花钱”。补偿的意思是告诉用户：“你都那么辛苦了，买点儿好的护肤品，吃一顿好的，住得更好点儿，是应该的。”

让用户发现自己需要被补偿，那么，他们就会**自己说服自己，这比任何外部的说服都更有效**。

8. 喜欢

为喜欢付费，这从某种角度上来说和补偿心理是一样的，都是让用户自己说服自己去消费。

例如，我喜欢一个名人，所以我要去买他的专辑；我喜欢一部动漫，所以我要去买它的周边产品；我喜欢一位作家，所以我要去买他的书；我喜欢这个颜色、这个款式，所以不管它多贵我都愿意买。

如何让用户产生喜欢的情绪呢？其实，硬生生地让用户喜欢上一个东西是很难的。喜欢白色的人，不管你怎么推销他都不会喜欢红色。所以，与其说制造喜欢的情绪，倒不如说把喜欢某一类事物的人筛选出来并聚集起来。

例如，我的产品和哆啦 A 梦是联名款，那么喜欢哆啦 A 梦的人自然就会关注这款产品；我的产品是某个名人代言的，那么关注这个名人的人自然也会关注这款产品。

因为是把具有某种偏好的人聚起来，所以写文案时一定不要说外行话，更不要不知轻重，说一些这个群体不爱听的话。一旦说错了话，喜欢就可以变成抱怨，这对文案和产品来说，都是致命的伤害。

9.3 怎么“撩拨”用户情绪

上一节介绍了 8 种影响用户下单的情绪，写文案的时候，到底要如何用好这些情绪呢？也就是说，如何把这些情绪融入文案的字里行间呢？

我在这里总结了 4 种方法，它们都是我在写文案时使用的实战技巧，希望对你有帮助。

1. 心理描写

要想影响别人的情绪，首先你自己要能体会这种情绪，把你自己的感受写出来，用户才能感同身受。

例如，我曾在一篇文案中这样写道：

一次偶然的机会，他看了《一个人一天》的纪录片，片子里的世间万象、人生百态，令他惊讶：“原来，人生还可以有这么多种活法！拍出这个视频的人也好厉害，我能不能像他一样呢？可是我一没有专业基础，二没有实操经验，能行吗？”

【分析】这里连续 2 个问句，把当时他那种犹豫、怀疑的心理很直白地写了出来。而且问句的形式会比直接说更生动，也更具体。

问题一抛出来，你就会跟着他一起思考，产生一种代入感。接下来，我继续写下如下内容。

朋友说：“想那么多干什么？做就是了！”

是啊，想那么多干什么。

反正自己的日子也就这样了，再坏也坏不到哪儿去。

【分析】这两句还是心理描写。读下来，你是不是完整地跟着文案经历了一次心理纠结？

所以，如果你想快速走进用户的内心，你一定要学会心理描写，把心理感受写细致，用户才容易有共鸣。

再如，我曾经帮一个老师写英语课程文案，当时我用了第一人称，直接把自己替换成了这个老师。为什么要用第一人称？因为只有第一人称可以直面他的心理活动。

案例　英语课程文案（节选）

最初，我以为考去外地，上了大学就算走出大山了。可等我真的大学毕业了，我却迷茫了。

去一家差不多的公司，拿着差不多的薪水，一辈子浑浑噩噩，这和在大山里有什么差别呢？

不过是从一个山沟沟，去到另一个稍微好一点儿的山沟沟而已。

我想起小时候壮志凌云的自己，我为什么不能真正走出去呢？人生只有这一次，我有资格活成我想要的样子啊。

心理描写没有太多技巧。你是怎么想的，或者你的故事里的人物是怎么想的，直接写出来就好了。只要是发自肺腑的，不是胡编乱造的，心理描写一般都能引发共鸣。

2. 排比句

排比就是用 3 个或者 3 个以上句式相同的句子，营造出强调和层层递进的效果。

排比句的作用，是强调你想表达的观点和情绪。当然，排比句不一定是那种很空泛的句子，也可以写一些具体的事情。

例如，我之前在成长学习礼包和文案课程的文案中，都使用了排比的方法。

诸如此类的进步和成长，实在太多太多，

每次看到，都会让我们热泪盈眶；

也让我们更加坚信：陪伴大家成长的事情，要做一辈子。

你的每一分努力，都让每个平凡的日子，变得无比珍贵和深刻。

你的每一步成长，都让你面对生活时，变得更加勇敢和有底气。

只要你愿意，你完全可以是更坚强、更自信，美好到耀眼的存在。

【分析】排比句一般是 3 个或者 3 个以上的句式相同的句子，但是考虑到文案的篇幅，很多新媒体文案的排比句只用两个句式相同的句子，也能把用户的情绪调动起来。

人生在世，不论男女，都应该为自己努力一把。

下班后不去看电视剧，不贪恋玩手机，而是去读书，去写文案提高写作水平，去投稿赚点儿稿费，去发朋友圈经营自己的小生意……去努力，去追求你想要的生活！

【分析】这里虽然不是很典型的排比句，但一系列的“去”字，把所有我想说的鼓励的话都串联起来了，起到了鼓舞人心的作用，也拔高了文案的立意。

有时候，我们也可以把排比句和问句连起来用，营造一种不断逼问用户的效果。

你对现在的生活满意吗？

你对现在的工作满意吗？

你对现在的自己满意吗？

如果答案是不满意，那为什么不试着改变一下呢？

【分析】连续的问句让人不得不关注，不得不思考。3 个问句下来，审视生活和自己，那种想要做点儿什么的情绪，立马就出现了。

3. 问句

问句就是提问题，它能够快速引起人们的注意。如果你的问题够精准，那么用户的心会被你牢牢抓住，他的情绪自然也会被你调动起来。

问句分为 3 种类型：设问句、疑问句和反问句。每种类型的问句的使用方法略有不同，下面分别进行介绍。

（1）设问句。

设问就是一问一答，自问自答。通常我想消除用户的顾虑的时候，就会用设问句。例如：

你心里肯定会犯嘀咕，为什么这么好的产品这么便宜呢？

让我来告诉你原因……

【分析】一问一答，消除用户可能会有的顾虑。

（2）疑问句。

疑问句就是提出问题。写文案时，我通常用疑问句来制造悬念，或者引发用户思考。例如：

刘杰出生在一个十八线小城市，毕业后便留在小县城当体育老师。

工资稳，铁饭碗，好像这样的人生也不错。

但是刘杰越来越怀疑：这种一眼可以望到头的生活，真的是自己想要的吗？

【分析】最后这个问句是一个非常典型的疑问句。“这种一眼可以望到头的生活，真的是自己想要的吗？”很多人可能都会遇到这个问题，所以这个问题虽然是刘杰问的，但也是看文案的读者想问的。

（3）反问句。

反问句并不是为了获得答案，而是用来强调你想表达的观点的。反问句一般会带着比较强烈的态度。

（**陈述句**）女人不能只带娃、做家务。

（**反问句**）女人凭什么只能在家带娃、做家务？

（**陈述句**）后来，很多人看到我的儿子、女儿双双成才，经常来向我讨教育儿经。

（**反问句**）说实话，都是第一次当父母，谁不是一路摸索过来的呢？

【分析】很明显，反问句的“力量”更大，也更容易引起用户的注意。

上面两个例子中的反问句，一方面是为了强调观点，另一方面也是为了拉近和用户的距离。

“女人凭什么只能在家带娃、做家务？”这个句子的潜台词是，我理解你，我支持你。

“都是第一次当父母，谁不是一路摸索过来的呢？”这个句子的潜台词是，我们都一样，我们都是新手父母，都经历过迷茫时期，也都犯过错。

总的来说，不管是设问句、疑问句，还是反问句，问句表达内容的力度都比陈述句要大，也更容易调动用户的情绪。

4. 对比

对比就是把相近或相反的东西放在一起做比较。这是我个人非常喜欢的一个写作技巧，因为只要一被对比，人们的情绪就容易被调动起来。

举个例子，我们经常被人劝多读书。虽然大家都知道读书的好处，但并不觉得读书是多么紧急的事情，也没有立刻去阅读的想法，总觉得抽空再看就可以。而在《我害怕阅读的人》这篇文案中，作者把自己（代表不阅读的人）和阅读的人进行对比：阅读的人能从食谱论及管理学，八卦周刊讲到社会趋势，甚至空中跃下的猫，都能让他们对建筑防震理论侃侃而谈。而作者就像过气、无法调整的录音机，最引以为傲的论述，也只是多年前书架上某本书里的某段文字，而且还是不被荧光笔画线注记的那一段。对比之后，再进一步给出结果：跟阅读的人谈话，作者感觉自己像一个透明的人，苍白的脑袋无法隐藏。通过如此对比，高下立判，不需要说教，用户自然知道，该去读书了。

我在写一款减肥产品的文案的时候，直接把对比换成了选择题。

问你一个问题，如果可以选择，你想成为哪一种女人?

是身材纤细，体态优雅，举手投足间都透露着自信；还是脂肪堆积、身材臃肿，明明正处在大好年华，整个人却黯淡无光?

【分析】这其实并不是选择题。没有人愿意让自己脂肪堆积、身材臃肿。看到这个对比，你自然知道该怎么做，也自然会采取行动。

9.4 总结

文案不只是文字的组合，写文案时还要研究用户的情绪。促使用户下单的情绪主要有 8 种，分别是恐惧、渴望、责任感、贪便宜、攀比 / 虚荣 / 优越感、后悔、补偿、喜欢。

为了调动用户的情绪，在文案中可以使用“撩拨”用户情绪的方法，具体有以下 4 种方法：心理描写、排比句、问句和对比。这些方法你学会了吗?

第 10 章

这样排版，转化率直接提升

- 排版在文案中的 3 个作用
- 文案排版的 5 个技巧
- 总结

“文案”二字一听就跟文字有关。从事文案工作之前，我也以为做文案工作只要会写稿就行。

真做了这一行，我才发现，除了会写，还得有一定的审美水平。尤其是做新媒体文案，提交给客户的并不是一份 Word 稿件，而是一整套解决方案，包括内容排版方式、简单的配图、重点标注等。

后来，我成为文案团队的负责人，我发现我的主要工作不是帮大家改文字，而是要做整体的包装设计。每天我要花几个小时的时间和其他团队成员一起，从几十张图片中选出一张合适的封面图。在文案中，哪里要加粗，哪里要引用内容，哪里要断行，哪里要插入什么图片，每一处细节都抠得特别细致。

有人说我不务正业，错了，让用户对文案有好的第一印象恰恰是我的“正业”。

试想一下，用户每天那么忙，注意力那么有限，你给他看一篇没有经过用心包装的文案，他又怎么可能会为你的“敷衍”付费呢？

“这样排版，转化率直接提升”，看到标题后，你一定会犯嘀咕，这怎么可能？如果做好排版就够了，那前面花那么多功夫讲怎么写文案还有什么意义？

其实，通过排版提高转化率一点都不夸张，这是我根据自己经手过的文案验证过的。文案是内核，排版是外表，内核当然重要，它决定了一篇文案的质量和水平；外表也很重要，它决定了用户是否能心情愉悦地把文案看完。

我就曾看过一些文案，整篇文案没有排版，文字字号很大，行与行之间也没有间隙，所有文字挤成一团。试想，如果你是用户，你该多喜欢这篇文案才能坚持把这么难看的东西从头看到尾？

一篇文案，一个广告，如果不能在 7 秒之内吸引用户，那么用户很有可能不会继续读下去。在互联网时代，每个人的时间都是有限的，大家的注意力很容易分散。如果开头抓不住用户，那么后面的内容再好也没有用。

想一想，你 7 秒能读多少个字？可能也就读 40 ～ 50 个字，除去标题，可能正文部分也就读 30 ～ 40 个字。如果单单靠文字，你要写得多精彩才能牢牢抓住用户呢？

所以我会告诉我所在文案团队的小伙伴，如果文字的魅力不够，就用排版来凑，好的排版会让用户忘记时间。换句话说，如果你的文案设计得很漂亮，用户可能不止给你 7 秒，也许会给你 70 秒或者 700 秒。

10.1 排版在文案中的 3 个作用

没实际写过文案的朋友可能认为写文案就跟写作文差不多，即打开 Word 文档，写出大段的文字。实际上，互联网时代的文案早就不是简单的文字堆积，它跟媒体形态紧密相关。例如，发在微信公众号上的文案，要符合用户使用手机阅读的习惯；发在简介页上的文案，要跟页面设计相配套。

好马需配好鞍，好的文案，也需要有好的呈现形式。在呈现形式上，我们要做的就是排版。排版包括内容版式设计、分段、强调、标记、配图等。有人说，现在文案人包揽了一半的设计工作，也不无道理。

好的排版有以下 3 个方面的作用。

1. 减轻用户的阅读压力，提高阅读效率

过于拥挤的文字会让阅读变成一件痛苦的事，用户需要一字一句地看才能把文案

看完。黑压压挤成一团的文字会让人觉得特别压抑，还会有一种廉价感。

舒服、简单、有品质的排版能够减轻用户的阅读压力，让他读起来不费劲。如果用户能快速、轻松地读完一篇文案，那么你要传达的信息就能够到达用户那里，这对后续转化的帮助非常大。

例如，下面两段文案——文案A和文案B，同样的文字，行间距不同，分段不同，阅读体验就完全不一样。如果将这两段文字放在手机中，阅读体验的差别就更大。

文案A：

我冒着严寒，回到相隔二千余里，别了二十余年的故乡去。时候既然是深冬；渐近故乡时，天气又阴晦了，冷风吹进船舱中，呜呜地响，从缝隙向外一望，苍黄的天底下，远近横着几个萧索的荒村，没有一些活气。我的心禁不住悲凉起来了。

文案B：

我冒着严寒，回到相隔二千余里，别了二十余年的故乡去。

时候既然是深冬；渐近故乡时，天气又阴晦了，冷风吹进船舱中，呜呜地响，从缝隙向外一望，苍黄的天底下，远近横着几个萧索的荒村，没有一些活气。

我的心禁不住悲凉起来了。

【分析】仅仅是行间距、分段的不同，就能让用户有不同的阅读体验。

2. 便于用户把握和理解文案的逻辑链条

不知道你有没有发现，我们在手机上看到的文案，经常会被分成多个板块，有的用数字来区分，有的用小标题来区分。

例如《一个人越活越幸福的4个习惯（建议永久收藏）》这篇文案，整体分为6个板块，分别是开头，第一个习惯——早睡，第二个习惯——存钱，第三个习惯——运动，第四个习惯——读书，总结。

为什么要这样做呢？因为一篇两三千字的文案，如果让用户一口气读完，的确是有难度的。现在用数字、小标题等方式，把文案分为几个部分，每个部分只有几百个字，这样用户读起来比较省力，能够直接降低文案的阅读难度。

另外，文案的小标题也不是随便起的，很多时候，小标题就是金句，而且可以提示用户下面一节的主要内容。例如“偷得小懒，走不长远”“每天给自己一个开心的理由”“高级的赚钱靠眼光”等，这些句子听起来就比较有内涵，能激发用户读下去的兴趣，也是勾住用户注意力的钩子。

除了设置小标题之外，我们还可以在文案中插入图片，加粗重点内容，给文字添加颜色等。这些做法都是为了让用户更好地理解文案的逻辑和脉络。

一篇文案，用户读懂了才会有喜悦感，才有可能下单。如果读得一头雾水，用户会选择关闭页面，或者把对文案的怒气迁移到产品上，这是文案人最担心的事情。

3. 给用户信任的心理暗示

我们去餐馆吃饭时，如果餐馆装修华丽，我们会觉得这家餐馆档次很高，品质过硬；如果餐馆装修一般，我们会觉得这家餐馆格调有限，品质一般。也就是说，还没有品尝菜品之前，我们就已经有了预设的判断。

同样地，你对一篇文案的第一印象并不是来自文字内容，而是来自排版。因为排版是文字的外表，也是你打开文案后第一眼看到的东西。有的人一看文案的排版就会在潜意识里做出判断——好的排版意味着大公司、内容有保障，而不好的排版意味着“山寨货”、不专业、不正规。

好的排版就像给文案穿上了一件漂亮的外衣。为什么文案人要做一半设计的工作，因为你最了解你写的内容，好的包装也是对自己付出的尊重。所以，千万不要让你的排版配不上你的文案。

10.2 文案排版的 5 个技巧

既然排版那么重要，究竟怎样做才能做好排版呢？

我给你一个关键词，那就是“节奏感”。

节奏感这个词跟音乐有关，有的音乐节奏感很强，你一听就来劲，整个人都会兴奋起来；而有的音乐节奏感比较弱，你听着听着就想睡觉。

我们看书的时候也有这样的体会。有的书整篇都是文字，你看着看着就困了。这是因为文字排版都是一样的，其节奏感较弱，你自然会觉得无聊。试想一下，如果在书籍中增加图片，或者改去看漫画、绘本，你还会觉得困吗？

同样的道理，我们在写文案的时候，一方面要在内容的节奏感上做文章，增加有趣的内容；另一方面，在形式上，也就是在排版上，我们也要尽量打造节奏感。千万不能让用户读着读着就犯困。

怎么让一篇文案在形式上有节奏感呢？你可以采取改变行间距、改变段落长度、图文结合、设定文字格式、起小标题等技巧，接下来，我会依次向你介绍每种排版技巧。

1. 改变行间距

行间距是指行与行之间的距离。几乎所有新媒体文案在排版时都会注重行间距，这是排版时必然要面对的问题。

如果文字太过密集，用户看着密密麻麻的文字，直接就被吓跑了。但如果文字过于稀疏，零零散散的，用户的注意力就会被分散，用户很难集中精力读完一篇文案。小行间距和大行间距的效果对比如图 10-1 所示。

根据经验，行间距设置为 1.5 或者 1.75 比较合适。

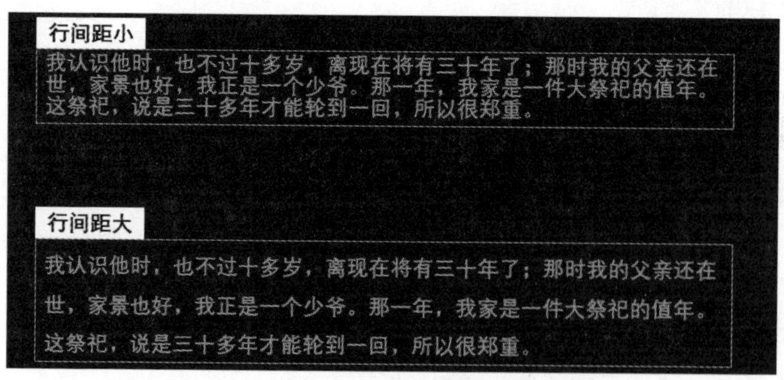

图 10-1　小行间距和大行间距的效果对比

2. 改变段落长度

首先，区别于传统排版方式，新媒体文案的段首不必缩进，也就是不用空两格。这是因为用户主要在手机上阅读新媒体文案，手机屏幕小，一行能放的文字有限，空两格比较浪费空间。另外，如果每一段段首都空两格，在手机上看，整篇文案会显得特别乱，如图 10-2 所示。

其次，段落切记不要太长。我见过的最极端的情况是，一个段落占了足足一屏。如图 10-3 所示，满屏黑压压的大段文字，真会让人喘不过气来，用户会丧失读下去的兴趣和耐心。

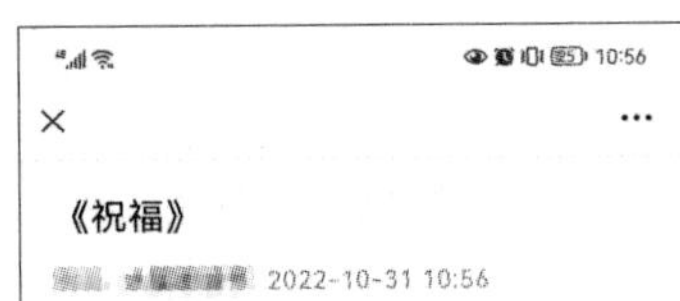

旧历的年底毕竟最像年底，村镇上不必说，就在天空中也显出将到新年的气象来。灰白色的沉重的晚云中间时时发出闪光，接着一声钝响，是送灶的爆竹；近处燃放的可就更强烈了，震耳的大音还没有息，空气里已经散满了幽微的火药香。

我是正在这一夜回到我的故乡鲁镇的。虽说故乡，然而已没有家，所以只得暂寓在鲁四老爷的宅子里。

他是我的本家，比我长一辈，应该称之曰"四叔"，是一个讲理学的老监生。他比先前并没有什么大改变，单是老了些，但也还末留胡子，一见面是寒暄，寒暄之后说我"胖了"，说我"胖了"之后即大骂其新党。但我知道，这并非借题在骂我：因为他所骂的还是康有为。但是，谈话是总不投机的了，于是不多久，我便一个人剩在书房里。

第二天我起得很迟，午饭之后，出去看了几个本家和朋友；第三天也照样。他们也都没有什么大改变，单是老了些；家中却一律忙，都在准备着"祝福"。

这是鲁镇年终的大典，致敬尽礼，迎接福神，拜求来年一年中的好运气的。杀鸡，宰鹅，买猪肉，用心细细的洗，女人的臂膊都在水里浸得通红，有的还带着绞丝银镯子。煮熟

图 10-2　段首空两格的文案在手机屏幕上的效果

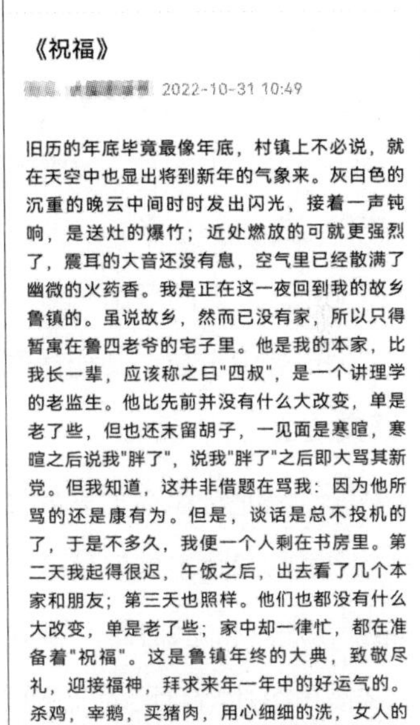
10:50

《祝福》

2022-10-31 10:49

旧历的年底毕竟最像年底，村镇上不必说，就在天空中也显出将到新年的气象来。灰白色的沉重的晚云中间时时发出闪光，接着一声钝响，是送灶的爆竹；近处燃放的可就更强烈了，震耳的大音还没有息，空气里已经散满了幽微的火药香。我是正在这一夜回到我的故乡鲁镇的。虽说故乡，然而已没有家，所以只得暂寓在鲁四老爷的宅子里。他是我的本家，比我长一辈，应该称之曰"四叔"，是一个讲理学的老监生。他比先前并没有什么大改变，单是老了些，但也还末留胡子，一见面是寒暄，寒暄之后说我"胖了"，说我"胖了"之后即大骂其新党。但我知道，这并非借题在骂我：因为他所骂的还是康有为。但是，谈话是总不投机的了，于是不多久，我便一个人剩在书房里。第二天我起得很迟，午饭之后，出去看了几个本家和朋友；第三天也照样。他们也都没有什么大改变，单是老了些；家中却一律忙，都在准备着"祝福"。这是鲁镇年终的大典，致敬尽礼，迎接福神，拜求来年一年中的好运气的。杀鸡，宰鹅，买猪肉，用心细细的洗，女人的臂膊都在水里浸得通红，有的还带着绞丝银镯子。煮熟之后，横七竖八的插些筷子在这类东西上，可就称为"福礼"了，五更天陈列起来，并且点上香烛，恭请福神们来享用，拜的却只

图 10-3　段落太长的文案在手机屏幕上的效果

一定要记住，所有的排版设计都是为了帮助用户更轻松地读完你的文案。如果排版不能让用户觉得阅读是一件简单的事，反而有畏难情绪，那么你的排版就是失败的。

在排版过程中，你不能只看电脑屏幕，一定要在手机上预览，以手机屏幕显示的最终效果为准。

根据经验，我的建议是，你写的每段文字在手机上显示时最长不要超过 4 行。如果超过 4 行，可以将段落拆分成 2 段或者 3 段。

之前有同事跟我说，既然段落不能太长，那每段就尽可能短吧。干脆把一句话当作一个段落，这样用户读起来最轻松。

别，你可千万别这样做！

如果一句话作为一个段落，每段的长度几乎相等，你会发现这就像一段毫无韵律的诗歌，用户可能根本读不下去。

最好的办法是将长、中、短段落结合使用，这样的话，用户在阅读文案的时候才不会觉得无聊。就像登山，如果一直是平路，你会觉得无聊；但如果一直都是陡峭山路，你又会觉得太难。最好的登山路线，一定是平路加陡峭山路，再加上中间的缓和地带，这既能让你觉得登山有趣，又能让你在这个过程中偶尔喘口气。

3. 图文结合

图文结合，就是你呈现出来的文案既要有文字，又要有图片。

当然，这里的图片不仅仅是简单的照片。文案中可以配普通图片，也可以配动图，甚至可以插入短视频。我总结了不同素材的说服力度：视频 > 动图 > 静图 > 文字。

我经常借用图片给自己的文案增色。之前，我接手过一个跳舞课程的推广任务，说实话，这种课程的内容很难用文字展现，之前别人写的文案的转化率很一般。到我接手的时候，我把文案内容删了 1/3，删完之后，全文只剩 1000 多个字，但我在文案中放了 20 多张图。很多用户可能都没有认真看文字，光是看那些漂亮的图片，就已经想购买这个产品了。改完之后，文案的转化率大大提升了。

同样有效的，还有绘画课程的文案。你想一下，你会因为什么去学绘画呢？是因为老师好，还是因为你觉得绘画有用？其实大部分人只是觉得老师画得好漂亮，自己也想画出那样漂亮的作品。这时，给用户看一堆漂亮的图片比你写 1000 句话都有用。

除此之外，在文案中加图片还有一个作用，那就是减轻用户的阅读压力。在文案圈，有一个不成文的规定，每翻过一到两屏，我们就要放一张图片，其实这是一种"奖励"——奖励用户把刚刚的文字读完。每隔一段时间，能领到图片的"奖励"，用户会更有动力接着往下看。

图片的第三个作用就是引起共鸣。有时候，你需要调动用户的某些情绪，而图片可以起到画龙点睛的作用。

我之前在一篇文案中这样写道：

闺密梅子最近去了一趟同学聚会，回来之后整个人都变得蔫蔫的。

"我本来觉得我的日子过得挺好的，每个月拿几千元也不少了。可是以前的老同学，一个个过得都比我光鲜亮丽。

在饭桌上，他们聊的商业、出国、孩子上的双语学校……我也听不懂，连一句话都插不进去。我就像个没见过世面的傻子，这不是我要的生活。"

梅子这个人物是我虚构出来的，我当然没有她的照片。我找了一张图，图里是一位看上去有点儿自卑的女生。这张图胜过了很多解释，因为用户通过图片就能体会到梅子的那种融入不了、难过自卑的心情。

还有一篇文案，我是这样写的：

我想起小时候壮志凌云的自己，我为什么不能真正走出去呢？人生只有这一次，我有资格活成我想要的样子啊。

当下，我做了这辈子最重要的一个决定：我要去北京，去这个充满"逆袭"传奇的地方，让我的人生真正精彩起来。

接着这段文字，我配了电视剧《北京女子图鉴》里女主角坐大巴去北京的动图。

虽然文字很普通，但看到这张动图，你就能感受到一个女生去大城市时那种渴望和兴奋的心情，你会跟着角色一起激动起来。

讲到这，一定有人会问 ：“你是怎么想到用《北京女子图鉴》里女主角的动图的？”

很简单，因为这是我积累的素材。例如，我之所以用这张动图，是因为我看过《北京女子图鉴》，脑海里有这个画面。所以，只有平时注意积累素材，到用的时候，才能找到与文字最契合的图片。

既然提到了动图，我在这里教大家一个配图小技巧。

上文说到，动图的效果比静图好，有些动图你可以在网上搜索，有些你搜不到。怎么办呢？你可以自己动手做动图。我常用的软件叫作 GifCam，你也可以找到这个软件，尝试一下。

4. 设定文字格式

在 Word 文档里写稿子是不需要考虑文字格式的，用默认的格式就好。但是写文案，尤其是写那些要在手机上显示的文案时，你一定要注意文字格式。

在这里我说几点注意事项，这都是文案人需要知道的基本常识。

（1）正文字体所用的全部颜色不要超过 3 种，颜色太多会显得杂乱。

（2）不要选择饱和度太高的颜色，也就是日常所说的鲜艳的颜色。如果用黑色的字，不建议用纯黑色（#000000①），在手机上看纯黑色文字会比较刺眼，正文颜色推荐用 #595959、#3f3f3f。

（3）强调的内容可以用以下颜色：暗红色（#C00000）、深蓝色（#0070C0）、橙色（#F79646）、浅蓝色（#3DAAD6）。

（4）强调的内容可以加粗。你可以加粗一个词，也可以直接加粗一整句话。

要提醒大家的是，不管是颜色强调还是字体加粗，都不能滥用，如果满屏都是重

① 这串数字是颜色编号，也叫 RGB 色彩模式下的色值。在百度中输入对应编号，即可搜索出相应的颜色。

点，那就等于没有重点。我自己总结的规则是，一句话最多只强调 1 个词，一屏中颜色强调和字体加粗不超过 3 处。这样整个界面就特别干净，而且重点突出。

5. 起小标题

小标题可以把大段的文字隔开，它主要有下面几个作用。

（1）分割内容，让用户有休息的时间。

（2）告诉用户阅读进度，让用户有心理预期。

（3）吸引用户往下读，承上启下。

之前我们说过标题的重要性，但不要忘了，你还可以设置小标题，好的小标题既吸睛又有诱惑力，可以吸引用户把一篇文案看完。

下面，我分析了几个小标题，你也许会从中得到一些启发。

- 背靠微信 12 亿流量，视频号给了普通人新的机会。

【分析】“背靠微信 12 亿流量”是权威背书。后半句能让很多人好奇，视频号给了普通人什么新机会？因为这份好奇，你会接着往下读。

- 成为配音员，我们能做什么？

【分析】这里直接用了一个问句，引起大家的好奇心。我之前讲过，只要对方提出问题，你的思路就会跟着对方走。所以用问句式的小标题也是不错的选择。

- 成为全职妈妈，人生就废了吗？

【分析】这个小标题很容易引起一部分人的共鸣，吸引大家接着往下读。

- 感情故事，是离钱最近的写作主题！

【分析】你会好奇为什么感情故事是离钱最近的写作主题。

- 什么样的副业或兼职能赚钱？

【分析】能让你赚钱的副业或兼职是什么样的？怎么做？带着这些问题，你会一直看下去。

10.3 总结

文案不只需要写文字，还需要有好的呈现形式。好的排版设计有 3 个好处，分别是减轻用户的阅读压力、便于用户把握和理解文案的逻辑链条、给用户信任的心理暗示。

排版的形式多种多样，但优秀的排版都有一个关键词，那就是节奏感。

做好排版工作，可以使用以下 5 个排版技巧，分别是改变行间距、改变段落长度、图文结合、设定文字格式、起小标题。你记住了吗?

第 11 章

文案自检清单，30 分钟做一次全面升级

- 文案自检的底层逻辑
- 文案的自检和润色
- 总结

你知道文案人最怕什么吗？他们最怕的不是写文案，而是改文案。

改文案是每个文案人都必须面对的艰巨任务。即便是文案高手，也不可能一次就直达目标。

我记得自己刚入行时，文案写得一塌糊涂，压根没法看。本来写得不好就已经够自卑了，奈何当时团队还有一个“特别节目”——互评文案，也就是把我写的文案拿给团队的其他同事看，其他同事挨个点评，并提出修改建议。

提建议是别人否定你，修改是你自己否定自己。

所有人都知道一个道理：好文案都是改出来的，但不是每个人都愿意面对自己已经完成的作品，并有勇气把它推翻重来。

修改是文案工作的一部分，尤其是当你已经成为一个职业的文案人之后，你要面对同事的质疑、客户的意见、数据的反馈等。这时，你一定要有一种认识：**修改是通向完美的唯一道路。**

你或许听过这样一个故事。

有一个盲人老太太在乞讨，她的面前放了一个盒子和一块纸牌，纸牌上面写着：我是盲人，请帮助我。

路人行色匆匆，老太太乞讨的盒子里空空如也。这时候，一位女士经过，她蹲下来，在纸牌上写了另外一句话。没想到，这句话仿佛有着某种魔力，路人看到后纷纷慷慨解囊。

那位女士写的是：春天来了，我却看不见。

你看，同样是乞讨的“文案”，这位女士的“文案”有着化腐朽为神奇的魔力。

我们在写文案时也会面临这样的问题，如果一篇文案的效果不好，我们要怎么修改？再进一步，文案发出前，我们要怎么修改才能让它更加完美？

如何修改一篇文案呢？通常在公司里，你可以借助团队的力量优化、修改你的文案，但从我个人的角度来说，我更希望你能够自己找出问题，自己检查。

因为只有你能发现问题并解决问题，你才能真正进步，靠别人“妙手回春”，那永远只是别人的能力，跟你无关。

接下来，我会告诉你文案自检的底层逻辑，以及如何将一篇存在问题的文案优化到自己认可、同事认可、甲方认可的样子。

11.1 文案自检的底层逻辑

自检其实就是自我检查，自己发现问题。文案一般存在两个方面的问题。一是文字本身的问题，如错别字、病句、前后矛盾等。二是说服力方面的问题。很多文案本身是一篇好文章，但就是不卖货。这时候，你就要考虑如何增强内容的感染力，如何推动用户下单。

关于文字本身的检查及修改，本书不做过多的讲解。文案不是学术论文，不需要太复杂的语言和太深刻的逻辑，对于基本的语言文字问题，你多加注意即可避免。我们重点讲的是如何增强文案的销售力。

其实，文案的销售力就是用户最终的付费理由。用户付费是基于理性和感性两方面的判断的，理性告诉他为什么要买，感性推动他快速下单。

1. 让文案更理性

理性消费，对应的是我们最初写稿时制定的文案策略，我们要帮用户分清利弊，算好账，给他一定要买产品的理由。

促进理性消费的文案策略，要回答用户以下3个问题。

（1）我为什么要买这款产品?

（2）我为什么要在你这里买这款产品?

（3）我为什么现在就要买这款产品?

假设你现在已经写完一篇推广洗面奶的文案，你要做的第一件事并不是直接上手改，甚至都不需要一字一句地读完。你要做的第一件事是要像找茬一样，对着之前制定的文案策略把你要写的内容都核对一下，看看是否都写进文案中了。

例如，你在文案策略中回答“用户为什么要在我这里购买产品”时，列出的理由如下。

- 因为这款洗面奶配方安全。
- 因为这款洗面奶的主要成分和大牌一样。
- 因为这款洗面奶香味特别。
- 因为这款洗面奶性价比极高。

……

你首先要确认该写的信息没有遗漏。因为我们在写文案时常常写着写着就跑偏了，有时候为了方便衔接，还会刻意删减某些重要信息。而自检就是为了发现这样的情况，及时改正。

销售文案的目标是说服用户购买产品，所以我们一定要确保整篇文案的说服逻辑链条、说服证据是完整的。如果这些重要的信息没有呈现出来，那你的文案写得再优美也没用。

除了核对文案策略，根据我们此前讲的内容，我总结了一个针对理性消费的自检清单，你可以将其作为参考。

- 我的文案的目标用户是谁?用户画像是什么样的?
- 用户有哪些需求契合我的产品?我是否将其写进文案中了?
- 文案开头是否关联了产品?用户是否愿意读下去?

- 文案中的案例是否覆盖了足够多的目标用户？
- 文案每一段的目的是什么？内容是否有助于产品销售？如果没有，是否可以删除？
- 我是否消除了用户购买产品时的顾虑？
- 我是否给了用户足够多的付费理由？这些理由是否无法拒绝？
- 用户会相信我说的话吗？
- 我是否把说服的 4 要素（传递者、沟通信息、接收者和说服情景）利用起来了？
- 我的文案是否使用了大量数据，以增强文案的说服力？
- 用户会相信产品价值吗？
- 我的文案是否将需求前置，让用户觉得应该立刻购买产品？
- 我是否制造了品质的稀缺性，让用户认可产品价值？
- 我是否制造了时间和数量的稀缺性，让用户有付费的紧迫感？
- 我是否告诉了用户，为这款产品花钱是正确的？
- 我是否降低了用户的决策成本，让他觉得买这款产品不是什么大事？
- 我是否让用户感觉到占了便宜，从而推动他下单？
- 用户看完我的文案后，会立即采取我希望他们采取的行动吗？如果不会，那可能的原因是什么？
- 我的文案是否有信息增量，让用户有获得感？

逐一回答这些问题，如果你考虑到了所有问题，那么你的文案就不会有大的瑕疵。

2. 让文案更感性

大多数时候，我们都觉得自己是理性的，但实际上，感性一旦出现，就会抵消理性的作用。本书第 9 章也讲过，推动用户付费的往往是其一瞬间的情绪。所以你在自检的过程中，要确定你的文案能否调动用户足够饱满的情绪。

对于情绪点，你可以用下面的自检清单来核查。

- 我想要传达的情绪点，是否和产品契合？
- 在这 8 种情绪（恐惧、渴望、责任感、贪便宜、攀比 / 虚荣 / 优越感、后悔、补偿、喜欢）中，你使用了哪几种？
- 我的文案的关键价值点、情绪、观点等是否能清晰地传递给用户？

- 我的文案是否有 5 句及以上的金句，并且每一句金句都能让用户点头说“yes”？
- 文案开头是否能引起我想要用户产生的情绪?
- 文案中是否有观点会得罪用户，引起用户的反感?
- 我埋的阅读钩子是否足够多? 用户是否会读到一半就跳出?
- 我提出的痛点能让用户产生共鸣并意识到需求所在吗，还是把他们吓跑了?
- 我是否使用了水晶鞋法，能不能唤起用户内心的向往感?
- 我的文案是否有行动召唤? 是否能够有效地推动用户下单?
- 我的文案中的图片是否足够优质，是否能够促使用户下单?
- 我的排版是否有助于用户读完整篇文案，而不会中途跳出?

11.2 文案的自检和润色

如果以上的自检清单项目都通过了，这就说明你的文案没有致命的硬伤，那么接下来，你就需要做进一步的自检和润色，让文案质量更上一层楼。

很多人可以看出别人写的文案的问题，可是看自己写的文案时，一点儿问题都看不出来。所以我的建议是，写完文案，先放在一边，差不多半个小时或者一个小时后再回来看。缓冲一下，你更能以一个旁观者的角度看自己写的文案，也能更加客观。

在自检的时候，你不要在电脑上看，一定要排好版，在手机上看。之所以这样做，一是因为在电脑屏幕上检查，容易扫读，忽略细节。有时候句子明显不连贯，但由于扫读，大脑会自动补充细节，使逻辑顺畅，显得文案没有问题。二是因为手机呈现的是文案最终效果，修改完毕就不会有大的变动，并且手机屏幕小，双眼检查时能更加聚焦，从而更容易发现错误。

我有个自检的小经验可以分享给大家，那就是看文案的时候，要把文案读出声来——不是默读，是真的读出声音来。这样逐字朗读，若有不通顺的地方，你更容易发现。

不过，自检只能发现一些基本错误，所以，除了自检，我们还要对内容进行润色。

润色就是内容的优化。说到底，写文案没有标准答案，内容优化也没有统一的标准。我在写完文案之后，一般会进行 4 个方面的优化。

1. 长句改短句

文案圈有个不成文的规定：能用短句的，一定不用长句。

现在大家都用手机看文字，手机屏幕就那么大，太长的句子只会引起用户的反感。所以，能用一个字表示的就不要用两个字，能用短句说清楚的就不要用长句。

道理人人都懂，但是在写文案的时候，很多人一不小心就会写出复杂的长句子。我也经常写长句子，但不要紧，在自检的时候，若发现长句子或者难懂的句子，立即将其换成短句子或切分为几个短句就好。

【原句】这复杂的世上有两样东西绝对不可直视，一是刺眼的太阳，二是看不穿的人心。

【修改】这世上有两样东西不可直视，一是太阳，二是人心。

【分析】删掉句子中复杂的成分，句子就变短了。

【原句】抱歉，一贫如洗的你完全配不上如此优秀的我。

【修改】抱歉，你配不上我。

【分析】修改后，内容更简洁、语气更有力。

【原句】现在许多国家都已经能够生产可以独立操作机床、可以在病房细心照料病人、可以在危险区域进行作业的机器人。

【修改】现在许多国家都能够生产这样的机器人——可以独立操作机床，在病房细心照料病人，在危险区域进行作业。

【分析】把一个长句子改成两三个短句子，意思不变，但读起来更轻松。

【原句】这些已经年过半百的老科学家不仅责任心强工作能力突出而且他们个个

兴趣广泛阅历丰富，有一肚子的故事能跟大家分享。

【修改】这些已经年过半百的老科学家，不仅责任心强，工作能力突出，而且他们个个兴趣广泛，阅历丰富，有一肚子的故事能跟大家分享。

【分析】加上几个逗号，就让读者有了喘息的机会。同样的内容，用户读起来更轻松。

2. 增加总结句

文案人有时候写文案写顺手了，一口气能写很多，可是写完检查的时候，才发现这些内容里好像缺了点儿什么。这是文案新手经常遇到的问题。

之前我们团队写了一篇跟时间管理有关的文案，文案开头列举了几个名人的例子，说他们都很善于管理时间，前面的内容写完，直接接着写了产品——因为名人善于管理时间，所以你需要学习时间管理的课程。

文案写好后，大家越看越别扭。名人善于管理时间，我们就要学时间管理课程吗？这没有逻辑啊！再说，我们也没有名人那么忙，为什么要像他们那样管理时间呢？

是文案开头列举的例子不恰当吗？还是例子和产品不匹配？其实都不是，仅仅是因为这些例子后面缺了总结句。

我在这些例子后面写了一段话进行总结。

的确，如果一个人能对自己的时间进行科学的安排，不沉迷于手机，不拖延，工作高效，生活有条理，这个人大概率会活得比一般人好！

30 岁后的成年人要想突破重围，就一定要思考自己的时间有没有管理好。

通过总结，我告诉大家，名人之所以是名人，是因为他们更了解管理时间的方法，所以你要向名人学习，要跟他们一样，学会管理时间。

其实，并不是我更善于总结，其他同事在写名人案例的时候，就想用名人管理时间的例子给普通人做示范，但是写着写着，他们的心思全跑到名人故事上去了，反而忘记了自己的出发点。这也给我们提了一个醒，如果你担心写作时思维乱飞，最好在写之前定个提纲，知道每一部分内容的布局，这样的话，你就不会跑题了。

3. 增加过渡句

过渡句是一个句子，它负责承接或总结上面的内容，同时提示或引出下面的内容。

在写文案的时候，很多文案人追求一气呵成，殊不知，文案人的一气呵成到了用户那里就变成了一头雾水。

例如，下面这段文案，修改前后的差别就来源于一个简单的过渡句。

【原文】

她说：我看过的每一个字，读过的每一本书，都记得丝毫不差，历历在目。

这句话很有教育意义，因为它实打实地告诉我们：你读过的每一本书，都不会被辜负。

我是一个四线小城的姑娘，在我们那里，成年女人是不看书的。

我的姐姐、姑姑、嫂子、妈妈、婆婆……她们都不看书。

【修改】

她说：我看过的每一个字，读过的每一本书，都记得丝毫不差，历历在目。

这句话很有教育意义，因为它实打实地告诉我们：你读过的每一本书，都不会被辜负。

我为什么对这句话如此在意？因为我见过不读书的女人一地鸡毛的生活，也见过爱读书的女人的诗和远方。

我是一个四线小城的姑娘，在我们那里，成年女人是不看书的。

我的姐姐、姑姑、嫂子、妈妈、婆婆……她们都不看书。

【分析】“我为什么对这句话如此在意”就是一个承上启下的句子。这个过渡句既能总结上文的内容，又能引出下文的内容。用户读起来也会感觉更连贯。

4. 增加细节

很多时候，我们觉得文案不够打动人，主要问题就出在了用词上。

汉语博大精深，同一个意思，这样说也对，那样说也行，但不同的说法会带来不同的效果。

例如下面这几个例子，增加了细节之后，文案的感染力就变强了。

【原文】无论生活有多难，只要你永远保持年轻的心态，在荆棘中奋力穿行，拼命成长，人生就会出现转机。

【修改】无论生活有多难，只要你永远保持年轻的心态，在荆棘中奋力穿行，拼命成长，所有的黑暗都会被你照亮。

【分析】很明显，“出现转机”没有“所有的黑暗都会被你照亮”生动形象。

【原文】如今，媛姐不仅把工作做得有声有色，人也精神漂亮了不少，在公婆、丈夫面前说话也有了底气。

她丈夫还常常夸她能干，“再多的事到了她这里，总能被安排得井井有条”。

【修改】如今，媛姐不仅把工作做得有声有色，每个月进账三四万元，人也比从前精神漂亮了不少，皮肤光滑得一点儿都不像37岁。她在公婆、丈夫面前说话也有了底气。

她丈夫还常常夸她能干，“再多的事到了她这里，总能被安排得井井有条”。

【分析】增加了细节，也提高了内容的可信度。

11.3 总结

写完文案并不是结束，你还需要做好自检。文案自检可以让文案更理性、更有说服力，也可以让文案更感性、更能打动别人。

在文案自检过程中，除了改正字、词、句的错误，你还需要对文案进行润色。文案润色可以从4个方面入手，分别是长句改短句、增加总结句、增加过渡句、增加细节。

第 12 章

专业洞察力：文案人从新手到达人的修炼

- 信息整理和提炼
- 使用用户语言证明产品卖点
- 总结

之前网上流行过一篇文章，叫《月薪3000元的文案人和月薪3万元的文案人的差别》，我们团队的小伙伴也对这篇文章进行了讨论。

王先森说，月薪3万元的文案人用心做文案，月薪3000元的文案人就是堆数据。

女大宝说，还不是用不用心，是感知，有的人不会将心比心。

李福福说，文案更应该有产品经理的思维，要说用户能听懂的话。

在我看来，好文案和一般文案的差别是洞察力，包括能否洞察产品的特点，能否洞察用户的痛点，能否洞察流行趋势，能否洞察语言之间的细微差别等。

做文案工作不用毕业于名牌大学，不用考取英语四六级证书，但想要写好文案，一定要有洞察力，也就是要具有透过现象感知本质的能力。

有人说洞察力是天生的，有的人天生比较敏感，有的人天生比较木讷。我不同意这种观点，洞察力是对已有信息做出的反应，多用点儿心，你也可以具备这种能力。

如果你能做到这一点，那么你离月薪3万元的文案人又近了一步。

不知道你有没有思考过，用户为什么要买你的产品。

其实原因就一点：你戳中了他的心思。在营销学中，这叫找准了卖点。能否找准卖点是决定一款产品能否销售成功的关键因素。

企业开发一款产品，一般也是基于特定的卖点。例如“不伤眼睛的平板电脑”，很明显，“不伤眼睛”就是它的卖点；“0添加的酱油”，那么“0添加”就是它的卖点。

不过，并不是每个企业的每款产品的卖点都能这么清晰，很多时候，我们要写文案推广的产品只是一款“好产品”——质量好，包装好，价格优惠，赠品多，适用于部分用户。

这时候，月薪3000元的文案人和月薪3万元的文案人的差别就显现出来了。月薪3000元的文案人会堆积产品的所有优点，而月薪3万元的文案人并不会着急写文案，他们会先找产品的卖点。

他们具体会怎么找呢？

12.1 信息整理和提炼

很多人认为，想找产品的卖点，直接从商家（甲方）给的产品介绍资料里找就好。产品是商家生产的，他们当然最了解产品。

事实真的是这样的吗？

例如，你要为一款手机写文案，商家告诉你这款手机“夜拍功能强”“大光圈”“使用优质感光元件”“保证暗光拍摄效果”。

这款手机的优点听起来很明确，但是如果你原封不动地照抄下来，用户并不能感受到产品的特性。因为所谓“大光圈”“优质感光元件”“夜拍功能强”等都是商家的技术语言，用户对此并没有感觉。

把上面这些话换成有卖点的文案，你可以说这是“能够拍星星的手机”“能拍烟花的手机”“晚上也能把人拍清楚的手机”。这样写的话，用户不就明白了吗？产品的卖点不就清晰了吗？

所以，找卖点一定不是查查参数，看看商家的介绍就完事了，你既要像产品经理一样理解产品理念，又要像产品制作者一样了解产品的所有属性，还要像用户一样对产品保持好奇心、存有顾虑。

按照这个理念，我做了一个产品信息梳理表。我们对产品信息进行梳理需要从 3 个角度出发，分别是产品经理角度、产品制作者角度、用户角度；研究项目包括价格、原料、产地、工艺、流程、外形、服务、质量、方便程度、附加值、使用效果、体验感受等因素。

接下来，我以某品牌剃须刀为例，填写这张产品信息梳理表，如表 12-1 所示。

表 12-1　产品信息梳理表

角度	研究项目	产品分析
产品经理	目标用户	目标用户 1：对剃须有需求的 18 ～ 60 岁的男性 目标用户 2：想要买剃须刀给伴侣的女性
	初步卖点	剃须干净；剃须快；防水……
	产品需求	生活必需品，但竞品多
	价格	299 元，在市场中偏高
产品制作者	原料	马氏体不锈钢；银离子抗菌材料
	产地	德国
	工艺	浮动式三刀头；干湿双剃密封防水技术；动态感应传感器……
	流程	刀片轧切、坯料热处理、磨削抛光……
用户	外形	金属机身；带液晶屏幕
	服务	售后服务好；快递速度快……
	质量	机身在 2 米的高度以内摔不坏；IPX7 级防水；刀头寿命为 300 个小时
	方便程度	充电一次，续航 60 分钟；用水冲就能清理干净
	效率	2 分钟剃干净；10 秒清洗机身
	附加值	送刀片；机身好看
	使用效果	没有遗漏胡须，十分干净
	使用场景	早起洗漱；胡子长了
	体验感受	剃须很干净；剃须不疼，很舒服；剃须声音小

梳理产品信息可以让我们更加熟悉产品，只有熟悉产品，我们才有可能找到产品卖点。像上面这个剃须刀，通过梳理其信息，我们至少发现了 5 个可以作为其卖点的特质，如剃须快、寿命长、防水、抗菌、剃得干净等。

“产品卖点”这个词我们很熟悉，但究竟什么是产品卖点呢？有人说产品卖点就是产品打动用户的点，有人说产品卖点就是产品对用户需求的满足点。在营销学家菲利普·科特勒（Philip Kotler）看来，产品卖点就是产品与竞品相比的差异化优势。

我自己也给产品卖点下了一个定义，那就是产品“最能说服用户买单的点”。光打动用户还不行，用户不掏钱，产品卖点也不成立；光有差异化优势也不行，用户不认可，差异化优势也没用。所以，我在找产品卖点的时候，特别重视两个关键词，一个是“说服”，另一个是“买单”。

例如，你要推广某款手机，你研究了半天，发现这款手机最大的优势就是结实耐用。但问题是，现在大部分用户关心的是，手机拍照是否好看，手机外形是否酷炫。这时，虽然结实耐用是这款产品最大的优点，但绝对不能成为这款产品的卖点。也就是说，用户承认你的优势，但他们不会为这个优势买单。

再如，市面上的剃须刀都没有显示屏，只有你推广的这款剃须刀有，于是你觉得这款剃须刀最大的特点是有显示屏。但用户买剃须刀时关心的是，这款剃须刀能不能剃干净，方不方便清洗。如果你把卖点选为有显示屏，那可以预测，其未来销量并不会很高。

所以，你不要自以为是地认为用户一定会听你的话，很多时候，**卖点不是你找出来的，而是用户告诉你的。**

以洗衣粉为例，早期，汰渍的广告语是“有汰渍，没污渍”，它主打的卖点是洗衣服干净。对于洗衣粉，用户最关心的就是能不能洗干净，所以在后面很多年里，汰渍的广告语虽然有所改动，但卖点从来没有变。

“汰渍到，污垢逃”“不费劲，更干净”“全面洁净，一步到位”均是主打去污能力的广告语。同期其他品牌洗衣粉的广告语也都主打去污。

千万别觉得是大家在相互抄袭，当时用户最关注的卖点就是去污能力强。

随着技术的进步，各个品牌洗衣粉的去污能力都很强，在这方面，各个品牌已经拉不开差距，这时用户的需求也有所增加，用户更在意哪个品牌的洗衣粉不伤手。于是立白的“不伤手”广告语开始深入人心。

再往后，几乎每家每户都有洗衣机，这时候还说“不伤手”显然不合时宜。用户的需求开始升级，于是我们会看到“洗护合一”“洁净护色，不伤衣”等广告语。

同样地，以剃须刀为例，之前剃须刀主打的卖点都是剃得干净，现在人们生活更忙碌，用户关注的是充电快、剃须快。未来人们将关注健康和清洁，那么防水、抗菌这些特点也将成为卖点。

所以，你在找卖点的时候不要太死板，也不要觉得任何产品都只能有一个卖点。你要结合用户的需求找痛点，结合竞争的情况找空白点，结合时代的特点找实用点，有了这几个方向，你就更容易找出有销售力的卖点。

12.2 使用用户语言证明产品卖点

产品卖点提炼出来后是不是就万事大吉了？当然不是。你需要使用用户听得懂的语言把产品卖点信息传达给他们。如果害怕用户质疑，你还需要向用户证明产品卖点的确是真的。

1. 使用用户语言把信息传达给用户

我们把产品信息梳理好，把产品卖点提炼出来后，接下来就是最关键的一步——告诉用户产品卖点。

注意，告诉用户产品卖点一定要使用用户语言。如果用户听不懂你讲的内容，那你前面的工作几乎就白做了。

下面是某银行农村支行理财产品的广告。

1万元钱存一年，净赚530元，什么也不干，每天净赚一元四角五分。

这就是用户能听懂的话。如果你跟他说“3个月2%的收益率”“年化5.3%”，他听不懂你在说什么，也就不可能买这些理财产品。

我们做文案工作的，一定要有这个意识，那就是要把商家语言转变成用户语言。

【商家语言】采用VOOC闪充技术。

【用户语言】充电5分钟，通话2小时。

【商家语言】应用超声波洁面原理。

【用户语言】洗脸仪能震出你脸上全部的脏东西！

【商家语言】耳机环绕立体音质。

【用户语言】戴上耳机，立马就在演唱会现场！

【商家语言】×× 不粘锅，陶瓷蓝钻涂层持久不粘。

【用户语言】×× 不粘锅，陶瓷蓝钻涂层，火开再大也不粘！

通过上述例子，我们可以看出，商家语言虽然也在强调卖点，但显得冰冷，不近人情，无法触动用户；而用户语言简单直观，一看就懂，且都是用户所关心的内容。

2. 向用户证明产品卖点是真的

写文案不是发新闻稿，不是你说了什么别人都会相信，你还需要证明产品卖点是真的。其实，不止写文案需要证明产品卖点，销售任何东西，都需要证明产品卖点是真的。

例如，菜市场上有个大叔在销售菜刀，说自家的菜刀多么锋利。周围的大爷、大妈都不信，于是销售菜刀的大叔拿起菜刀切猪肉、橡胶……这些东西他一切就断。大爷、大妈眼见为实，就愿意买他的菜刀。现场演示是最简单的证明产品卖点的方法。

除了这种方法之外，还有以下几种证明方法，我们在写文案的时候都可以使用。

（1）用实验证明产品卖点。

用实验现象向用户证明产品卖点是真的。

- 为了证明行李箱结实耐用，商家在箱子上使劲跳。
- 为了证明护肤品清爽不油腻，用擦过护肤品的手去接触碎纸片。
- 为了证明丝袜不勾丝，用指甲使劲刮丝袜。
- 为了证明床垫弹性好，让鸡蛋从半米高的地方落到床垫上。

……

这些实验并不是为了娱乐用户，而是为了展示产品的功能和使用效果。说再多都不如亲眼所见，让用户看到整个实验的过程，比你说 1000 句话都有用！

（2）让用户自己做实验。

除了商家证明产品卖点外，还可以让用户自己做实验，这是一种更高级的证明方法。

例如你去买西瓜，但你不懂怎么挑选。大部分商家会切一块给你吃（做实验），还有一部分商家会告诉你挑西瓜的要诀——脐部要小，皮肤要好，瓜蒂要弯，瓜纹要直（让你自己做实验）。这时候你会觉得，这个商家真靠谱，由此你也会更信任他，更愿意买他的西瓜。

再如，我给护肤品写文案时，我告诉用户，国家规定的产品成分表的成分排序规则是按含量/浓度由高到低排列。也就是说，如果某个成分含量比较高，那么其在产品成分表里的位置肯定是靠前的。有的产品主打玻尿酸，但它在产品成分表中的位置比较靠后，这就说明广告有夸大的嫌疑。

你看，我没有说自己的产品好，也没有说别人的产品差，我只是教会了用户一个“实验方法”。用户会觉得，既然方法都敢说，产品成分肯定没有问题，那么产品一定也是可信的。

商家把做实验的主动权交到了用户手里，从某种程度上来说是自我暴露。自我暴露会提高用户对商家的信任度，是非常好的营销方式。

（3）借助数据和权威背书。

除了上面两种实验方法，你还可以借助数据和权威背书证明产品卖点。

- 使用新款芯片后，手机待机时间延长了 81%。
- 据 × × × 机构认证，（该产品）有效除菌率达到了 90%。

数据会给人一种可信的感觉，而权威机构一般是第三方机构，第三方机构的话会比商家“自卖自夸”更可信。

12.3 总结

要想写好文案，你必须尽可能多地搜集产品信息。产品信息整理和搜集可从 3 个角度入手，分别是产品经理角度、产品制作者角度、用户角度。

写文案时，你不需要堆积数据，也不需要使用专业名词，要使用用户语言证明产品卖点，让用户能理解，能接受。

证明产品卖点有 3 种方法，分别是用实验证明产品卖点、让用户自己做实验、借助数据和权威背书。

Writing

第 13 章

数据分析，增强文案的销售力

- 数据分析在文案中扮演什么角色
- 借助漏斗分析，抓住关键环节
- 分析产品和市场，挖出深层原因
- 总结

对于文案人来说，最开心的一件事就是统计数据，最痛苦的一件事也是统计数据。

文案转化率高的话自然开心，文案转化率不高的话，数据就是一种灾难。

事实上，数据的作用不只是挑战文案人的心脏承受能力。

有一次，我要确定微信公众号当周的头条文案。我有两篇备选文案，其中一篇是同事小杰写的。小杰当时悄悄跟我说，千万别用她那篇，因为上次发过，效果很差。

我当然知道效果很差，如果我没有仔细研究数据，或许我真被她给说服了。

我分析过之前的数据，她所说的“差”有两个原因。

（1）这款产品的单价比其他产品高，虽然只卖了 20 单，但总体营业收入比其他产品高。

（2）销量低是事实，但实际转化率不错，这说明阅读量拖了后腿。只要起个好标题，把阅读量提高，销量也能跟着提高。

后来，我们一起修改了文案。我还是决定把这篇文案放在头条。事实证明，我做对了，这篇文案带来的营业收入高出当月头条营业收入的平均值。

过去，数据分析往往只有大公司在做，小公司和普通人要么没有数据意识，要么没有工具支持。但如今，随着互联网技术的快速发展，不仅各行各业都开始重视数据，就连普通人也都开始透过数据分析问题，指导工作方向。

例如，你家附近的奶茶店的店主会通过财务软件定期查看店铺营业收入、原材料耗损、爆品销量等数据，从而确认要多进哪些原料，以及最近是亏是赚。

对于文案来说，数据又意味着什么呢？

数据的重要意义有两点，一是我们要分析数据如何让文案升值，二是我们要分析一篇文案的数据，从而找出问题所在。

我知道很多文案人最怕看数据，一看数据就头疼，但从今天开始，我们要和数据交朋友，让数据助力我们职业的发展。

13.1 数据分析在文案中扮演什么角色

有一次，我和业内一个好友聊天，他问了我一个有趣的问题："针对同一款产品，写不同的文案，营业收入能有多大的差别？"

我脱口而出："几万元和几千万元的差别吧。"

是的，你没听错，不同水平的文案带来的营业收入差距就是这么大。为什么会差这么多呢？背后的原因就是数据追踪。

对于过去的传统广告，写好文案直接发布，效果是好是坏都得等花了钱后才知道。但现在不一样，判断一篇销售文案是好是坏，最直观的方法就是看数据，看转化率，看营业收入。

讲到这里，可能有人会有疑问：数据不是要文案发布之后才有吗？怎么可能提前知道数据呢？

一篇发布在互联网上的文案，尤其是与重要平台、重要品牌有关的文案，都需要在正式发布前进行多轮测试。测试时，文案会发布在粉丝数量比较少的微信公众号上，文案人根据测试效果对其做优化、修改，直到测试出比较好的数据，正式的文案才会被大规模发布。

所以，每次有人说文案是文字的艺术时，我都会告诉他们：“**不，文案是数据的科学。**”

接下来，我们就一起来了解数据分析的方法。

13.2 借助漏斗分析，抓住关键环节

漏斗分析是把整个销售过程抽象成一个漏斗的形状，从而研究每一层的转化率。现在很多互联网公司都会使用这个方法，这里的漏斗也叫“漏斗模型”。

简单来说，漏斗模型就是一个倒三角形，从上到下越来越窄。这意味着流量是一层一层沉淀的，最上面一层的流量最多，每下一层就流失一部分用户，沉淀到最后，一般就是最终带来营业收入的用户。

我们用一个简单的例子解释一下漏斗模型。

假设你在县城开了一家服装店，但生意不好，一个月只卖了三四件衣服。你想找找问题到底出在哪儿。这时候，你就可以借用漏斗模型，拆解卖衣服的整个过程，如图 13-1 所示。

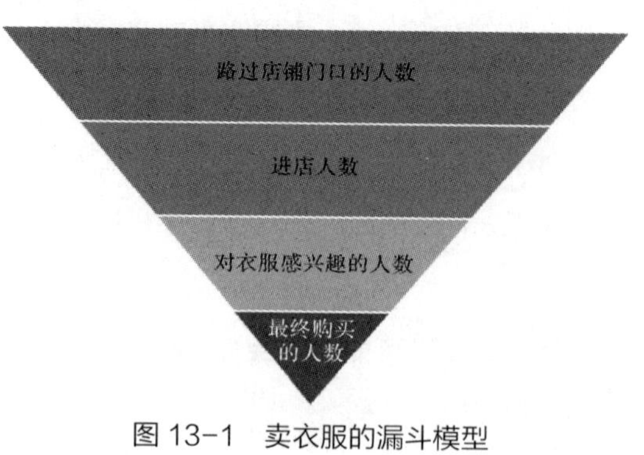

图 13-1 卖衣服的漏斗模型

你会发现，决定销量的有 4 个

数据，分别是路过店铺门口的人数、进店人数、对衣服感兴趣的人数以及最终购买的人数。这几个数据之间的关系如下。

进店人数 = 路过店铺门口的人数 × 进店率

对衣服感兴趣的人数 = 进店人数 × 询问率

最终购买的人数 = 对衣服感兴趣的人数 × 转化率

拆解完销售过程后，你可以观察每个关键节点的数据，然后对症下药。

如果你的店一个月只进来几十个人，那就说明店铺流量太少了。你要加大宣传力度，提高曝光量，让更多的人知道你的店。

如果进店的人看了一圈就走了，连衣服都没试，这说明询问率比较低。你要做的是改善衣服陈列方式，优化店铺环境，提升商品竞争力。

如果有几百人进店，并且超过一半的人试了衣服，但最终只有几个人购买，这说明用户对你的商品感兴趣，但可能因为价格或者服务等原因而放弃了购买，这个时候，你要做的是调整价格，优化服务流程。

你看，生意不好并不是什么大不了的事，借助漏斗模型，我们是可以找出优化业绩的方法的。

同样地，对于文案来说，也有这样一个漏斗模型，而且因为现在的销售文案都是借助互联网推送给用户的，它剔除了人为的干扰因素，所以，各种数据更容易获得，也更容易分析。销售文案的漏斗模型，如图 13-2 所示。

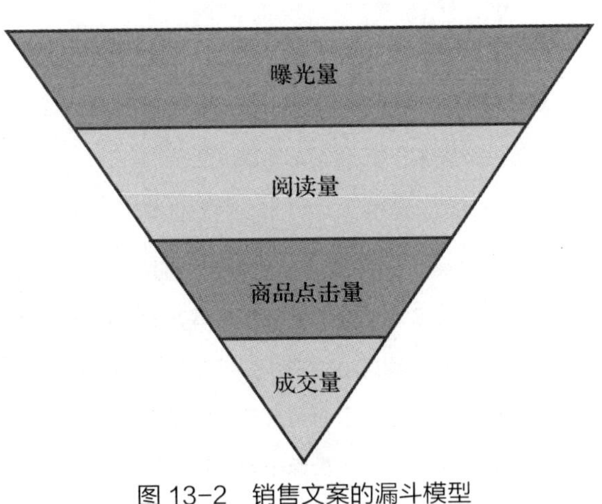

图 13-2　销售文案的漏斗模型

从文案发布到最后成交，一般要经历 4 个环节，这 4 个环节分别要关注以下指标：曝光量→阅读量→商品点击量（UV）→成交量。这 4 个环节构成了一个完整的漏斗模型，我们可以据此设计出数据统计表格。

我们在测试或者正式推文后一般都会做一个这样的表格，统计每个环节的数据，并将其作为我们日后复盘和优化文案的依据，如表 13-1 所示。

表 13-1 数据统计

日期	2020 年 1 月 1 日
撰稿人	张三
推送渠道	微信公众号 A
曝光量	100000
阅读量	10000
UV	600
成交量	180
商品单价	200
营业收入	180×200=36000
文案打开率	阅读量 ÷ 曝光量 ×100%=10%
详情页点击率	UV÷ 阅读量 ×100%=6%
详情页转化率	成交量 ÷UV×100%=30%
总转化率	成交量 ÷ 阅读量 ×100%=1.8%
阅读收益比	营业收入 ÷ 阅读量 =36000÷10000=3.6

在表 13-1 里，除了我们刚才说到的 4 个指标（曝光量、阅读量、商品点击量和成交量）之外，还有营业收入、文案打开率、总转化率、阅读收益比等指标，这些指标对日后做经营分析是很有帮助的。

我们可以简单分析一下漏斗模型里的 4 个关键指标。

- 曝光量。在互联网时代，曝光量是可控的，只要其他数据足够优秀，我们可以通过内部多次推送、外部投放等方式提高曝光量。
- 阅读量。阅读量取决于文案标题。原因很简单，当一篇文案推送到你面前时，是什么决定你是否愿意打开它？当然是文案标题。
- 商品点击量。是否点击商品销售链接，取决于文案质量和商品价格。
- 成交量。成交量取决于商品详情页、活动力度、商品价格等因素。

试想一下，如果你针对每篇文案都做了一张这样的表格，那么不同文案之间就有了可比性。同样的平台，同样的曝光量，为什么转化率不同？同样的转化率，为什么营业收入不同？同一个位置，为了创造更多的营业收入，到底要把资源给哪篇文案？这些看起来无解的问题，借助数据统计表格，你都可以找到答案。

而且，现在技术发展很快，借助互联网，我们可以搜集到更多更有意思的数据。例如，微信公众号有一个功能叫跳出率，借助这个指标，你能够清晰地看到，在文案阅读进度为 5%、10%、50%、80% 的地方，分别有多少人关掉了页面，也就是具体跳出了多少人。跳出就意味着用户对内容不感兴趣。为什么不感兴趣？你可以结合文案去找原因，找到的原因也特别有针对性。

“数据推动文案”，在今天，这句话已经不是一句口号。优秀的文案人应该利用一切能利用的数据，为自己的文案赋能。

13.3 分析产品和市场，挖出深层原因

漏斗分析是针对特定文案的具体分析，除此之外，我们还需要时刻关注外部原因。影响文案效果的外部原因有 4 点，分别是渠道原因、推广频次、产品生命周期、市场接受度。

1. 渠道原因

之前我们说过，一篇文案在正式发布前会通过粉丝比较少的微信公众号进行测试。测试的时候，你要注意渠道的用户和调性。例如，如果你在一个用户年龄为 15 ～ 25 岁的微信公众号测试亲子产品的文案，那转化率低是必然的。

有时候，我们可能会不小心忽略了渠道的影响，只把原因归结到文案本身，这是不对的。

2. 推广频次

推广频次就是你在同一个渠道连续推广的次数。如果两次推广间隔的时间过短，也会影响推广效果。

这个道理很简单，但是在实际工作中，很多客户发现某篇文案效果好，会在短时间内频繁发布该文案。推广频次太高，容易损害用户体验，降低转化率。长期来看，这种做法类似于杀鸡取卵，再好的文案高频次推送都会出问题。

3. 产品生命周期

推广一款产品时，我们会发现，随着时间的推移，文案的转化率会慢慢下降。这不是文案本身的问题，而是产品生命周期造成的自然衰退。

正常来说，一款产品的推广会经过新品期、成长期、成熟期、衰退期、重生期。其中大部分产品不能熬到重生期。

我经手过的一些产品，单单靠文案就转化了几十万个用户，很多人觉得一篇文案带来几十万个用户很了不起。其实，我想告诉大家的真相是，很少有哪款产品单靠一篇文案就能带来这么多用户，很多产品都完整地经历了产品生命周期的 5 个阶段，在这个过程中，文案也是需要不断调整的。当然，前提是，这款产品的生命力很强，是畅销品，也是长销品。

4. 市场接受度

市场接受度或许不应该是文案人操心的事，但在数据分析的过程中，你也要把这个因素考虑进去。

例如，内衣是所有女生的必需品，但这两年，主打聚拢、美胸的钢圈海绵型内衣已经慢慢被大多数女生抛弃，而舒适、透气、无钢圈的内衣开始大受欢迎。

如果只是在文案上下功夫，或许你只能想到要怎么把这款内衣的颜色、款式、尺寸等用文字凸显出来，但如果从市场的角度来看，你应了解该产品的优势和劣势，这样更有利于你有针对性地调整文案内容。

13.4 总结

写文案要有数据意识，数据一方面可以体现文案效果，另一方面可以指引文案的优化方向。

销售文案可以结合漏斗模型进行数据分析，文案效果可以从以下 4 个方面进行评估：曝光量、阅读量、UV、成交量。

外部原因也会影响文案效果。外部原因分析包括以下 4 点：渠道原因分析、推广频次分析、产品生命周期分析和市场接受度分析。这些你都记住了吗？

Writing

第 14 章

销售文案实战应用，带你玩转各个平台

- 标语式文案
- 直播带货文案
- 微信朋友圈文案
- 详情页文案
- 总结

前一阵子，同事小杰和我说她想辞职，辞职原因是她不想一辈子都写文案。

于是我问了她几个问题。

“如果现在让你写新媒体文章，你能搞定吗？”

“可以啊，新媒体文章跟销售文案比，就是小菜一碟。”

“如果现在让你去做电商运营，写产品详情页文案你做得到吗？”

“可以啊，我觉得我比好些运营人员都要做得好。”

“如果现在让你去做实体店销售工作，你觉得自己能做好吗？”

“没试过，但应该可以吧，我很清楚要怎么说服用户下单。”

小杰并不是我们团队中文案写作水平最高的人，其实我问她这些问题的时候，就已经猜到了她的回答。

文案本身是一个需要具备各项能力的岗位，如果你能够把这个岗位做好，就代表着你已经熟练掌握了各项技能，想换工作很容易。

一个善于游泳的人，不论是在游泳池，还是在江河湖海，都能游好。一个善于说话的人，不论是在与人沟通中，还是在演讲、辩论中，都能够发挥自如。同样地，当你掌握了写文案的能力后，你就可以把这种能力迁移到任何有成交环节的工作中。

所以，别担心文案会绑住你一辈子，学会了写文案，你的选择会更多，也更自由。

前面我们主要介绍的是如何写微信公众号销售文案，一篇文案的字数一般为2000～3500。写文案前，你需要做产品分析；写文案的时候，你要考虑阅读量和转化率；写好之后，你要关注排版和数据，要为最终结果负责。

实际上，文案的种类非常多，除了常见的微信公众号销售文案，我们完全可以把前面讲的这些技能迁移到新类型文案的创作中，不管是标语式文案、直播带货文案，还是微信朋友圈文案、详情页文案，甚至你随手发在论坛的二手物品交易信息，你都可以用我们之前讲过的文案写作技巧，如起标题的技巧、算账的技巧、提炼卖点的技巧等。

除了运用基本的文案写作技巧之外，每种类型的文案也都有自己的独特性。本章选取了4种常见的文案——标语式文案、直播带货文案、微信朋友圈文案和详情页文案，来告诉大家如何“玩转”各个平台。

14.1 标语式文案

很多人最先接触的文案就是标语式文案，如“怕上火，喝王老吉”“农夫山泉有点甜”等。这种文案又叫广告语、广告词。在广告学上，这种一两句话的广告文案叫标语式广告。

标语式文案相比我们之前讲的销售文案更简单、更精练。从写法上来说，标语式文案一般不超过20个字，包含的内容是非常有限的。

标语式文案要怎么写呢？其实你完全可以使用我之前讲过的文案写作技巧。

1. 抓卖点

因为标语式文案字数很少，所以一般要突出卖点。商家想突出什么，就在标语式文案中写什么。例如“××洗衣粉，洗衣不伤手”，不伤手就是这款洗衣粉的卖点，用户一听就懂。

2. 写金句

标语式文案在形式上类似于我们之前讲的金句，所以，很多标语式文案就是一个金句。例如“钻石恒久远，一颗永流传”，这既是钻石的广告文案，也是一个标准的金句。

3. 突出长篇销售文案中的一个细节

标语式文案承载的内容有限，有时候，你可以从长篇销售文案中找一个细节直接作为文案。例如前面我们说过算账的方法，算账会让用户觉得划算。许多电商就用标语式文案：满 100 减 50，这就是非常典型的算账的方法。

总的来说，标语式文案是长篇销售文案的浓缩。不管是突出长篇销售文案中的一个方面，还是借用长篇销售文案的一个部分，它的原理和底层逻辑跟标准的销售文案是没有差别的。也就是说，只要你掌握了销售文案的写作技巧和文案策略，写标语式文案时就可以信手拈来。

14.2 直播带货文案

近年来，直播带货已经成为非常有效的商品推广方式。2020 年“双十一”，电商平台有两个头部主播创造了近 80 亿元的销售流水。大部分名人也都开始涉足直播带货。

直播带货看起来好像是主播在跟你聊天，实际上，直播带货的背后也有非常完整的文案策划过程，只不过主播并不会把文案逐字念出来。

在讲解直播带货文案前，我们需要知道直播带货文案和普通长文案有什么区别。

- 观看直播的用户本身就有付费意愿，所以主播不需要铺垫，可以直接介绍产品。

- 主播一般化身为产品使用者，他用得好才推荐给你。他们与用户之间不是商家和顾客的关系，而是类似于家人和朋友之间的关系。
- 文案需要用户阅读，有一定的门槛；而直播打开就能看，比较轻松。
- 直播可以实时互动，用户的所有顾虑都可以当场被解决。

基于直播的这些特点，直播带货文案的撰写可以按照如下的部分展开。

1. 首因登场

“首因效应”又称“第一印象效应”，它是人们在看到一个东西时最先形成的印象。第一印象一旦形成，就能在对方的头脑中占据主导地位，并能持续较长时间。

在直播过程中，为了给用户留下深刻、良好的第一印象，主播会用悬念、震惊、夸张等方式引入产品。例如，他们会用到如下话术。

- 等了半年，这款面膜今天终于降价了。
- 接下来的这款产品厉害了！
- 名人同款面膜，我们终于谈下来了！
- 这是 2021 年天猫销量惊人的零食单品。

2. 介绍产品

因为直播间的用户本身就有购买意愿，所以主播只需要认真介绍产品，将产品属性、卖点提炼出来，不用多加铺垫。具体话术如下。

- 这款精华含有高浓度积雪草成分。积雪草含有总苷，这个化学成分对促进皮肤溃疡愈合，修复皮肤创伤非常管用。
- 这里面含了 10% 羊毛成分。
- 蓝莓有缓解咽喉疼痛的作用，因此蓝莓蜂蜜可用于缓解轻度感冒和咽喉疼痛。

3. 描述使用效果

介绍完产品后，主播会替用户使用产品，然后把使用效果描述给用户听。具体话术如下。

- （口红）一涂到嘴巴上，就变成了水，这是我用过的最薄的口红。
- 唇纹是什么东西？消失不见！

- 啊，好闪！五克拉的嘴巴！
- 显白到发光。

4. 打造场景

打造场景主要是营造产品的使用场景，并告诉用户，未来他在这些情况下会用到这款产品，买回去不亏。具体话术如下。

- 当你想要“惊艳全场”的时候，就涂 307 号色出门。
- 穿风衣的时候，一定要用这种颜色的口红。
- 熬夜皮肤干黄、晒太阳后皮肤泛红、约会前脱皮不上妆、久坐空调房皮肤缺水……买它！

5. 帮用户算账

介绍完产品后，主播要说明价格。主播一般不会简单地公布价格，他们会帮用户算账，让用户觉得购买这款产品真的很划算。本书第 2 章第 6 节讲了 3 种常见的算账法，分别是平摊法、省钱法、替换法。具体话术如下。

- 领券立减 50 元，直播间福利价 98 元 / 瓶，买 2 瓶再减 10 元。
- 同时下单面膜和水霜，加送价值 149 元的摇摇水，相当于 4 折就能买全套护肤品！

6. 制造稀缺性

在直播过程中，为了督促用户下单购买，主播会制造时间和数量的稀缺性，让用户有紧迫感。具体话术如下。

- 产品锁定不卖了，没有付款的用户只能下次快一点儿啦。
- 这个季度的螃蟹最肥美。

总的来说，直播带货文案的底层逻辑跟一般销售文案大同小异，本身都是影响用户的感受，最终带来销售转化。

直播带货文案可以分为 6 个部分：首因登场，介绍产品，描述使用效果，打造场景，帮用户算账，制造稀缺性。

跟一般销售文案不同的是，主播会化身成产品体验官，这样的话，他跟用户的距离更近，也更容易影响用户。

现在，该你了！

练习 请你为“爱意牌不粘锅”设计完整的直播话术。

首因登场：________________

介绍产品：________________

描述使用效果：________________

打造场景：________________

帮用户算账：________________

制造稀缺性：________________

14.3 微信朋友圈文案

在现代社会，商业渗透各个领域，有商业的地方就有文案。我们每天都会用微信，相应地，微信朋友圈也是文案大展拳脚的地方。

说到微信朋友圈文案，很多人第一时间会想到微商。有人把微商解释为利用微信做生意。其实，微商并不只是简单的商品交易，他们借助微信和各种自媒体平台发布消息，维护客户关系，最终通过文案促使用户下单。

早期，微商基本就是代理产品，一层一层往下压货，产品质量参差不齐，从业人员鱼龙混杂，这让很多人把微商跟骗子联系在了一起。随着社会的发展，越来越多的人开始把微信作为商品交易的微平台——通过微信朋友圈宣传产品，通过微信和用户沟通，通过红包和转账完成交易。在这个平台上，除了代理产品，人们也可以销售自家特产、手工艺品、个人知识类产品等。

可以预见，未来微信的商业潜力会进一步被挖掘，掌握微信朋友圈文案的写作技巧有助于人们更好地利用这个平台，实现自己的商业目的。

关于微信朋友圈文案，大家需要了解以下 3 个技巧。

1. 防屏蔽

你身边一定有这样的朋友：为了卖货，他的微信朋友圈每天都会发布很多产品广告。这些产品广告发送频次高，内容形式单一，很容易引起别人的反感。

有经验的微商并不会使用这种信息轰炸的方式，他们打造微信朋友圈的第一步是防屏蔽。原因很简单，大家刷微信朋友圈是为了看别人的生活、工作，不是为了看广告。如果对方每天都发各种广告，你肯定会很不舒服，会从心底里对这个人和他卖的产品产生抵触情绪。

如何防屏蔽呢？我总结出一句话，叫“进攻就是最好的防守”，与其怕这怕那，不如主动“进攻”——通过发微信朋友圈树立自己的形象，让自己的微信朋友圈有价值，做一个有自己特色的微商远比做一个发广告的机器人更受欢迎。

什么才是有价值的微信朋友圈呢？我给大家提供 3 个方向，如果你有做微商的打算，你可以发送这 3 类内容。

（1）有趣生活。

这类微信朋友圈内容比较简单，你可以分享日常的生活，如最近吃的大餐、看的电影、旅游景点等。在这个基础上，你可以把图片处理得更精致一点儿，把文字编辑得有趣一些。

下面是有趣生活的几个例子。

【“吐槽”型】

明天又要上班了……为什么星期五离星期一这么近，星期一却离星期五那么远！这不科学！

【有趣搞笑型】

和大家认识也挺久了，也没给过大家什么福利。不如这样吧，评论里留下你最想要的东西，然后你们自己攒钱去买。我监督你们！

【分享型】

遇见美食，邂逅美景，认识新朋友，也许这就是旅行的意义。

（2）价值干货。

价值干货类的微信朋友圈可以帮你打造专业人设，提高别人对你的信任度。

价值干货分为两类。一是硬干货，也就是你擅长或者和你的产品相关的知识分享。例如你代购化妆品，就可以分享一些护肤知识；你售卖婴幼儿用品，就可以分享一些育儿知识；你销售衣服，就可以分享一些穿搭技巧等。二是软干货，也就是跟个人成长相关的内容。例如如何自律、如何处理人际关系、最近有什么成长心得等。

下面是价值干货的几个例子。

- 有黑头的朋友千万别挤黑头，也别再用猪鼻贴啦，这样做只会让你鼻子上的毛孔越来越大！我的黑头毛孔也是调理了半年多才越来越小的。
- 刚刚做好一个 5 寸的芋泥蛋糕，超级好吃！如果在家自己做，记得芋泥蒸久一点儿，这样芋泥才会软糯好吃哟。

【分析】利用极少的文字分享一些知识，就是硬干货。记住，硬干货不是陈述概念，可以生活化一点儿，这样别人更易于理解和接受。

- 无意间发现这款时间管理工具，相见恨晚啊！这个星期的工作效率比之前高了太多，工作也不拖延了。
- 经历了这么多才知道，生活不会按你想要的方式进行，它会给你一段时间，让你孤独、迷茫。但如果你用这段时间跟自己独处，多看一本书，去做一件想做的事，那些独处的时光必定能照亮你的路。
- 2020 年 3 月总结：这个月读了 4 本书，看了 2 部电影，跑步 20 公里，文案输出 2 万字，理财收入 2000 元，自我感觉还算不错。

【分析】分享个人成长心得，就是软干货。软干货表面上是自己的体会，实际上是希望引起跟你类似的人的共鸣。

（3）互动式内容。

微商高手除了在微信朋友圈“自说自话”，还会利用微信朋友圈的评论和留言功能。如果有人愿意给你留言，那么你们的关系其实就近了一步，这有利于你接下来销售产品。

下面是互动式内容的几个例子。

- 五一想出去旅游，有朋友推荐好玩的地方吗?
- 准备“断舍离”了，图片里的东西都要送出去，喜欢哪个跟我说一下。
- 端午节快乐呀。我老公说粽子要吃咸的，我就坚决吃甜的。和我一样吃甜的有吗?
- 《三十而已》好看，有一起追剧的姐妹吗?

【分析】人们天生喜欢回答问题，看到问题型内容，有的人会忍不住留言，比起只看不说话的人，跟你互动的人更可能购买你的产品。

2. 发布软性广告

我们通常会根据广告的性质，把广告分为硬性广告和软性广告。所谓硬性广告，指的是直接宣传产品的广告。而软性广告，是用更加委婉、隐蔽的方式宣传产品。

打造一个受欢迎的微信朋友圈后，我们就要开始打广告了。这里我们要弄清楚一个原则：微信朋友圈要“先卖人，再卖货”。也就是说，微信朋友圈广告要足够“软”。这是微信朋友圈文案和其他载体文案最大的不同。

微信朋友圈文案最忌讳的两个字是“冰冷”，我们刷微信朋友圈，是为了看别人的生活、工作，所以你写的文案要以有温度的人为中心，而不是以冰冷的产品为中心。

以产品为中心的文案的焦点都在产品上，你会想怎么突出产品的好处、价格优势等。这样的文案放在其他地方或许有用，但放在微信朋友圈就显得特别不合适。

对于以人为中心的文案，你读完后会觉得有一个人站在你面前真诚地向你推荐产品。虽然文字很朴素，但该有的卖点一个都没少。

它们具体有什么差别，你看一组对比文案就理解了。

【以产品为中心】

好消息，×× 的文案课，现在只要 69 元了！要学的赶紧报名啦！

【以人为中心】

开心，我收到了人生中的第一笔稿费，500 元钱！没想到我这个作文不及格的人，有一天还能靠笔杆子吃饭。总算没辜负认真听了一个星期课的自己。强烈推荐 ×× 的文案课，才 69 元，干货多又便宜。如果不是我真的学会了，我是不会跟大家推荐的。对了，收到稿费的话记得请我喝奶茶哦。

【分析】对于同样的产品，如果你能站在对方，也就是你的朋友的角度来考虑，你就不是在推销一个东西，而是在给朋友推荐一个你认为好的东西。虽然都是在卖东西，但它们的销售逻辑是不同的。

以人为中心的文案会带给对方好处。上面的以人为中心的微信朋友圈文案，至少带给了对方 5 个好处。大家可以结合这个案例琢磨一下，下次你发微信朋友圈文案的时候，给大家带来的好处是什么。

- 有用：500 元稿费。
- 高效：学习一个星期就掌握了技巧。
- 便宜：价格 69 元，对比 500 元稿费非常划算。
- 承诺 1：如果不是自己学会了是不会推荐的。
- 承诺 2：如果收到稿费，记得请喝奶茶，暗示对方也能学会。

3. 安排节奏

很多人有一个误解，觉得微信朋友圈文案发得越多越好，大家看到的次数越多，就越容易被文案影响。

实际上并非如此。文案能起到告知的作用，但如果对方已经知道了，再反复跟他说，只能起到反作用。在发微信朋友圈文案前，你要思考什么时候发能够最大程度覆盖用户。

我们可以借鉴电视台黄金时间段的概念，思考一下什么时候刷微信朋友圈的人最多。这里有一个时间段表（见表 14-1），你可以将其作为参考。你可以根据不同的时间段和不同的人群，发布不同的文案。

表 14-1　刷微信朋友圈的时间段

时间段	时间分析
8—9 点	上班路上，地铁和公交车上
12—14 点	午饭期间
18—19 点	下班路上，地铁和公交车上
21—22 点	吃完晚饭、洗漱后

14.4 详情页文案

除了标语式文案、直播带货文案、微信朋友圈文案，还有一类广告文案也是我们经常接触到的，那就是详情页文案。

“详情页文案”这个词大家比较陌生，但实际上，我们经常看到详情页文案。在淘宝购物时，对产品的描述就是详情页文案；打开一个课程网站，对课程的介绍也是详情页文案；手机上朋友转发的一个活动，打开看到的一张长图，那也是详情页文案。

写详情页文案时，我们需要先弄清楚详情页在成交环节中占据什么样的地位，以及用户是以什么样的心态浏览详情页的。

回想一下，我们逛淘宝看详情页时是什么样的心情呢？你可能只是抱着随便看看的态度，并没有急着购买；或者你可能有购买这类产品的意愿，但不清楚哪家的产品更好。

想清楚了这一点，你就知道详情页的主要作用有 3 个了，分别是强化购买意愿、证明产品优质、说服购买。基于这 3 个作用，我总结出了详情页文案的 7 个模块。写出这些模块的内容，并将其拼合在一起，就得到了一篇完整的详情页文案。

模块 1：唤起需求

你需要根据产品找到对应的唤起用户需求的方法，我们在第 2 章提到过水晶鞋法、使用法、扎针法等，在这里，你都可以使用。用户的需求包括想要减肥的需求，想要变美的需求，想要赚钱的需求，想要身体更健康的需求等。

- 某防晒霜：你知道吗？你的老，80% 来自紫外线。
- 某防蓝光面霜："刷屏"一周 = 暴晒 30 分钟。
- 某牙膏：烟牙黄牙、口腔异味、牙龈敏感……什么时候才能开怀大笑?
- 某洗衣粉：衣服上的这些细菌和螨虫你洗掉了吗？如阴沟肠杆菌、绿脓杆菌、痤疮丙酸杆菌、大肠杆菌、奥斯陆莫拉菌、螨虫……

模块 2：明确效果

唤起需求后，接下来，你要呈现产品能带来的直观效果，例如形象更美了、桌面更整洁了等，让用户清楚产品价值。因为用户大多不会主动思考，如果你不说清楚你的产品有什么用，他可能就会去看其他家的产品了。

- 某吹风机：3 分钟吹干出门。
- 某防晒霜：肤感好、防晒黑、防晒老、抗氧化。
- 某面霜：40% 肤质改善、52% 色斑改善、41% 皮肤通透度改善。
- 某裙子：拼色设计感衬衣裙，超有气质！板型收腰，特别显瘦。

模块 3：呈现优势

明确效果后，用户大多会有疑问：这款产品究竟好在哪里？我为什么要在你这里购买产品？你需要把产品的各项卖点都告诉用户。呈现优势的作用在于，证明你上文所说的效果都有事实依据。

- 某洗面奶：弱酸性洁面，对皮肤无刺激、无负担。
- 某苹果：北纬 37° 苹果地理气候资源带，海拔 1100 米左右，日照 2400 小时以上。
- 某榴梿：甄选 40 年老树，遵从自然法则——果熟蒂落。
- 某电脑：全新 M×450 2G 显卡，英特尔 11 代 CPU，速度更快、性能更好。

模块 4：建立信任

呈现优势后，用户可能还会有顾虑：产品真的有你说的那么好吗？于是我们在本书第 3 章介绍的技能就派上用场了，即成功说服的 4 个要素：传递者、沟通信息、接收者、说服场景。我们要让用户相信，我们是可信任的，我们所说的每一句话都是真的。因为任何成交，都必须建立在信任上。

- 某防晒霜：30 位皮肤科研人员研发，740000 次严格临床试验验证。（沟通信息）
- 某手机：知名艺人 ××× 代言。（权威传递者）
- 某内衣：面料抗菌检测报告。（沟通信息）
- 某美食：《舌尖上的中国》推荐。（权威传递者）

模块 5：算账

本书第 2 章讲了 3 种算账法，分别是平摊法、省钱法和替换法。你只需要根据产品特点，选择不同的算账法。

- 某空调：一天省 10 元钱，一年能省出 3 台空调的钱。
- 某电动车：花买摩托车的钱，买一台能上牌的电动车。

模块 6：消除顾虑

当用户决定下单时，他可能还有各种担心——害怕买错、吃亏。所以我们要消除用户的顾虑，让用户更放心地付钱。

- 担心不是正品：×× 为官方授权渠道，我们郑重承诺所有产品皆为正品。
- 担心安全问题：经过 30 项安全测试，超过 5630 位受试者验证。
- 担心多花钱：买贵包退！

模块 7：其他加分项

除了以上 6 个模块，你还可以补充一些加分项。

- 福利活动：本次购买有哪些福利可享，包括赠品、减免运费、抽奖等。
- 品牌故事：不论是新兴品牌，还是老品牌，把企业故事分享给用户都能大大提高其对品牌的信任度。
- 金句：用金句的强大共情力和说服力，促使用户下单。

我们平常看到的详情页文案看起来可能各不相同，但实际上，它们都是由这些模块组合而成的。按照这些模块，写出来的详情文案基本可以达到 70 分，剩下的就是一些语言上的润色工作，比如怎么让卖点更有画面感，更容易被理解。

现在，该你了！

练习 请你为“大力牌破壁机”写一篇详情页文案。

唤起需求：________________

明确效果：________________

呈现优势：________________

建立信任：________________

算账：________________

消除顾虑：________________

其他加分项：________________

14.5 总结

微信公众号销售文案的写作技巧可以应用于任何和成交相关的场景中，包括撰写其他各种类型的文案，如标语式文案、直播卖货文案、微信朋友圈文案、详情页文案等。

（1）标语式文案的写作可使用 3 个技巧，分别是抓卖点、写金句、突出长篇销售文案中的一个细节。

（2）直播带货文案有 6 个部分，分别是首因登场、介绍产品、描述使用效果、打造场景、帮用户算账、制造稀缺性。

（3）微信朋友圈文案涉及 3 个要点：防屏蔽、发布软性广告、安排节奏。

（4）详情页文案包括 7 个模块：唤起需求、明确效果、呈现优势、建立信任、算账、消除顾虑、其他加分项。

这些你都理解了吗？

第 15 章

刻意练习，文案人的快速成长之路

- 文案的刻意拆解
- 第一阶段：拆结构
- 第二阶段：拆内容
- 第三阶段：完整练习
- 总结

有段时间，网络上特别流行“10000 小时理论”。于是有人就来问我：“我是不是只要写文案超过 10000 小时，就能成为文案高手呢？”

我摇了摇头。成为文案高手和时间有关，但时间不是唯一要素。

试想一下，假设你每天连续不断写 8 小时文案，要想达到 10000 小时，你至少要花 3 年半的时间。但如果你是没有目的地写，连着写 3 年半，你的文案写作水平也不一定有所提高。我见过有人写了 10 年文案，结果还在原地踏步。

机械地重复练习不足以让你的水平有所提高，你要在每一次练习后，找到跟优秀者之间的差距，并努力弥补这个差距，才能进步。

如何找到差距并弥补差距？我向你推荐拆解文案的方法。通过拆解优质文案，你可能只需要花一年，甚至半年时间就可以掌握文案写作技巧。

“拆解”这个词，我最早是在我父亲身上学到的。我父亲是一名木匠，在他们那个年代，要想习得木匠这门手艺，就必须拜师父。师父会教学徒一些基本的手艺，但学徒要想做出复杂、精美的家具，还得自己琢磨方法。我父亲是怎么做的呢？

一个词：拆解。

我父亲把复杂的家具仔仔细细地拆解开，把拆开后的每个板块都拿出来研究，把样式、尺寸、结构等都研究透，再凭记忆将其安装回去。重复几次后，我父亲基本就能掌握该家具的制作方法。相应地，我父亲的家具制作水平也得到了提高。

后来我发现我父亲用的就是“刻意练习”的方法。对陌生领域知识的学习，真的没有比一片一片拆下来再组装回去来得有效的方法。拆和组装是模仿，在这个过程中，我们可以把这些技巧内化成自己的能力。

从某个角度来说，写文案和做家具是一样的。文案和家具都有结构，都有细节，它们都能够被拆开再组装回去，它们也都能够让你观察、模仿无数次。只要你坚持刻意练习，你就可能成为高手。

15.1 文案的刻意拆解

那一篇文案要怎么拆解呢？我把它分为两个阶段。

在第一阶段，你需要拆解文案的结构，把每个模块拆解出来。在这个阶段，我建议你至少拆解 20 篇优秀的文案，这样你才会对文案结构有基础的了解。

在第二阶段，你需要拆解文案的具体内容，了解遣词造句和文字背后的原理，也就是我们常说的文笔、营销技巧。

既然要拆解文案，你一定要拆解优秀的文案，千万别随便看到一篇文案就拿来拆解。你拆解的文案决定你的上限，如果你拆解、模仿的都是差文案，那么你写的文案会更差。

去哪里找优秀的文案呢？其实很简单，如果是微信公众号文案，你就去微信粉丝较多的公众号找。像我服务过的十点读书、有书、千聊等，都是行业内较有名的微信公众号，它们的文案都经过了反复测试和推敲。把它们的文案研究透，你的文案写作水平至少会达到行业内中等偏上水平。

15.2 第一阶段：拆结构

在拆解文案的时候，我会准备一个表格，表格很简单，只有3列，第一列是段落，第二列是主要内容，第三列是设置目的。

以下是我拆解文案时填写的表格（见表15-1和表15-2），你可以把它作为案例来看。

在表15-1和表15-2中，第一列是段落，也就是内容在文案中的位置。第二列是主要内容。第三列是设置目的，也就是我们常说的文案大纲。通过拆解文案，你可以逆向获得原作者的文案大纲。这样下次写稿时，你就会写文案大纲了。

表15-1 拆解文案《自律的3个层次，你在哪一层？》

段落	主要内容	设置目的
1～4段	（1）“知乎体”提问：自律带给了你什么 （2）列出回答：自律者出众 （3）提出关于自律的观点：自律很难，只要做到就很了不起	第一步：开头，引入自律的概念
5～17段	（1）朋友30岁逆袭考上公务员的故事 （2）名人拍摄电影减肥的经历 （3）提出作者的观点，自律是突破自己	第二步：介绍自律的第一个层次——自律的人都不愿意过得太舒服
18～30段	（1）自律的定义 （2）西门子的高管低起点逆袭的故事 （3）提出作者的观点，自律要有欲望	第三步：介绍自律的第二个层次——自律的人都有明确的欲望
31～53段	（1）提出作者的观点，自律要变成习惯 （2）村上春树跑步的故事 （3）把自律变成习惯的3个方法	第四步：介绍自律的第三个层次——把自律变成习惯，就离成功不远了
54～58段	总结作者对自律的认知	第五步：结尾，升华主题

表 15-2　拆解某护肤课程的文案

段落	主要内容	设置目的
1、2 段	（1）提出观点，一个人得为自己 20 岁以后的长相负责 （2）对观点进行解释	第一步：开门见山，提出观点，让用户同意女人要为自己的长相负责的观点
3 ～ 5 段	描述某女性名人的颜值和同龄人的区别	第二步：用女性名人的例子佐证观点，引起用户对好皮肤的渴望
6 ～ 8 段	（1）罗列皮肤好的好处 （2）罗列用户遇到的皮肤问题和困扰	第三步：提出皮肤好的好处和用户的皮肤问题
9 ～ 11 段	（1）告知用户：护肤不难，而是你的方法存在很大的问题 （2）简单介绍老师的背景	第四步：提出新认知，引入老师
12 ～ 20 段	介绍老师的专业背景，包括皮肤科医生身份、与之合作的名人、名校学历等	第五步：介绍老师的专业背景，赢得用户的信任
21 ～ 29 段	（1）指出用户的 3 个认知错误：没意识到护肤的重要性、没精力护肤、过度护肤 （2）列举不同认知错误带来的痛点	第六步：指出认知错误，引起用户的认同和焦虑心理
30 ～ 35 段	（1）告诉用户方法论①：皮肤检查 （2）告诉用户方法论②：选对护肤品	第七步：给出“一小部分”方法论，赢得用户对课程的信任，减少其对营销的反感
36 ～ 42 段	（1）学员 A 祛痘成功的经历 （2）学员 B 美白成功的经历	第八步：用学员的经历说明效果
43 ～ 50 段	（1）告诉用户：爱美没错，容貌是一个人最好的推荐信之一 （2）告诉用户：对女人来说，重要的不是实际年纪，而是你看起来多大年纪；好皮肤会使你看起来很年轻 （3）告诉用户：护肤是每个女人的人生必修课	第九步：提出认知，告诉用户每个人都要护肤，暗示用户买护肤课程不要有负罪感
51 ～ 56 段	描述 20 岁、30 岁、40 岁等不同年龄的女人的皮肤状态和痛点	第十步：恐惧营销
57、58 段	（1）告诉用户：最了解皮肤的人是专业的皮肤科医生 （2）告诉用户：要想正确护肤，需要咨询医生	第十一步：引出课程，即给出解决办法
59 ～ 63 段	简单介绍产品和价格	第十二步：引导用户购买
64 段	罗列课程大纲	第十三步：罗列课程大纲
65 ～ 70 段	罗列课程亮点	第十四步：罗列课程亮点

通过这两个例子可以看出，对于任何一篇文案，如果你能把它拆开，且拆得足够细，你就会发现，其实它们没有多神秘，它们也都是由一个个词语，一个个段落构成的文章。

15.3 第二阶段：拆内容

拆解了文案的框架，你就可以开启第二阶段了，也就是拆解具体内容。

接下来，我会和你一起拆解文字细节，带你从易到难，一点一点掌握细节拆解的方法。

【原文】当我坐在钢琴面前的时候，他们都笑了；但是当我开始弹奏时，他们……

【拆解】

（1）利用“当我……他们……；但是当我……他们……”句式讲述了一个极具反转效果的故事，人们以为他不会弹钢琴，都是一副看好戏的样子，但结果却令人吃惊。

（2）模仿：当我辞掉大公司的工作回老家种田时，他们都笑了；但是当我买了一辆奔驰时，他们……

【原文】香奈儿的创始人加布里埃·香奈儿女士曾说，女人的衣柜不可以缺少一条小黑裙。

的确，没有哪一件单品比小黑裙更为经典。

【拆解】

（1）引用香奈儿的创始人加布里埃·香奈儿女士的话语，增强观点的权威性和说服力。

（2）通过“不可以缺少”使用户认可“我一定要拥有一条小黑裙”“我没有小黑裙就会感到遗憾”这一观点。你可以进行模仿，如“不到长城非好汉”“一个人必去的100个地方”“女生一定要有一支自己的口红”等。

（3）用“经典”一词，直接把小黑裙的地位抬高了。而且人们通常比较向往经典，从而对小黑裙产生更多好感。

（4）用“没有……比……”的句式，再次强调小黑裙的经典之处。

【原文】你或许会说，我只是个例，别人复制不了。

的确，别人的人生很难复制。

但我想说，不论是20年前还是现在，英语学习之路都是普通人最容易走、回报率最高的一条路。

在我20多年的教学经历中，我见证了很多学生，因为英语优秀实现了人生的进阶。

他们有的考上了理想的学校；有的进入了宝洁、微软、苹果等外企，担任重要的管理职务；有的赢得了领导的信任和重用，常常被派往海外，承担重要的对外交流工作。

【拆解】

（1）一开始提出用户的疑虑“你的成功我复制不了”，并且给予回答，打消用户的疑虑。

（2）通过“不论……还是……都”句式，用户更容易接受“学英语回报率很高”这一观点。

（3）集中列举学员案例，使用户背书效果最优化。

（4）通过列举宝洁、微软、苹果等外企，进行权威背书。

【原文】以前逛街看到自己喜欢的东西，只能告诉自己再等等吧，等过段时间有钱了再买，然后就这么一次又一次地错过心爱的东西。

你可能会说，不就是一双鞋吗，早点买、晚点买有什么区别？你5岁的时候想要洋娃娃，父母没买给你。等你20岁的时候，你买了一个很贵的洋娃娃，可是这时候的你还会像小时候那么开心吗？

【拆解】

（1）通过描写用户的心理状态“告诉自己再等等吧”，让用户有代入感。

（2）通过写“一次又一次地错过”，用户会产生后悔的情绪。

（3）将用户的疑虑“早点买、晚点买有什么区别”写出来并给出答复，以免用户说“不”。

（4）通过5岁和20岁的对比，以及最后的反问句，调动用户情绪，让用户觉得心爱的东西就要现在买。

15.4 第三阶段：完整练习

当你能够熟练拆解简单的段落后，你就可以练习拆解整篇文案。以我曾经写的知识付费课程文案为例，我们先拆解结构，再拆解具体内容。

首先是拆解该文案的结构，我将其拆解成了5个部分，如表15-3所示。

表15-3 拆解文案结构

段落	主要内容	设置目的
1～7段	引起用户对好好说话的向往	第一部分：以问句作为开头，关联产品
8～17段	介绍老师	第二部分：介绍老师，作为权威背书
18～50段	老师在学生时代和在职场中的故事	第三部分：告诉用户好好说话在学生时代和在职场中有多重要
51～71段	老师的婚姻经历及其闺密的故事	第四部分：告诉用户好好说话在婚姻中有多重要
72～87段	引起用户共鸣	第五部分：戳中痛点，引起用户对学习好好说话的渴望，顺带推课

其次是拆解具体内容，我们从第一句话开始，把整篇文案都拆解一遍，如表15-4所示。

表 15-4　拆解文案的具体内容

原文	分析
知乎上曾有一个问题，做什么事可以让生活立刻变得更好?	（1）文案使用问句作为开头，能够直接吸引用户的注意力。 （2）通过使用副词“立刻”“更”，增加句子的势能
其中一个回答，让人印象深刻——好好说话。	（1）直接关联产品，向用户传达好好说话的重要性。 （2）“其中一个回答，让人印象深刻”使用了悬念，起到阅读钩子的作用
细想一下也对，会好好说话的人，大多情商都很高。他们可能不漂亮，但温柔的语气，恰如其分的话语，会让你相处起来很舒服。 他们可能不出类拔萃，但工作中遇到会说话、会处事的人，你会非常乐意去帮助他。 生活这个小妖精，几乎会折磨所有人，唯独很少对这类人下手，反而还给了他们不少便利。	（1）解释上文的观点，消除用户对该观点的疑虑。 （2）“他们可能……但……会……”句式采用了水晶鞋法，激发用户对好好说话的向往。 （3）采用排比的句式，增强观点的说服力
十点君身边，刚好就有这样一个高情商、会说话的女人。	（1）这个句子起到承上启下的作用。 （2）埋下悬念，让用户好奇什么样的女人情商高、会说话
她叫 ××，××× 的 ××，××× 的 ×××。 但凡见过的人，对她的评价无一不是：穿着大方，说话柔声细语，情商特别高，聊起天来完全不尴尬。 哪怕是第一次见面，她给人的感觉也像是一位很久没见的老朋友，让人有种相见恨晚的喜悦感。	（1）该部分内容为老师的背景介绍。需要提醒一下大家，在写知识付费课程文案介绍老师的时候，先写个人魅力能增强其亲和力，让用户对她产生好感。 （2）通过使用“但凡……”“哪怕……”等具有“绝对口吻”的句式，增强用户对老师的信任感

续表

原文	分析
可如果你以为她只是一个稍微会说话的女人，那就太小看她了。	（1）“如果……就……”的句式起到了转折的作用。 （2）这个句子使用了“预告”的技巧，告诉用户她不仅仅会说话。因为接下来的内容比较硬，比较干巴，提前预告能够让用户有心理准备，更有耐心读下去
××是中国商业演讲知名品牌公司的CEO，她创办的中国女性版的TED，鼓励女性激发自己的潜能，勇敢为自己发声。 和她合作的女性包括“艺术体操女皇”××、“婚纱女王”×××、演员×××、《如懿传》制片人××等。 她还是中国商业“牛人”的说话教练，甚至在腾讯的综艺节目《星空演讲》中辅导过多名演员。 综艺节目《×××》的投资人也曾高度评价她。	罗列老师的身份，使用权威背书、名人背书、平台背书、用户背书等
讲真，十点君太想让你认识××了。 接下来的内容，就来自她的自述。	（1）“接下来”可起到转折的作用。 （2）为了方便，换第一人称描写，使用“提前预告”的技巧
大家好，我是××。 在很多人眼里，我是一个外向且能言善道的女人，但曾经的我和现在截然相反。	用“曾经”“现在”“截然相反”的对比方式，制造阅读“钩子”，吸引用户往下读
记忆中，我在学生时代是沉默的。 那时的我每天只顾埋头学习，上课不回答任何问题，课后不和任何人讲话。 我像一个孤独的哑巴，静悄悄地度过了大半个学生时代。	使用比喻、细节描写等方式，让用户对故事有代入感

续表

原文	分析
如果不是那次期末论文答辩，我根本不会意识到，不会说话有多吃亏。	（1）使用“如果不是……”句式，起到转折的作用。 （2）使用“提前预告”的技巧，暗示用户接下来会讲一个因说话而吃亏的故事
那时我在加拿大留学，期末论文答辩时，仅仅因为我不善言辞，没能很好地阐述自己论文的重点，以及没能回答好答辩委员会老师的提问，明明论文可以得 A，结果却得了个 C。 差点儿不及格！ 天啊，要知道国外考试不及格是要留级的啊，一年那么贵的学费，我怎么承担得起？ 我从来都知道说话很重要，没想到居然会重要到这个地步。	（1）使用“明明……却……”让用户产生一种后悔、好亏的感觉。 （2）戳痛点，向用户强调不会说话的严重后果：国外考试不及格要留级，学费很贵。 （3）通过心理描写“那么贵的学费我怎么承担得起”，让用户感同身受。 （4）通过心理描写“我从来都知道说话很重要，没想到居然会重要到这个地步”，用故事主人公的感受促使用户思考，让用户觉得说话远比他想的更重要
期末论文成绩我改变不了，就只能愈发埋头读书了。 好不容易熬到毕业，勉强进了一个还不错的公司。本以为万事大吉的我，很快就发现：职场中的竞争比学校中的竞争激烈得多。 在学校，不会说话影响的只是成绩；在职场，不会说话就几乎等于你不会做事，因为它直接影响你的沟通协作能力。	（1）这部分做了情节缓冲的处理。一般按照传统故事，故事主人公论文被评为 C，接下来会直接跟“逆袭”的桥段，但整个故事就变得俗套。因此，文中写道“期末成绩我改不了，就只能愈发埋头读书了”“本以为万事大吉的我，很快就发现：职场中的竞争比学校中的竞争激烈得多”。 （2）通过使用排比句“在学校，不会说话影响的只是成绩；在职场，不会说话就几乎等于你不会做事，因为它直接影响你的沟通协作能力”，让用户认可说话的重要性

续表

原文	分析
在我的工位对面，有一个 30 多岁的姐姐。她的工作能力特别强，可就因为情商低，不太会说话，进公司都 3 年了，还在基层，工资也和刚进来时一样。好多比她年纪小的人，都已经当上部门负责人了。	（1）站在用户的角度，把目标用户的痛点直接描写出来，让用户有代入感。 （2）用 3 年前和 3 年后的工资对比，以及和年轻人的职位对比，唤起用户的情绪，让用户担心自己也成为这样的人
而我，也没有比她好多少。 每次开会别人都滔滔不绝，只有我说不到两句话就结束了，就像啥也没做一样。领导和我说话时也经常叹气，再这样下去，我特别怕连试用期都过不了。	（1）用心理描写“而我，也没有比她好多少”，引起用户的共鸣。 （2）通过别人和自己的对比，以及领导的态度，还有我自己的心理描写“特别怕连试用期都过不了”，戳中用户痛点，并且引起用户对好好说话的重视
等我 30 岁后，也会变得像那个姐姐一样吗？一事无成，又无可奈何，背地里还被我这样的后辈可怜。 说实话，我很怕自己成为那样的人。	用心理描写，以及疑问句“也会变得像那个姐姐一样吗？”渲染恐惧情绪。用户看到前车之鉴，往往会告诉自己一定不能重蹈覆辙
于是，我拼命学习说话技巧。每天下班后，我就窝在家里把每个对话场景，如汇报工作、同事交谈、会议发言、竞聘演说、商务谈判、述职演讲……都练习了无数遍。 周六、周日，我更是泡在图书馆里，翻遍市面上所有沟通类的书。我还加入了国际演讲俱乐部，一周一次，风雨无阻地跟着说话高手做系统性训练…… 苦心人，天不负！我总算掌握了说话的技巧。	（1）从刻苦练习的角度，把对话场景罗列了出来，包括汇报工作、同事交谈、会议发言、竞聘演说、商务谈判、述职演讲等，告诉用户，未来他也会遇到这些场景。 （2）通过刻画努力的程度“翻遍市面上所有沟通类的书”“加入国际演讲俱乐部”来突出课程方法论的底蕴

续表

原文	分析
为了更快速地应对各种说话场合，我把那些复杂难懂的技巧和方法，总结成可以直接套用的 12 个万能说话公式。 赞美人时，用“钻石公式”把话说到人家心坎里。 求人帮忙时，用“金字塔公式”让他心甘情愿地帮你。 生气时，用“降维公式”让他主动向你认错。 ……	（1）用罗列的方式把成果展现出来，包括各种方法、技巧、效果，引起用户对这些方法的好奇心和学习欲望。 （2）利用造词“钻石公式”“金字塔公式”“降维公式”突出方法的有效性
我从来都不是一个高情商的人，可有了这 12 个说话公式，每次遇到沟通难题，我就会直接拿出来用。	很多文案会告诉用户，会说话，情商就高。这样说其实很容易引起用户的逆反心理。这里的处理方法是“虽然我情商不高，但会用公式”。毕竟公式谁都能用，这个是用户可以接受的
很快，我成为别人眼中高情商、会说话的人。 我的工作越做越顺，对于难啃的项目，我也可以通过沟通调动更多的资源高效完成工作。每次汇报工作时，我都会看到直属领导满意的笑容。就连一直无视我的公司老板，也能叫出我的名字了。 5 年内，我不但快速晋升成为公司高管，后来还跳槽到世界 500 强公司拿到百万年薪，是业内晋升较快的“牛人”之一。	（1）采用水晶鞋法，尽可能把各种场景描写得让用户向往。 （2）使用大量动词和名词，如“难啃”“调动”“笑容”“无视”“叫出”等，使得句子有画面感和真实感
很多人看到我的简历，都会惊呼：“××，你的命怎么这么好？”其实我很清楚，如果只埋头苦干而不会说话，要想做到现在这个位置，至少要 10 年。 可一个人有多少个 10 年呢? 所以，我一直都告诉后辈们，职场不仅考验你的能力、智商，更考验你的情商。 情商很抽象，但你可以学会好好说话，让自己看起来像个高情商的人。	（1）通过问句“××，你的命怎么这么好？”引起用户的注意，并且借此向用户传达观点。 （2）用“如果……要……”句式，使用户更容易接受好好说话很重要的观点。假设我们换一种常规的句子，如“埋头苦干而不会说话，你想要晋升很难。但会说话，升职加薪就很容易”，其效果就会大打折扣。 （3）用问句“可一个人有多少个 10 年呢？”引起用户的共鸣。 （4）用前辈的口吻，起到权威背书的作用，直白地跟用户说要好好说话，让自己看起来像个高情商的人，让用户更容易接受这一观点

续表

原文	分析
一直以来，我最骄傲的不是我的事业有多成功，而是我和老公 8 年多的婚姻。 熬过了七年之痒，我们这对有两个女儿的老夫老妻，还是会有刚结婚时的心动瞬间。 每天一个早安吻，送对方喜欢的礼物，分享自己喜欢的电影和书，碰上节日，玫瑰花更是少不了……	（1）利用“不是……而是……”句式，起到转折和提前预告的作用。 （2）使用水晶鞋法，把用户希望在情感里拥有的场景，全都展现出来，引起他们对这些场景的向往。 （3）句子中使用了大量的数据、名词、动词，增强了画面感
你问秘诀是什么？我的答案是，好好说话。 每次说话时，我都会带着一点儿“小心机”，让他喜欢听我说。就算两个人生气吵架，我也能很快让气氛缓和下来，让两个人面对面一起解决问题。 是的，那 12 个说话公式不仅在职场上管用，拿来经营婚姻也非常有效。	（1）通过问句“你问秘诀是什么”，将用户的疑惑展示出来，再回答问题，解决疑惑，并且提出观点——好好说话。 （2）在解释的过程中，使用水晶鞋法描绘好好说话在日常生活中的好处，引起用户的向往
同样是说话，有人收获甜蜜爱情，有人却把心爱的人越推越远。	（1）使用“同样是……有人……有人却……”句式，起到转折的作用。 （2）用对比的方式，“提前预告”接下来的内容是一个不会说话的人把爱人推远的故事
几年前，闺密小熙跟我诉苦，说自己不会说话，让丈夫连家都不想回了。 离家前，她丈夫留下的最后一句话是：“我觉得你很好，但如果你一直不改碎嘴的毛病，咱俩没法处下去了。” 其实小熙也很委屈：“我真不是故意的啊。我只想让他关心我、重视我，可每次话到嘴边就变味了。”	（1）这 3 段话描写了痛点场景，技巧在于叙述和引语穿插使用，提高了文章的可读性。 （2）使用引语的好处是能让故事更真实。丈夫说的话，闺密说的话，加起来其实就能构成一个完整的故事

续表

原文	分析
夫妻俩心里都有对方，只是不懂怎么表达。再这样下去，只能渐行渐远，真到了离婚的地步，想挽回也来不及了！	利用“只是……”“再这样下去，只能……”句式调动用户遗憾、可惜的情绪，并且加强恐惧感，让用户警惕真到了离婚的地步想挽回都来不及
我赶紧把这 12 个说话公式给了小熙，并告诉她：“这段时间，你说话就照着上面的公式来就好了。” 其实，我心里也没底。毕竟每家的情况都不一样，这些公式在她家会不会不管用? 3 天后，我心里的石头落地了。	（1）使用引语，让故事显得更加真实，并且暗示用户照着公式来说话就好了。 （2）用“我心里也没底”把用户的疑虑写出来，再用 3 天后的结果打消用户的疑虑
小熙跑来跟我炫耀，说现在她丈夫可听她的话了。每天按时回家不说，还会主动扫地、摘菜、洗碗。 看着小熙幸福的样子，我突然明白了，其实人都是一样的，都喜欢听让自己舒服的话。	（1）借小熙的口，将学习效果写出来，让用户对课程充满信任和向往。 （2）通过“我突然明白了……”句式，侧面揭示为什么自己的方法有用，让用户相信这套方法是有底层依据的
后来，我去帮助一些企业高管、演员以及众多大学生、宝妈、职场新人更好地说话，事实证明，这套方法是切实可行的。	通过列举法，告诉用户这套方法在很多人身上被证实有效，暗示用户这套方法对他应该也有效

续表

原文	分析
换一种说话方式，真的这么灵吗? 当然。 你越会说话，别人就越快乐；别人越快乐，就会越喜欢你；别人越喜欢你，就会越爱帮助你；你得到的帮助越多，你的生活就会越好。 能力决定了你能走多快，而会不会说话，却决定了你走得有多顺。	（1）使用问句，把用户的疑虑“换一种说话方式，真的这么灵吗? ”直接写出来，然后回答问题，打消用户的疑虑。 （2）借鉴金句“你越会说话……”来佐证上文的答案，且该金句使用了顶真手法。 （3）使用“……决定了……，而……决定了……”句式，再次强调观点，并让用户更容易接受此观点
回想一下，不会说话，你吃了多少亏? 一面天堂，一面地狱。 我因为会说话尝到了不少甜头，但大多数人往往因为不会说话而吃了不少亏。	（1）使用问句“回想一下，不会说话，你吃了多少亏? ”将用户的注意力勾住，并且引起用户的反思和共鸣。 （2）使用对比，起到转折的作用，并且“提前预告”接下来会讲很多人因为不会说话而吃亏的例子
想拓展社交圈子，但不知道怎么结交他人，错失了不少人脉。 跟老板汇报工作时，就因为不会说话，显得自己没做多少事。 想让另一半帮忙，说错了话，反倒把他推得更远了。 想催朋友还钱，不知道怎么开口，钱没要回来，朋友倒丢了。 …… 这个世界从来不缺会做事的人，但真的缺会说话的人。	（1）将痛点场景以及具体后果一个一个详细地写出来，把需求拉到用户眼前，让他意识到这些问题现在就要解决。 （2）使用“这个世界从来不缺……，但真的缺……”句式，向用户传达观点，让用户认可此观点

续表

原文	分析
讲真，学会好说话是这个世界上最划算的事。 在今天这个社会，我们拼命追求的无非升职加薪、被别人认可、家庭甜蜜、夫妻和睦、孩子听话……而这些都跟一件事有关，那就是说话。 反正你每天都要说话，何不说它个炉火纯青?	（1）使用“……是这个世界上最划算的事”句式，向用户明确传达观点。 （2）句式“我们拼命追求的无非……，而这些都跟一件事有关……”前半句引起用户的共鸣，后半句传达观点，让用户更容易接受此观点。 （3）使用问句“反正……，何不……”，激发用户的尝试欲。 （4）连续几个句式无缝衔接，让用户从心底里认同你的观点。只要他认同了，那他离购买产品就不远了
如果你也想让自己成为高情商、会说话的人，能掌控住所有社交场合，拥有更加和谐的夫妻关系，那么我诚意邀请你学习我的“即学即用的高情商沟通课”。	使用“如果……那么……”句式，并把课程效果融入用户希望的场景，很自然地推荐课程
这门课可能不能马上让你的情商变高，但会给你一套万能说话公式，让你马上就能用! 你这么优秀，千万别输在不会说话上。	（1）使用句子“这门课可能不能马上让你的情商变高，但会给你一套万能说话公式”，降低了用户预期，显得真诚。 （2）使用句子“给你一套万能说话公式，让你马上就能用”，提升了用户的获得感。 （3）使用金句“你这么优秀，千万别输在不会说话上”，降低了用户付费的负罪感

以上就是对整篇文案的拆解。拆解一篇两三千字的文案不容易，但是完整拆解一篇文案会让你学到很多，包括遣词造句的技巧、行文的技巧、铺垫和植入广告的技巧等。

有一句话叫“熟读唐诗三百首，不会作诗也会吟”。学习写文案也是一样的，如果你能坚持拆解，像我示范的那样做，拆解了 10 篇、20 篇、30 篇优秀的文案之后，你至少能写出 80 分的文案。拆解文案看起来比较辛苦，但是对于你的成长来说，这是成长的“加速器”，它会带你走上进阶的“高速路”。

15.5 总结

拆解是学习文案的好方法。通过拆解，你可以了解作者的写作思路，也可以了解作者遣词造句的方法。

拆解有两个步骤，一是拆解结构，旨在了解一篇文案的内容框架；二是拆解具体内容，旨在了解作者行文的方法。

通过拆解结构，可研究一篇文案的段落、主要内容和设置目的（大纲）；通过拆解具体内容，可逐字逐句研究一篇文案的用词、造句和写作技巧。

第 16 章

如何靠写文案提高收入

- 文案变成收入的方式有哪几种
- 怎么找到甲方
- 撰写文案时的商务沟通
- 兼职写文案的注意事项
- 总结

小美是我的一位学员，我之所以对她印象很深，是因为这位姑娘的文字很有灵气，她对销售逻辑也理解得特别透彻，而且她经常帮助同期的学员们。

在学习期间，每次大家在群里提问，小美都能够有条理地帮大家分析原因，有时候，她还会帮别人修改稿子。

这么优秀的姑娘，你觉得她靠文案赚了多少钱呢？答案是 0 元。

小美是做人力资源工作的，她学写文案的初衷也是想靠文字赚点儿外快。可真的学完后，这姑娘又怯了。她害怕被拒绝，害怕对方嫌弃自己写得不好，于是她就一直做别人的“幕后军师”，自己从未向前一步，去拿属于自己的那份酬劳。

所以，我一直和学员们说，如果你已经掌握了文案写作技能，那就把它变成收入，这才对得起曾经辛辛苦苦努力学习的自己。

文案人最好的状态是什么样的呢？我有一个朋友，她向我展示了什么叫文案人的美好生活。

她做了两年文案工作，因为悟性高，加上工作期间很努力，获得了老板、同事和客户的认可。在做文案工作的过程中，她也积累了一些自己的客户。

28 岁那年，她突然做了一个决定，辞职回到了云南老家。回家之后，她偶尔接点儿写文案的工作，一个月有两三万元的稿费。在云南的一个县城里，每个月两三万元绝对是高收入。

不写稿的时候，她就陪父母买菜、做饭、钓鱼；和朋友逛逛古城，喝喝下午茶。

在雨季，她还会去山里捡菌子。日子过得好不潇洒。

上面这个故事并不是兜售理想生活的“文案”，而是我的一个朋友的真实故事。我想告诉你的是，文案是一份工作，也是一种可以陪伴你的能力，拥有了这种能力，你的选择可以很多元。

16.1 文案变成收入的方式有哪几种

简单来说，学会了写文案，你有两种获取收入的方式，一种是全职场投入，另一种是做成副业。我跟大家简单介绍一下这两种方式。

1. 全职投入

在公司打工，每个人都希望自己能拿高薪。一个公司会给什么样的人高薪呢？答案一定是对公司有不可替代的价值的人。一个看门的大爷不可能拿到高薪，因为他的工作太容易被别人替代了。

文案人就是公司里拥有“不可替代的价值”的人。文案人是可以直接帮公司赚钱的人，就算不是文案人，也能估算出文案的价值。当你一个人为公司赚了 10 万元、50 万元，甚至 1000 万元时，你是有足够的底气要求公司涨薪的。就算公司不答应，市场上也会有无数的机会向你招手。你的能力决定了你的价值。

当然，这并不是说只要你做了文案工作就一定能拿高薪，文案是一个工种，只有特别优秀的文案人才有足够的底气。怎样才能成为优秀的文案人？我们前面讲了各种方法，但光有方法还不行，你必须通过不断地练习，把这些方法内化成自己的能力。

另外，回想一下我们在本书中学到的知识，包括心理学、营销学、写作、数据思维、排版、跨领域学习、用户思维、拆解方法等方面的知识，这些知识不但对你写文案有帮助，还能训练你的思维习惯。你就算以后不做文案工作，去其他岗位，也能做得比别人好。

2. 做成副业

近年来，副业赚钱的话题越来越热，不少人都想在工作之余赚点儿小钱，以减轻生活压力。

什么样的副业算好的副业呢？我觉得它要有 3 个特点：可持续、助力成长、单价高。发传单、拉人头赚佣金等副业，费时费劲不说，赚的钱也少，对自己的成长也没有多大帮助，这些都不算好的副业。

我一直推荐朋友写文案，因为你每写一篇文案，自己的能力都会有所提升，而且写文案比较自由，时间具有弹性，你也不一定要坐班。如果有固定的客户，你在家也可以写文案。文案的单价还高，一篇中等水平的文案的稿费千元起，一个月写几篇文案获得的稿费就相当于别人一个月的工资。

接下来，我重点讲解做文案兼职如何找到赚钱的渠道，也就是如何寻找写文案赚钱的机会。

16.2 怎么找到甲方

自己在家练习写文案是不可能赚钱的，文案是服务于商家和商家的特定商品的，所以你需要找到商家，也就是我们常说的甲方。

怎么找甲方呢？其实有两种途径。一种是过去你一直做文案工作，在工作中跟甲方有接触，后来你辞职了，甲方还愿意委托你写文案，那么你自然就有兼职工作的机会，还能拿到还不错的写稿收入。

另一种是你刚入行，之前没有接触过甲方，那么你就要注意搜集身边的信息，一点一点积累客户资源。

以我自己为例，最开始接触文案时，我报名参加了一个文案训练营，一边学一边练，当时老师给了我一个写稿机会，我第一次投稿就中了，稿费是 1000 元。

不过，仅靠别人介绍，机会还是太少了，你应该主动出击，寻找一些写稿的机会。现在很多平台都需要优质的文案，只要你用心，这种机会并不难找。接下来，我就给大家推荐 7 个找文案兼职的渠道。

1. 招聘网站和招聘 App

去招聘网站和招聘 App 找文案兼职？是的，你没看错。大家千万不要觉得在招聘网站和招聘 App 上只能找全职工作。其实，很多新媒体公司都会在上面招聘文案兼职。我自己做过好几个平台的文案负责人，写文案人手不够时，我们也会去那里招聘文案兼职。

例如你去 BOSS 直聘[①] 搜索“文案兼职”，就能搜出很多招聘文案兼职的信息。如果你能应聘上，收入也还不错，少的一两千元，多的五六千元，甚至上万元。

不过，需要给大家提个醒，一般公司招聘文案兼职都希望招到熟手，它们没时间给你做培训，也没时间给你改稿子，所以，你一定要有自己的作品。这里说的作品，不一定是已经发表的稿子，只要是你写的都算。公司会通过你的作品来判断你的水平。如果你没有作品，通过的概率会非常低。

所以，如果你希望通过招聘网站和招聘 App 找文案兼职，你一定要提前准备好自己的作品，不要一问三不知。如果你是个用心的人，你也可以提前了解应聘机构的情况，提前了解其历史文案的风格。

如果公司觉得你合适，有的公司会直接录用你，也有的公司会让你试稿。试稿就是让你试着按要求写一至两篇稿子。如果有试稿的机会，你一定要珍惜，这是你应聘上这个工作的敲门砖。

---

① BOSS 直聘是一个招聘类 App。

2. 文案兼职 QQ 群

市面上有写文案的需求，也存在大量能写文案的人，这中间就需要有对接的媒介。

我发现 QQ 群就是一个很好的媒介。你在 QQ 里搜索“文案群”，立马就能看到全国各地的文案群，有兼职的、交流的、接单的，各种各样，绝对够你用了。但你一定要小心，QQ 群里鱼龙混杂，你得甄别哪些是真的对接写稿的，哪些是骗你写稿不给钱的。

3. 新媒体行业交流群

如果你刚开始写文案，你可以上网找一些跟写文案有关的论坛、门户网站等。这时候，你很容易发现新媒体行业交流群，或者文案交流群，它们可能是 QQ 群，也可能是微信群。当然，如果你有朋友在做文案工作，你也可以请他们拉你进这些群。

另外，文案人也经常会参加一些新媒体行业的线下活动。在这些活动中，你有机会认识一些做文案工作的朋友，通过他们，你也可以加入文案交流群，和其他文案人交流、共享信息。

4. 搜索“文案投稿网址”等关键字

我们写好的文案是要发在新媒体平台的，如微信公众号、微博等。换位思考一下，这些平台如果有招募文案兼职的需求，肯定会在自己的平台发布消息。

所以，如果你打算做文案兼职，你可以多去看看这些平台，如一些微信公众号等，它们的底部栏都有招募信息和投稿邮箱，你可以通过这个邮箱跟平台联系。

另外，在网上搜“文案投稿邮箱”“文案投稿地址”“文案兼职”等关键字，你也会搜到很多写文案的兼职机会，一般这些信息后面都会附上投稿邮箱。借助这种方式，你也可以找到兼职写文案的机会。

5. 文案训练营

因为现在市场上对优质文案的需求量很大，所以一些文案训练营应运而生。有些文案训练营，本身就是新媒体公司开设的，它们自己就有写文案的需求，可以直接给你派单。即便这些公司不能给你派单，在文案训练营里，你也有可能认识这个行业的人，大家彼此交流，通过交流获得的信息对你来说也很重要。

我自己就是借助文案训练营找到了兼职写文案的机会，后来又通过老师的介绍，进入这个行业做全职工作。有时候，人们不是缺少机会，而是缺少与机会的联结，如果你想进入某个行业，你就去接触跟这个行业有关的人，这样就比较容易找到机会。

6. 朋友介绍

如果你打算找文案兼职，那么你一定要利用自己的微信朋友圈，让大家都知道这个消息。你身边一定有一些朋友对文案有需求。以我自己为例，我就经常接到朋友的信息，问我有没有时间写某个产品的文案。我在管理文案团队的时候，有时候忙不过来，也会在微信朋友圈发布一些兼职信息。平时注意拓展朋友圈，微信朋友圈会让你得到一些你意想不到的资源和机会。

7. 开通自媒体账号

除了等着别人派单，你也可以主动出击，注册自己的自媒体账号，包括微信公众号、百家号、今日头条、简书等。

注册这些账号都是免费的，注册完之后，你可以发一些跟文案有关的信息，或者写一些自己学习文案的心得。这些平台一方面是你学习的园地，另一方面也是你对外营业的招牌，别人看到你写的内容，可能会主动找你合作。

机会总是留给有准备的人，如果你希望像最开始我说的那个朋友一样自由工作，那么现在，你就要着手搜集信息，积累人际关系，为自己接下来的规划铺平道路。

16.3 撰写文案时的商务沟通

写文案最完美的状态是，甲方提出需求，你写完发过去，对方说，这就是他想要的，完美！项目结束，你拿到稿费。

但实际上呢？你把稿子发过去后，甲方可能跟你说："开头有点儿无聊，没有把产品的特点写出来""这个感觉不太对，写得太平了，用户看了没有购买欲望""素材是不是太旧了，文风和我们平台不太搭"……

写文案最怕无休止地修改。一些文案新手被改稿搞得筋疲力尽，为了满足甲方的需求，一篇文案改上十几遍都是常有的事。这还不算完，如果改完之后数据不好，甲方还会说文案写得太差，文案能力不行。

在我看来，写文案时不必对甲方"言听计从"，文案人和客户之间需要进行良好的商务沟通。有经验的文案人在写作前、写作中、写作后会跟甲方充分沟通，这样一方面能保证文案质量，另一方面也能跟甲方保持良好的关系。

具体来说，文案撰写过程中的商务沟通有 5 点注意事项。

1. 明确对方需求

成熟的甲方在合作前期通常会给文案人一份广告 Brief[①]。广告 Brief 包括项目的背景、目标、核心诉求，产品资料，文案预计提交时间等，可以帮助你快速了解项目需求。

如果甲方无法提供详细的广告 Brief，你就需要跟甲方沟通，挖掘出甲方的需求点，包括后续在什么调性的平台发布，推广节奏如何等。这些需求点，你都需要了解清楚。只有确定对方需求，你才能对症下药，写好文案。

此外，你还需要了解甲方对文字和行文风格的偏好。例如，有的甲方希望文案开头用某某素材，有的甲方希望文案内容快速进入产品介绍，有的甲方希望文案排版多用产品图片等。

如果甲方无法说清楚自己喜欢哪种文案，你可以找一些相关文案发过去，询问他喜欢哪种。有了参照物，你之后的写作方向就不会太偏。

① 广告 Brief 为广告用语，又称为广告简报，是基于客户需求拟定的书面文件。一份好的广告 Brief 可以帮助文案人更快熟悉项目情况和目标。

请记住一句话，前期多花点儿时间确认，后期就会少一点儿扯皮和修改。

2. 陈述文案方的需求

很多文案新手特别害怕跟甲方接触，一般甲方说什么，他们都照单全收。这样看似很配合，实际上会埋下日后产生冲突、争议的种子。

就我的工作经验来看，文案方在写稿前要不卑不亢，该提的需求一定要提，例如你需要了解产品，那么甲方就应该配合发送产品资料，甚至产品实物；你需要产品图片、品牌故事，甲方就应该准备好给你。只要需求是合理的，甲方理应配合文案方的工作。

当然，文案方也应该表现自己的专业性，不能今天要一个东西，明天要一个东西。我自己会做一个物料需求表，把我写文案需要用到的资料进行汇总，请甲方提前发给我。

另外，我也会跟甲方说清楚，如果因为资料不全导致文案效果差，我不承担责任。

表 16-1 为我自己制作的一个洗面奶产品的物料需求表示例，供读者参考。

表 16-1　洗面奶产品的物料需求表

序号	物料	要求	甲方是否提供
1	资质图	数量：5 张 要求：清晰，看得清文字；权威机构盖有红戳的相关证书；图片命名格式为 ×× 机构证书；如果有特别说明，需要备注	是
2	产品介绍	数量：至少 10 条 要求：将洗面奶的类型、成分、质地、适用人群、功效等产品特点，依次写明	是
3	卖点介绍	数量：至少 5 条 要求：明确公司对洗面奶的定位，以及目前卖点提炼	是
4	研发团队介绍	数量：至少 5 条 要求：将团队成员的学历、职业经历亮点、研发过的知名产品等信息，依次写明	是
5	研发过程	数量 : 至少 5 条 要求 : 将完整的研发过程写明，包括如何立项、研发技术、需要攻克的难点等	是

3. 管理甲方预期

甲方肯定希望文案一发出来，产品就卖断货。但现实情况是，每个产品特性不同，推广渠道和推广力度不同，文案效果也是有差异的。

例如有的产品单价高，转化率自然无法跟单价低的产品比；有的产品本身受众比较少，销量也很难上去；还有的产品本身竞争力就不足，或者销售端支持不够，那再好的文案也很难起作用。这些情况，我都会提前跟甲方沟通好。

我这样做的目的很简单，如果产品销量特别好，超出甲方的预期，他对你的评价会出奇的高；而如果产品销量不佳，他们也提前有了心理准备。否则，一旦实际转化效果出了问题，甲方会把责任都推到你身上，一方面你会觉得委屈，另一方面，你和甲方的合作关系也很难维系了。

4. 改稿沟通

前期沟通完成后，初稿完成后的沟通也不容忽视。

我有一个朋友，她性格比较直，有一次，她跟甲方沟通，说了两句就和对方吵了起来，后来她的稿子没被采用，她也没拿到稿费，而甲方因为项目中断，损失也很大。

在改稿沟通的过程中，如果和甲方意见不一致，先别急着生气，我们心里要清楚，任何一个项目都会遇到困难，这很正常。其次，我们要清楚，我们和甲方的立场是一致的，都希望文案能够完美，在这个立场上，大家可以一起商量，把内容改得更好。

在改稿沟通的过程中，你要让对方感受到你的专业性。

如果你觉得甲方提出的意见不利于后续转化，那你就用你的专业性去说服他。我经常遇到这样的情况，和甲方意见不统一时，我会帮他们分析，告诉他们我为什么会这样做。甲方被我说服后，反而对我的能力更加认可。

例如，甲方最常提出的问题是，文案前面铺垫太长了，用户看了半天还没看到广告。

遇到这种情况时，我往往会先肯定他的观点："嗯，您说得对。用户只有看完广告，这篇文案才能起作用。"然后，我会陈述我的理由："但如果文章太快进入广告，反而会吓跑用户。您想一下，如果您在看一篇文章，没看几句就是广告，您是不是也会关掉去看别的了？”接着，我会做出一定的让步：“我再考虑一下，开头是否还能再精简一下。您看行吗？”最后，我会和甲方敲定下一次交付的时间：“今天晚上7点，我再发一版到群里，您看可以吗？”

这一套“组合拳”下来，甲方一般很少会再说什么。但也会有一种情况，那就是不管你怎么说，甲方依然坚持自己的意见。那我们也别着急，甲方自然有他们坚持的道理，只要他们承担坚持的后果就行。

5. 后续沟通

文案发出去后，项目一般就结束了。但是有经验的文案人不会把这视为项目的终结，而会主动联系甲方，希望和甲方一起跟踪效果，研究下次合作时可以优化改进的地方。

想想看，如果你是甲方，有两个人帮你写文案，一个人写完后拿了钱就跑了，另一个人写完后还认真地帮你复盘，帮你分析，下次有文案任务时，你会将任务交给谁写？答案显而易见。

所以，我们不仅要在合作过程中让甲方满意，还要在项目结束后让甲方感到愉悦，这样他们才会和我们进行下一次合作。

当然，所有的沟通都基于你的专业性。如果你能向甲方交付一篇转化率高的文案，这比使用任何沟通技巧都来得有效。

16.4 兼职写文案的注意事项

如果你选择兼职写文案，靠写作赚钱，下面几个事项你需要注意。

1. 调整心态

很多人刚开始写文案的时候，特别容易被拒绝。别在意，因为你是在跟文案高手同台竞技，失败是正常的，稿费低也是正常的。只要努力，不放弃，你一定有赢的那一天。

其实不只是文案新手，一些文案高手也有失手的时候，这就像运动员参加比赛，再好的运动员也不敢保证次次都能拿金牌。失败了就总结经验，不断复盘，你一定会变得越来越优秀。

2. 确保质量

如果你把写文案当成一项工作，你就应该有对待工作的认真态度。你拿给甲方的是作品，它也是你的“产品”。如果一篇文案错字满篇、语句不通，这个产品就是“次品”，是拿不出手的。

文案是一个比较小的圈子，吃的是“口碑饭”，如果你交付的文案质量不高，你写得越多，口碑越容易被毁坏。一旦名声坏了，圈子里的人可能就不会再来找你了。但同样的，一旦你的好名声传播出去了，就会不断有人找你写稿，你就不愁没钱赚。

在交付之前，请检查文案是否做到了以下几点。

- 文案没有错别字。
- 文案排版没有错误。
- 文案没有明显硬伤，如句子不通顺、逻辑不清等。
- 文案没有偏离甲方要求。
- 文案有至少 3 个备选标题。

3. 拒绝拖稿

拖稿就是拖延交稿的时间，例如你说周五交，但周五没写完。

在公司里写稿，你拖稿还有人帮你补位，如果是兼职写文案，你拖稿会直接影响甲方的项目进度，后果是很严重的。如果你不能按时交付文案，你就会打乱甲方的项目进度，那么你损失的绝不只是稿费那点儿钱。

所以，每当你接手一个项目时，请先根据资料判断项目的难度和你完成项目所需要的时间。你确定能按时完成，再接这个项目，千万不要有“试试看”“我尽量”的心态。

拖稿这个问题在文案圈很常见。在我看来，拖稿主要有两个原因：一是不知道如何开头，一直在纠结；二是低估了项目的难度，高估了自己的能力，前期准备不足。

对于第一个原因，我的建议是，先下笔，想到什么就写什么，先完成，再完美。不要抠细节，不要管用词是否正确、逻辑是否通顺，不要被写文顺序困住。从 0 到 1 很难，但从 1 到 100 就很简单。当你把大部分内容都写出来后，再来修改就非常快了。

对于第二个原因，我的建议是，将最后期限划分成若干个小的期限，例如周六交付终稿，你可以将其划分成周二定大纲，周四定初稿，周五优化。在每一个时间点前完成一个小任务，你就不容易拖稿。

4. 积累作品

你写的每一篇稿子都会以文字的形式保存下来。时间久了，网上就会有你的作品库，这些作品会为你的能力背书。如果有一天你接到猎头或者甲方寻求合作的电话，你千万不要感到意外，因为这些作品就是你最好的宣传广告。

所以，如果你真的想要做这一行，请一定要积累作品。所谓作品，不一定是为客户写的作品，平时你练笔的作品、仿写的作品都算你的作品。尤其是对刚入行的文案人来说，你很难接到一些大品牌的项目，你的习作就是你的作品。

对了，你要给自己起一个有特色的名字，每次撰稿的时候都署上这个名字，久而久之，这个名字就会成为你行走文案圈的一张名片。

5. 学会保护自己

兼职写文案有一点非常重要，就是要学会保护自己。

我有不少朋友都遇到过被骗稿的情况——有的是稿子几经修改，最后甲方说弃稿不用了；有的是把稿子给对方发过去后，直接被对方拉黑，连稿费的影子都没见着。

如何避免被骗稿，我个人有以下几个建议。

- 优先和熟人介绍的甲方合作。熟人这个中间方能有效帮你降低被骗的概率。
- 优先和知名公司合作。越知名的公司越在意公司的对外形象，所以其骗稿的概率就越低。
- 查询公司资质后再合作。对于不知名的公司，你可以借助天眼查这类第三方工具查询对方资质，确保其没问题后再与其合作。

- 先签合同再工作。写稿之前尽量要求签署合同，一旦出了问题，合同可以保障你的合法权益。
- 根据广告 Brief 判断公司是否正规。正规公司在提供资料时会比较规范。如果对方提供的广告 Brief 清晰规范，那么你被骗的概率就比较低。
- 先收部分定金再写稿。写稿前，你最好先收取 10% ～ 30% 的定金，这样可以防止最后写完稿对方不付钱。不过对于文案新人来说，收定金比较难，因为甲方也担心你拿了钱不写稿。

总之，你要多留个心眼。对于写文案这件事，你既要看到诗和远方，也要注意身边的细节。前途是光明的，道路是曲折的。保持专业加谨慎，假以时日，你一定能成为一个出色的文案人。

16.5 总结

将文案变成收入有两种方式，一是从事文案类的工作，即全职收入；二是兼职写文案，即做成副业。

对于希望兼职写文案的人来说，找到甲方才有可能变现。找甲方的 7 个渠道包括招聘网站和招聘 App、文案兼职 QQ 群、新媒体行业交流群、搜索“文案投稿网址”等关键字、文案训练营、朋友介绍、开通自媒体账号。

当你接到文案需求时，你需要掌握基本的商务沟通流程，包括明确对方需求、陈述文案方的需求、管理甲方预期、改稿沟通、后续沟通。

希望将文案做成副业，你需要了解以下 5 点注意事项，分别是调整心态、确保质量、拒绝拖稿、积累作品、学会保护自己。

希望这些方法、技巧，能帮助你早日用文案赚到你的第一笔稿费。